Knaur.

Knaur.

Über den Autor:
Robert Griesbeck studierte Grafikdesign, Informationsästhetik und Politologie und arbeitet seit 30 Jahren als Grafiker, Buchherausgeber und Autor. Er hat Kinderbücher, Romane und Sachbücher geschrieben, Zeitschriftenkonzepte entwickelt und war als Chefredakteur für diverse Magazine tätig.

Robert Griesbeck

GRAUEN DES ALLTAGS

Von Kundenkarten, Warteschleifen, und Gute-Laune-Moderatoren

Knaur Taschenbuch Verlag

Besuchen Sie uns im Internet:
www.knaur.de

Vollständige Taschenbuchausgabe September 2008
Knaur Taschenbuch.
Ein Unternehmen der Droemerschen Verlagsanstalt
Th. Knaur Nachf. GmbH & Co. KG, München

Umschlaggestaltung: ZERO Werbeagentur, München
Umschlagillustration: Niels Fliegner, Hamburg
Satz: Adobe InDesign im Verlag
Druck und Bindung: Nørhaven Paperback A/S
Printed in Denmark
ISBN 978-3-426-78096-1

2 4 5 3 1

Inhalt

Vorwort

Grauen und Heiterkeit liegen oft nah beieinander. Jeder, der schon einmal mit einem Telefonverkäufer plaudern durfte, von einem Laubbläser geweckt wurde, bei der Post eine Distanzzone verletzte oder sich in einer Warteschleife verfangen hat, weiß, wovon ich spreche. Als dieses Buch noch nicht mehr als eine Idee war, begann ich Beispiele des Alltagsgrauens zu sammeln. Später ordnete ich sie und machte eine erstaunliche Entdeckung: Das Grauen hat Methode. Aber welche?

Die Szenen des alltäglichen Irrsinns sind zwar unterhaltsam und witzig (manchmal allerdings auch erschreckend), aber sie beinhalten auch eine Botschaft: Sie spiegeln einen grundsätzlichen Wandel wider, der tagtäglich auf den unterschiedlichsten Ebenen spürbar geworden ist. Immer mehr Menschen fühlen sich entwurzelt und finden keinen Kontakt mehr zur eigenen Arbeit, zu Kunden und Kollegen, verzichten auf eigenständiges Denken, kopieren Lebensentwürfe aus dem Fernsehen und ersetzen die Realität durch Simulationen. Ich will keinen Kulturpessimismus verbreiten, aber ich will zeigen, dass das Grauen des Alltags keine zufällige Entwicklung darstellt.

Globalisierung und Turbokapitalismus drücken sich nicht nur durch die Verlagerung von Arbeit in Billiglohnländer aus, sie äußern sich auch in Ignoranz und Desinteresse an Kunden, in Hirnrissigkeiten und hohlem Wortgeklingel und jeder Menge heißer Luft – aber damit steigen bekanntlicherweise die größten Ballons auf. Des Kaisers neue Kleider sind der Dresscode für jeden, der in diesem Spiel mitmachen will.

Die Geschichten in diesem Buch ergeben in der Summe ein ebenso schreckliches wie komisches Bild von unserer Gesellschaft und führen zu vielen Fragen, unter anderem zu der: Hat menschliche Intelligenz vielleicht doch ein Verfallsdatum?

Robert Griesbeck
Seehausen am Staffelsee, 2008

1. Fürsorgliche Nachrichten auf Giften und Drogen

Sagen wir es mal so: Ich hatte von Anfang an so eine Ahnung, dass ich diesem gerade gelandeten Außerirdischen, der auf unserem Planeten soziologische Studien betreiben wollte und mich dazu interviewte, die Geschichte nicht plausibel machen konnte.

»Warum stehen auf den bunten Schachteln diese abscheulichen Drohungen?«

»Es sind Warnungen – keine Drohungen.«

»Gut. Man warnt Sie also davor, diese Schachteln zu kaufen. Aber Sie tun es trotzdem. Das ist doch etwas ...«

»Sagen Sie es ruhig.«

»... etwas minderintelligent.«

»Man warnt uns nicht davor, diese Schachteln zu kaufen, man warnt nur davor, den Inhalt zu konsumieren. Sprich, die eingepackten Zigaretten zu rauchen.«

»Aha. Was kann man denn sonst noch mit diesen Schachteln anfangen?«

»Nichts. Man kauft sie nur, um sie zu öffnen, eine Zigarette herauszunehmen, sie sich anzuzünden und den Rauch einzuatmen.«

»Und das ist ungesund?«

»Sehr. Lange Zeit wusste man das nicht oder ... na ja, man ahnte es. Aber inzwischen ist der Zusammenhang von Zigarettenrauch und Lungenkrebs recht gut erforscht. Und außerdem der Zusammenhang von Zigarettenrauch und vorzeitiger Hautalterung, möglicher Unfruchtbarkeit, Arterienverengung, chronischem Bronchialasthma und so. Aber das steht alles auf den Packungen.«

Warnhinweise

Mit diesen ergänzenden Warnhinweisen müssen die Zigarettenpackungen abwechselnd versehen werden:

- Rauchen ist tödlich.
- Rauchen kann tödlich sein.
- Rauchen fügt Ihnen und den Menschen in Ihrer Umgebung erheblichen Schaden zu.
- Schützen Sie Kinder – lassen Sie sie nicht Ihren Tabakrauch einatmen!
- Rauchen führt zur Verstopfung der Arterien und verursacht Herzinfarkte und Schlaganfälle.
- Rauchen lässt Ihre Haut altern.
- Ihr Arzt oder Apotheker kann Ihnen dabei helfen, das Rauchen aufzugeben.
- Raucher sterben früher.
- Rauchen kann zu Durchblutungsstörungen führen und verursacht Impotenz.
- Wer das Rauchen aufgibt, verringert das Risiko tödlicher Herz- und Lungenerkrankungen.
- Rauch enthält Benzol, Nitrosamine, Formaldehyd und Blausäure.
- Rauchen macht sehr schnell abhängig: Fangen Sie gar nicht erst an!
- Rauchen verursacht tödlichen Lungenkrebs.
- Rauchen kann die Spermatozoen schädigen und schränkt die Fruchtbarkeit ein.

- Hier finden Sie Hilfe, wenn Sie das Rauchen aufgeben möchten: 06221 424200. *Befragen Sie Ihren Arzt oder Apotheker.*
- Rauchen in der Schwangerschaft schadet Ihrem Kind.
- Rauchen kann zu einem langsamen und schmerzhaften Tod führen.

»Das hört sich ja einigermaßen gefährlich an.«

»Tja. Nur die Firmen, die Zigaretten herstellen, glauben noch nicht so ganz an diese Zusammenhänge.«

»Wie erstaunlich.«

»Dafür, dass Sie noch nicht so lange auf der Erde sind, sind Sie aber schon ganz schön sarkastisch.«

»Danke. Ich darf also zusammenfassen: Es gibt eine giftige Substanz, die, in genormten Portionen verpackt, von verschiedenen Anbietern in den Handel gebracht wird. Die Wissenschaft ist sich einig, dass der Konsum dieser Substanz dem Menschen schadet, ihn sogar töten kann.«

»So ungefähr könnte man das ausdrücken. Es ist natürlich eine sehr theoretische, kalte und vereinfachte Sichtweise … ach, ich habe ganz vergessen, dass der Staat auch etwas davon abbekommt.«

»Von den Zigaretten?«

»Ja. Er erhält eine finanzielle Abgabe für jede verkaufte Schachtel.«

Die Tabaksteuer ist ganz schön happig, dachte ich, so um die 76 Prozent, wenn ich mich nicht irre. Nicht ganz so viel wie beim Benzin, aber doch deutlich weniger, als der Staat von Büchern abbekommt. Das wunderte mich. Bedeutet das, der Staat unterstützt das Lesen? Oder ist diese Einnahmequelle so mickrig, dass er es sich leisten kann, bei Druckerzeugnissen gnädig zu sein und gerade mal 7 Prozent zu verlangen? Wenn man Außerirdische trifft, kommt man aber auch auf Gedanken …

»Sehe ich das also richtig, dass der Staat daran verdient, wenn sich seine Bürger umbringen?«

Schon wieder dieser Sarkasmus.

»Wenn Sie schon soziologische Studien treiben, sollten Sie das Ganze etwas komplexer sehen. Menschen haben schon zu allen Zeiten und in allen Kulturen Gifte in geschickt dosierten Mengen zu sich genommen. Das ist eine Tradition unserer Art. In Bayern trinkt man Bier, in Italien Wein, in Schottland Whisky, und die Schweden trinken alles, solange es nur Alkohol enthält. Und Alkohol ist ein ziemlich kräftiges Gift. Daneben gibt es noch Heroin, Tollkirschen, LSD, Haschisch, Fliegenpilze, Bilsenkraut, Psilocybin, Kokain, Peyote, Khat, Opium und …«

»Gut, gut. Ich glaube Ihnen schon, dass Sie viele gefährliche Gifte haben, die trotzdem frei verkäuflich sind, weil man sie ja mit Warnhinweisen versehen hat.«

»So einfach ist es leider nicht. Manche Gifte sind verboten, werden aber besonders geschätzt, weswegen sie sehr teuer sind und nicht offiziell gehandelt werden. Andere sind frei verkäuflich, aber nicht so teuer. Dann gibt es noch verschiedene Länder, in denen das eine verboten und das andere …«

»Erbarmen!«, unterbrach mich der Außerirdische und sah auf seine Armbanduhr. »Meine Zeit auf diesem Planeten ist sehr kurz bemessen. Bleiben wir also bitte bei den Zigaretten. Erklären Sie mir noch schnell, warum Menschen etwas kaufen, das eine Nachricht auf sich trägt, die besagt, dass sie dieses Etwas nicht konsumieren sollten.«

»Das werden Sie nie verstehen«, sagte ich. Mein Geduldsfaden war kurz vor dem Reißen. »Wir haben eben eine ganz andere Kultur!«

Im selben Moment war der Außerirdische verschwunden, und ich schämte mich unsäglich. Ich weiß ja, dass es dämlich ist zu rauchen, auch wenn ein paar gute Gründe dafür sprechen: Erinnerungen an die erste Zigarette zum Beispiel, schicke Werbung, etwas zum Festhalten für die rechte Hand, eine Daseinsberechtigung für teure Feuerzeuge und geklaute Aschenbecher, all so was.

Nein, diese Warnhinweise haben mit der Gefahr von Nikotin, Teer und Kohlenmonoxid nichts zu tun. Wer etwas herstellt, von dem er weiß, dass es Menschen umbringen kann, und das auch noch draufschreibt, um damit sein Gewissen zu beruhigen, ist ein Zyniker. Na gut, dann eben ein turbokapitalistischer Zyniker, obwohl das eine Tautologie ist. Die armen Kerle, die sich immer noch Zigaretten kaufen und diese schreienden Warnhinweise mit viel Aufwand ignorieren, indem sie sie unter bunten Aufklebern verstecken oder die Schachteln in neutrale Zweitschachteln stecken, sind eben arme Schweine. Es ist ihnen bestimmt peinlich, eine Stange Filterzigaretten zu kaufen, auf der in riesigen *Bild*-Lettern »Rauchen tötet!« steht. Aber das wahre Grauen sind die Leute, die sich solche »Kompromisse« ausdenken. Ernsthafte, verantwortungsvolle Politiker, die in einem Ameisenparlament sitzen und Ameisenideen aushecken. Wenn etwas gefährlich ist und man es nicht verbieten kann, weil mächtige Firmen und Lobbyisten sonst böse werden, behilft man sich mit einem Warnhinweis.

Als ich vor Jahren zusammen mit einem halben Dutzend europäischer Weinjournalisten eine Reise durch das amerikanische Napa Valley machte, kredenzte man uns zur Einstimmung auf einer Bootsfahrt vor San Francisco eine Flasche

Champagner. Wir lagen kurz danach auf dem Boden, nicht weil uns der Schampus umgeworfen hatte, sondern vor Lachen. Allein vier »Warnhinweise« zählten wir auf dieser Flasche. Der lustigste war: »Don't aim at eye while opening bottle« – »Richten Sie die Flasche beim Öffnen nicht auf Ihr Auge«. Als der schwer beleidigte Gastgeber uns zur Rede stellte, klopften wir ihm auf die Schulter und versicherten ihm, dass so etwas in »Good Old Europe« niemals passieren könnte. Dort bestehen die Menschen nämlich noch auf Eigenverantwortung und verklagen eine Burgerkette nicht auf eine Million Schadensersatz, wenn sie sich dämlicherweise selber eine Tasse heißen Kaffee auf den Schoß kippen. Ich möchte mich an dieser Stelle bei dem Herrn entschuldigen.

Das Gespräch mit dem Außerirdischen hat übrigens nie stattgefunden, es war nur ein Traum, den ich auf dem Flug nach Amerika hatte. Als die Stewardess mir zur Beruhigung (ich war schweißnass aufgewacht) einen doppelten Brandy eingoss, dachte ich daran, dass die Amis mit ihrer Prohibition auch nicht weit gekommen waren. Sie hatten gemerkt, dass Verbote nichts bewirken, und hatten stattdessen die Warnhinweise entwickelt. Allerdings erst nachdem ein paar große Firmen geblutet hatten. Als die Mutter des modernen Warnhinweises gilt die 1913 geborene Stella Liebeck, die sich im Alter von neunundsiebzig Jahren mit einem heißen Kaffee von McDonald's die Oberschenkel verbrühte, als sie den Deckel des Kaffeebechers abnahm. Daraufhin verklagte sie den Hamburger-Multi. 1994 sprach ihr ein Gericht in Neu-Mexiko 160 000 Dollar Schmerzensgeld und 480 000 Dollar Schadensersatz zu. Ihren Anwälten gelang der erstaunliche Nachweis, dass McDonald's den Kaffee heiß aufbrüht, so heiß, dass man sich damit verbrennen kann. Unglaublich! Seitdem trägt jeder Kaffeedeckel einen Warnhinweis. Und gleichzeitig entstand eine Flut von Warnhinweisen in aller Welt – nein, hauptsächlich natürlich in den USA, denn nur dort kann man für eigene Dämlichkeit solch horrende Summen einklagen. Ein Bread Pudding von Marks & Spencer erhielt den Aufkleber: »Product will be hot after heating« (»Produkt ist heiß nach Erhitzen«), auf einem Rowenta-Bügeleisen tauchte die international verständliche Warnung auf: »Do not iron clothes on body« (»Kleidung nicht auf dem Körper bügeln«), Fluggesellschaften beklebten die Nusstütchen, die sie als Ersatz für ausgefallene Menüs verteilten, mit dem Hinweis: »Vorsicht: Inhalt enthält Nüsse!«, und ein schwedischer Hersteller von Kettensägen klebte folgenden Warnhinweis auf seine Sägen: »Versuchen Sie nicht, die Kette mit bloßen Händen zu stoppen!« Aber das aufsehenerregende Kaffeeurteil der Stella Liebeck hatte noch einen anderen Effekt: Zu ihren Ehren wurde der »Stella Award« ins Leben gerufen, ein Preis, mit dem Personen geehrt werden, die in unberechtigter oder zumindest kurioser Weise gerichtlichen Schadensersatz erstreiten.

Im Flugzeug las ich die aktuellen Nominierungen für den Stella Award durch und bekam eine leise Ahnung davon, wie es wohl war, als zum ersten Mal jemand auf den Gedanken verfiel, ein Flugzeug zu entführen und den Kurs Richtung Heimat zu ändern. Es muss auf dem Weg in die USA gewesen sein – und wahrscheinlich hat er auch diese Liste gelesen. Heutzutage kann man ja nicht mehr einfach in die Pilotenkanzel gehen, den gestreckten Zeigefinger in die Sakkotasche stecken und den Rückflug befehlen. Es gibt nämlich »Spacesheriffs«, und die haben leider keine Warnhinweise auf dem Rücken kleben.

Haftung bei schwerer Dummheit

Wird für Dummheit gehaftet? Natürlich nicht. Das gibt es nur in den USA. Wenn hierzulande jemand Motoröl in den Autotank füllt und Benzin in den Motor, ist er selber schuld. Er ist zu doof. Man weiß eben, dass das Benzin in den Tank gehört und Öl in den Motor. Aber wer weiß bei einem Rasenmäher schon, in welche Öffnung Öl und in welche Benzin gehört? Wenn die Verschlüsse nicht bezeichnet sind und es keine Bedienungsanleitung gibt?

Und was tut man, wenn in der Bedienungsanleitung des Laserpointers steht, dass man auf keinen Fall die Batterie verkehrt herum einlegen darf, da sonst das Gerät beschädigt werden kann und die Garantie sofort erlischt? Wenn aber keine Markierung zu erkennen ist (nicht mal mit einer Lupe), die uns verrät, wo Plus- oder Minuspol hinkommen? Geht man das Risiko ein oder bringt man das Gerät zurück? Nimmt man die Demütigung auf sich, dass ein siebzehnjähriger Schnösel mit knietief hängender Hose lässig eine Batterie einlegt, den Laserpointer anknipst und – als er nicht geht – einfach die Batterie umdreht?

»Das hätte ich auch gekonnt.«

»Aber Sie haben es nicht gemacht.«

»Natürlich nicht. In der Betriebsanleitung steht, dass man auf keinen Fall …«

»Ach! Sie lesen die Betriebsanleitung?«

»Und dass die Garantie sofort erlischt …«

Der junge Verkäufer sieht mich nur mitleidig an. So wie man eine alte Frau ansieht, die ihren Führerschein auffrischen will und fragt, ob der starke Fahrtwind nicht vielleicht die Zündkerzen ausblasen könnte.

Schlampige Betriebsanleitung? Wer haftet? Fragen Sie lieber nicht! Mit einem guten Rechtsanwalt, viel Zeit, Geld und guten Nerven können Sie einen Hersteller haftbar machen, wenn die Bedienungsanleitung seines CD-Players missverständliche Anweisungen enthält und das Ding deshalb nicht mehr läuft. Aber trotzdem: Finger weg. Lieber beim Kauf darauf achten, dass neben dem CD-Player auch eine komplette und verständliche Bedienungsanleitung im Preis mit eingeschlossen ist. Und dass Sie das Batteriefach ohne Spezialwerkzeug öffnen können.

Best of Stella Awards – wahr oder wenigstens gut erfunden?

Kurz nachdem Stella Liebeck ihren spektakulären Prozess gegen McDonald's gewonnen hatte, kursierten weitere wahnwitzige Beispiele amerikanischer Klageseligkeit; man vergab sogar die jährlichen Stella Awards, Preise für die verrücktesten Schadensersatzklagen. Anfangs waren das noch gut gemachte Fakes, doch seit 2002 gibt es die echten, von Rechtsanwälten gesammelten »True Stella Awards«, von denen einer 2007 durch alle Medien ging: Roy L. Pearson Jr., Richter aus Washington D.C., verklagte eine chemische Reinigung auf 65 462 500 Dollar Schadensersatz, weil sie ein Paar seiner Hosen verloren habe, das für ihn »einen besonderen, emotionalen Wert« habe. Am 25. Juni 2007 endete der Prozess mit einer Entscheidung zugunsten der Reinigung. Hier nun die schönsten Stella Awards aus der Zeit vor den »True Stella Awards«:

- Eine zwar männerfeindliche, aber trotzdem amüsante Folgerung aus Stellas Kaffeeunfall war ein Urteil gegen eine Fluggesellschaft, die 100 000 DM an eine leicht übergewichtige Frau zahlen musste. Ihr Hinterteil hatte sich auf der defekten Toilette im Flugzeug festgesaugt. Sie konnte nur befreit werden, nachdem der Kopilot seine Hand zwischen Toilettenbrille und Gesäß besagter Dame steckte, worauf der Unterdruck zischend entweichen konnte. Angeblich soll der Kopilot dabei anzüglich gegrinst haben, wodurch sich die Klägerin gedemütigt sah.
- Im Januar 2000 sprach ein Gericht in Texas Kathleen Robertson 780 000 Dollar zu, weil sie sich den Knöchel verstaucht hatte, als sie über ein kleines Kind stolperte, das in einem Supermarkt herumrannte. Dabei waren sich die Besitzer des Supermarkts sicher gewesen, dass sie nichts zahlen müssten, denn Kathleen Robertson war über ihr eigenes Kind gestolpert.
- Im Juni 1998 erhielt der damals neunzehnjährige Carl Truman die Summe von 74 000 Dollar zuzüglich Arztkosten zugesprochen, weil ihm sein Nachbar mit dem Auto über die Hand gefahren war. Dabei war Carl Truman gerade dabei gewesen, die Radkappen zu stehlen.
- Dass Diebstahl in den USA einen besonderen Schutz genießt, zeigt auch das Beispiel von Terrence Dickson, der im Oktober 1998 in Pennsylvania durch die Garage in ein Haus einbrechen wollte. Wegen einer Störung im Öffnungsmechanismus des Garagentors war er nicht in der Lage, die Garage wieder zu verlassen – geschweige denn, ins Haus einzubrechen. Dummerwei-

se waren die Bewohner in den Ferien (bekanntlich grundsätzlich ein Anreiz zum Einbruch) und kamen erst acht Tage später zurück. Der Einbrecher fand immerhin eine Flasche Cola und einen Sack Hundekuchen in der Garage und konnte somit überleben, aber er verklagte das Ehepaar prompt, nachdem sie ihn befreit hatten. Für die physische und psychische Tortur erhielt er 500 000 Dollar Schadensersatz zugesprochen.

- Deutlich weniger bekam Jerry Williams aus Arkansas, dem ein Gericht 14 500 Dollar zuzüglich Arztkosten zugesprochen hatte, weil er vom Hund seines Nachbarn gebissen worden war. Der Hund war vielleicht etwas provoziert worden, nachdem Mr. Williams mit dem Schrotgewehr auf ihn geschossen hatte.
- 1997 gewann Kara Walton aus Delaware ihren Prozess gegen den Betreiber eines Nachtlokals. Sie hatte ihre Zeche von 3,50 Dollar prellen wollen, war durch das Fenster der Damentoilette ins Freie geklettert, dabei gestürzt und hatte sich zwei Zähne ausgeschlagen. Das Gericht sprach ihr immerhin 12 000 Dollar Schmerzensgeld plus die Zahnarztkosten zu.

Herrliche Geschichten, aber am besten gefällt mir immer noch die Geschichte von Merv Grazinski aus Oklahoma City. Er hatte sich eins dieser grässlichen Motor Homes gekauft, kurz die Bedienungsanleitung durchgelesen und war damit nach Hause gefahren. Auf dem Highway stellte er den Tempomat auf 60 Meilen ein und ging nach hinten, um sich einen Kaffee aufzubrühen. Erwartungsgemäß fuhr das Motor Home in den Straßengraben und überschlug sich. Mr. Grazinski verklagte nun die Herstellerfirma, weil diese in der Bedienungsanleitung nicht ausdrücklich darauf hingewiesen hatte, dass ein Tempomat kein Autopilot ist und man während der Fahrt das Steuer nicht loslassen darf, um sich einen Kaffee zuzubereiten. Er erhielt tatsächlich 175 Millionen Dollar zugesprochen und ein neues Motor Home. Natürlich ließ die Herstellerfirma sofort die alten Bedienungsanleitungen zurückrufen und stattete sie mit einem Warnhinweis aus: Während der Fahrt nicht den Fahrersitz verlassen!

Wunderbare Geschichte, was? Leider ist sie nicht wahr, obwohl sie doch so schön ist und die amerikanische Mischung aus Naivität und Schlitzohrigkeit perfekt abbilden würde. Das ist ein weiteres Grauen des Alltags – die vielen World-Wide-Web-Ungenauigkeiten, unscharfen Nachrichten und Falschmeldungen, in der Internetsprache »Hoax« genannt.

Als Hoax (engl. *hoax*, altengl. *hocus:* Scherz, Falschmeldung) bezeichnet man Meldungen über Viren oder Internetgefahren, die es gar nicht gibt. Derartige Informationen werden in der Regel per E-Mail übermittelt. In einer solchen Mail wird dann beispielsweise ein Virus als sehr gefährlich eingestuft, und als »Beweis« werden angebliche Hinweise von Firmen wie IBM, Microsoft und AOL angeführt. Ein deutliches Indiz, dass es sich um eine Hoaxmeldung handelt, ist die Aufforderung, diese E-Mail schnellstmöglich an alle Bekannten weiterzuleiten.

Fakt ist, dass alle diese Warnungen keinen ernstzunehmenden Hintergrund haben. Es handelt sich eher um ein soziologisches Phänomen. Die eigentlichen Viren sind diese Scheinwarnungen selbst, die erheblichen Schaden anrichten: Sie verunsichern Menschen, kosten Arbeitszeit und belasten das Internet durch nutzlosen Datenverkehr. Echte Viruswarnungen werden nie auf diese Weise in die Welt geschickt!

2. Auf Strich Überhockung – Die Kunst der Dichtung

Besonders schön und grauenvoll zugleich ist es, wenn man zwei Schrecken der Neuzeit miteinander kombiniert: Hoaxes und Online-Translations, also Falschmeldungen und automatische Übersetzungen. Da findet man dann Texte wie diesen:

»Mit harte Tour Termine und viel Geld auf dem Spiel steht, It's Not Unusual Sternen für ihren Körper zu versichern. So sollte es kommen keine Überraschung zu erfahren, dass Sir Tom Jones, 67, deren mop luxuriösen lockigen braunen Haare hat und ihm ein Hit mit den Damen, hat seine Brustbehaarung versichert – für die fürstliche Summe von £ 3.5 million!
Top Haus Versicherung Lloyd's of London war an über das Angebot und nach anfänglichen Bedenken, dass es vielleicht zu viel beweisen, der ein Risiko, ging voraus.
›Wie ein Wein-Jahrgang, Tom nur mit dem Alter besser wird‹, sagt unsere Körperbehaarung Maulwurf.
›Selbst in den großen Alter von 67, die Damen lieben seine Hip-Stichwaffe bewegt und holt ein hinterhältigen Höhepunkt seiner berühmten robuste Brust Haar.‹«

Das ist der Pressetext zur Falschmeldung, der britische Sänger Tom Jones hätte bei Lloyd's seine Brustbehaarung für 3,5 Millionen Pfund versichert.

Es ist eine neue Art der Unterhaltung, der ich mich seit ein paar Wochen mit wachsender Begeisterung hingebe: Man ruft eine beliebige Seite im Internet auf und lässt sie automatisch übersetzen. Der Spaßfaktor ist hoch, und man lernt obendrein viel über die Fallstricke lingualer Automatisierung. Zum Beispiel beim transparenten Fisch:

> »Anknüpfend an meine Post vor drei Monaten über ›invisible brasilianischen fish‹ sieht es aus wie Wissenschaftler haben ein echtes transparent Fisch. Es ist nicht ganz eine unsichtbare Fisch, weil die inneren Organe sind sichtbar, aber es liegt nahe. Der *Telegraph* berichtet: Dr. White erstellt die transparente Fisch Paarung von zwei bestehenden Rassen. Zebrafisch haben drei Pigmente in der Haut reflektierend, schwarz und gelb. Dr. White tisches einer Rasse, die nicht reflektierende Pigment, genannt ›roy orbison‹, dass nicht mit einem schwarzen Pigment, genannt ›Perlmutt‹. Die Nachkommen hatten nur gelb Pigment in der Haut, vor allem klare Aussagen. White Namen der neuen Rasse ›casper‹, nach dem Geist. Wenn in einem Schaufenster, diese transparent Fische ziehen könnte wahrscheinlich so groß wie eine Menge Reichenbach ist unsichtbar Fisch.«

Besonders der letzte Satz ist ebenso kryptisch wie voller Poesie, aber man sollte daran denken, dass ganz viele Menschen auf dieser Erde den Text noch viel unverständlicher übersetzen würden. Irgendwann wird sie sicher funktionieren, die fast perfekte Übertragung jeder Sprache in jede andere – aber solange es noch nicht so weit ist, freuen wir uns doch an der Dämlichkeit des Status quo. Wobei nichts gegen Dämlichkeit zu sagen ist, aber wenn sie als Service angeboten wird, sollte sie schon den Mindestanforderungen eines Kindergartenabgängers entsprechen.

Man kann auch (bebend zwar, aber immerhin) hehre Texte durch die Online-Wurstmaschine laufen lassen. Shakespeare auf Deutsch hört sich dann so an:

»Sein oder nicht sein – das ist hier die Frage:
Ob'tis edleren in den Köpfen zu leiden
Die Schlingen und Pfeilen unverschämte Glück
Oder, um Arme gegen ein Meer von Problemen
Und durch die gegnerische Ende. Zu sterben,
zu schlafen – –
Nicht mehr – und durch einen Schlaf zu sagen, dass wir Ende
Der Kummer und die tausend natürlichen Schocks
Das Fleisch ist Erbin. 'Tis ein Zustandekommens
Andächtig werden wollte. Zu sterben, zu schlafen – –
Zu schlafen – vielleicht zum träumen: ay, hier ist der Haken,
Für die in diesem Schlaf des Todes, was Träume kommen können
Wenn wir gemischt aus diesem sterblichen Spule,
Müssen uns Pause. Es ist der Respekt
Das Unglück macht so eine lange Lebensdauer.
Denn wer würde das Peitschen und verachtet der Zeit,
Th 'Unterdrücker falsch ist, der stolze Mann's Hohn
Die Schmerzen der verachtet Liebe, das Gesetz der Verzögerung,
Die Unverfrorenheit des Büros, und die verschämt
Das Verdienst des Patienten th 'unwürdig ist,
Als er sich seinem Ende machen könnte
Mit einem nackten bodkin? Wer würde fardels tragen,
Um grunzen und Schweiß unter einem müden Leben,
Aber, dass die Furcht vor etwas nach dem Tode,

Das unentdeckte Land, von dessen bourn
Kein Paar zurück, das Rätsel wird,
Und macht uns vielmehr tragen diese Übel haben wir
Fliegen als andere, die wir nicht kennen?
So macht Gewissen Feiglinge von uns allen,
Und damit auch die native Auflösung des Farbtons
Ist sicklied o'er mit der blasse Besetzung des Denkens,
Und Unternehmen von großer Tonhöhe und Zeit
Mit dieser Hinsicht ihre Ströme schalten krumm
Und verlieren Sie den Namen der Aktion. – – Soft Sie jetzt,
Der Fair Ophelia! – – Nymphe, in deinem orisons
Werden alle meine Sünden erinnert.«

Sorry, William, aber das ist einfach zu gut. Hätte dir sicher auch Spaß gemacht. Man kann natürlich auch mit deutscher Literatur arbeiten. Ein kleines, bestens bekanntes Eichendorff-Gedicht ließ ich jüngst durch den Babelfish-Automaten wandern – nur einmal die Strecke Deutsch-Englisch und wieder zurück, und schon hatte ich diese charmante Variation:

»Wenn ein Lied in allen Sachen schläft,
träumt dort weg und weg,
und die Weltheber an zum zu singen,
treffen Sie nur das magische Wort.«

Das geht aber noch besser. Wenn man etwa den Umweg Deutsch-Englisch-Niederländisch-Französisch-Deutsch wählt, nähert sich das Ganze langsam der konkreten Poesie:

»Wenn ein Lied in jedem Sacheschlaf,
den Träumen dort Teile und Teile

und der Welt aufheben,
nur begegnet Sie das magische Wort zu singen.«

Das ließe sich endlos fortsetzen, aber es reicht, wenn man einmal über Portugiesisch geht und wieder zurück:

»Wenn Sie und Teile verlassen, entfernen Sie hier ein Lied
in jedem Schlaf von,
was, die Träume und die Welt,
wenn Sie nur dem magischen Wort getroffen werden,
zum zu singen.«

Von der Deppenlyrik zum Werbeslogan

Mit seiner eigenen Muttersprache geht man weltweit sorgsam um. Es gibt keinen Bereich, in dem so schnell klar wird, ob es sich bei dem Gegenüber um einen Dummkopf oder einen wenigstens mittelmäßig gebildeten Menschen handelt, wie bei der Sprache. Man empfindet es als Bloßstellung, wenn man als Stolperer in der eigenen Sprache erscheint, man findet es aber fast ebenso schrecklich, wenn man gedrucktes Gestammel in der Muttersprache liest. Früher war es zum Beispiel üblich, dass »Traveller« (ja, so nannte man Menschen im Reisefieber schon vor der Globalisierung) in kleinen Restaurants und Cafés in Kreta, Tunesien, Indonesien, Kambodscha für ein kostenloses Abendessen die Speisekarten übersetzten. Und zwar mit Hingabe. Da gab es kein »halbes Hunchen gebackt aufs Reisbrett« oder »Nudelen mit Haselmaus« (weil »Moscardini« gleichzeitig auch eine besondere Art der Tintenfische meint). Heute macht man das per Internet, und die Übersetzungen sehen danach aus.

Vielleicht machen sich die Leute auch einen Spaß daraus, aber wahrscheinlicher ist, dass sie die globalisierte Serviceeinstellung übernommen haben, die da lautet: Es ist scheißegal!

Doch das sind ja nur sogenannte Gebrauchstexte; bei Werbetexten sollte man etwas mehr Intelligenz voraussetzen. Schlimm wird es, wenn Humor ins Spiel kommt. Zwanghaft lustig sind Werbeleute anscheinend immer, wenn der Etat besonders klein ist. Dann texten sie für die Vollkornbäckerei Mahlzahn: »Korn to be wild« und für Pennys Toilettenpapier: »Happy End« oder »Danke«.

Bei größeren Etats geben sie sich lyrisch-kreativ – und veranstalten oft dieselbe Lachnummer, jedoch ungewollt.

> »Feinste Schweizer Schokolade. Nestlé Die Weiße macht es vor! Entdecken Sie das cremige Geheimnis weißer Schokolade, die jeden Genießer zum Schmelzen bringt. Und nun stellen Sie sich vor, Sie sitzen auf einem Gipfel in den Schweizer Alpen, die Sonne scheint und Sie lassen Nestlé Die Weiße auf Ihrer Zunge zergehen. So lecker und cremig kann weiße Schokolade sein.«

Nicht nur Schokolade, vor allem aus dem »Premium-Segment«, zergeht auf der Zunge, auch all die hochtoupierten Wortschaumkronen sind köstliches Lesefutter und treiben mir die Tränen in die Augen. Etwa dieser Beipackzettel einer »Komposition aus der Schell-Schokoladenmanufaktur«:

> »Edelste Lagenschokoladen mit 42% Arriba Nacional-Bohnen aus dem Flussgebiet Rio Huimbi in Ecuador, kombiniert mit den feinen weißen Salzkristallen von SalMartins Selecção, dem aromatischen Flor de Sal, der

Salzblume aus Portugal. Süß und salzig gehen eine spannende Symbiose ein. Die kräftigen Malz- und Karamellaromen der Schokolade, eine dezente Zitrusnote und die feinen Geschmacksnuancen naturbelassenen Salzes aus dem Atlantik ergeben eine faszinierende Schokoladen-Komposition.«

Mit derselben flotten Schreibe, mit der man die Geschmackspapillen umschmeichelt, kann man natürlich auch einen Schwangerschaftstest bewerben: »Die beste Innovation, auf die ein Urinstrahl treffen kann!«

Besonders global wird es, wenn kreative Texter international werden. Tautologie? Eigentlich ist das dasselbe – warum hat man das schöne Wort »international« bloß durch »global« ersetzt? Vielleicht, weil es politisch etwas anrüchig war, jedenfalls für Turbokapitalisten, die dabei immer an die Internationale denken. Ein deutscher Turnschuh schämt sich für seinen Namen und wird zum Sneaker, zum Outdoor-Schuh. Outdoor? Wohin geht man denn sonst in Schuhen? Stimmt, indoor. Aber das sind ja Hausschuhe.

Alle haben sich lustige amerikanische Slogans zugelegt, die zum Beispiel beweisen sollen, dass man auch in Herzogenaurach prima Englisch spricht: »Impossible is nothing«, meint Adidas, und man versteht schon, was die Franken gemeint haben. Obwohl jeder Englischlehrer dafür ein Mangelhaft geben würde. Aber die anderen »global players« sind nicht unbedingt besser:

Benq: *Enjoyment matters*
Burger King: *Have it your way*
DaimlerChrysler: *Answers for questions to come*
Davidoff: *The more you know*

Degussa: *Creating essentials*
Diesel: *For successful living*
Fujifilm: *Inspired by your dreams*
FujitsuSiemens: *We make sure*
Hasbro: *Making the world smile*
Hitachi: *Inspire the next*
Levi's: *Engineered Jeans*
Lipton: *Can do that*
O2: *O2 can do*
Saab: *Move your mind*
SEG: *Life inspires*
Shell: *Waves of change*
Vodafone: *Make the most of now*

Seltsam hohl und holprig klingende Sprüche sind das, mit einem Erkenntnisgewinn nahe null. Aber sie klingen immerhin international, pardon – global. Sie sehen, es ist gar nicht nötig, »Come in and find out« von Douglas zu zitieren, den Kultslogan, der mit »Kommen Sie herein und finden Sie wieder heraus« kongenial übersetzt wurde. Es ist nicht nötig, aber es macht trotzdem Spaß.

Wenn wir schon beim Grauen der Werbesprüche sind, muss man zugeben, dass durchgestylte Werber auch auf Deutsch schönen Unsinn zustande bringen:

Amnesty International: *Du kannst. Du darfst.*
Aspirin: *Etwas weniger Schmerz auf dieser Welt.*
Biskin: *Schließt alle Poren und hält den Saft zurück.*
Bundeswehr: *Eine starke Truppe. Hauptfach: Denken.*
Deutsche Bank: *Vertrauen ist der Anfang von allem. Die Zukunft kann kommen.*
Deutsche BA: *Die Zeiten ändern sich.*

Deutsche Post: *Fünf ist Trümpf.*
Deutsche Telekom: *Zukunft wird aus Ideen gemacht. Wir verbinden.*
Die Bahn: *Die Bahn kommt.*
Du darfst: *Ich will so bleiben, wie ich bin.*
Vodafone: *Alles bleibt besser.*

Mein absoluter Liebling ist jedoch die Süddeutsche Klassenlotterie mit der unschlagbaren Erkenntnis: »SKL – Geld macht reich.«

Es reicht nicht, wenn etwas gut, bekömmlich und preiswert ist – es muss auch noch »Style« haben. Bei Mode, Handys, Schuhen und Unterhaltungselektronik kann ich das noch nachvollziehen – aber bei Wasser? Doch, das geht. Bei der Feinkostkette Plus gibt es das »Viva Vital Aqua Fresh Fitnesswasser Pfirsich« mit dem diätetischen Hinweis: »Die enthaltenen Kohlehydrate empfehlen sich für den bewussten Umgang mit Zucker.« Wow! Da können sich die hochnäsigen Delikatessläden in Hamburg-Pöseldorf warm anziehen, vor allem, nachdem der gute alte Fischmarkt aufgestylt wurde. Der heißt jetzt »Hamburg Food Market«, und dort kriegt man Althamburger Leckereien wie »Labskaus unplugged« und »Funky Pannfisch«. Ein weiterer Beweis, dass sich Regionalküche und Globalisierung aufs beste vertragen.

Die Globalisierung rasiert jede Sprache

Englisch ist auf dem Vormarsch. Die Globalisierung kennt anscheinend keine andere Sprache. Manager, Medienmenschen, Werber und »Kreative« reden untereinander und mit ihren Kunden Englisch, um zu beweisen, dass sie hip und global ganz vorne sind. Nur: Die Erde ist rund, und auf einer Kugel gibt es kein Vorne und Hinten. Aber zwei Extreme gibt es: die globalen Labertaschen und die deutsche Sprachpolizei, angeführt von einer strammen Phalanx von pensionierten Philologen. Beides extrem grauenhaft, so wie die meisten Extreme eben.

Wer kein Deutschlehrer und trotzdem gegen die Amerikanisierung der deutschen Sprache ist, steht automatisch als Globalisierungsgegner da. So sind etwa »Denglisch« und »Engleutsch« keineswegs Begriffe, die von fröhlichen Sprachpanschern stammen, sondern von ihren Gegnern. So auch BSE *(Bad Simple/Silly English* – schlechtes schlichtes Englisch), die vielleicht drastischste Bezeichnung innerhalb der linguistischen Kampfzone, denn immerhin weist sie besagte Mischformen als »Sprachkrankheiten« aus.

BSE ist eben doch ansteckend, nicht nur unter Rindern. Besonders gefährdet sind deutsche Manager. Die lieben es, sich in »Kick-off-Runden« gegenseitig in den Hintern zu treten. Nein, sie meinen damit natürlich Besprechungen, in denen Entscheidungen getroffen werden. Warum man sie nicht »K.o. Rounds« nennt oder wenigstens »K.o. Meetings«, ist mir unverständlich. Da sollte ich mal einen »Research« machen und nach dem »Scoring« ein »Ranking« zusammenstellen, wie ich mein »verbales Portfolio« optimal zusammenstellen kann. Firmen werden immer öfter rein verbal modernisiert, weil inhaltliche oder organisatorische Änderungen komplizierter wären. Ex-Siemenschef Klaus Kleinfeld wollte seinen Konzern mal »downsizen« (Personalabbau), und die Metro-Gruppe verpackte die Idee zu wachsen in den schönen Begriff »Rollout-Phasen«. Merke: Mit BSE wächst man besser.

Kein Wunder, dass mitunter drastisch gegen die vermeintliche Verunglimpfung der deutschen Sprache polemisiert wird. Aber ein interessanter argumentativer Kern liegt dieser Auseinandersetzung doch zugrunde, denn im Wesentlichen wird behauptet, dass schlechtes Englisch in all seinen Ausprägungen kein organisches Zufallsprodukt ist, sondern eine künstlich »hervorgerufene« Sprachgattung. Bei der Begründung verweist man gerne auf Platon, der sagte, Sprache sei nicht *physis* (Natur), sondern *nomos* (Vereinbarung, Konvention). Auch Jacob Grimm wird gerne herangezogen, denn bei ihm lesen wir: »Alles verbürgt uns, dass die Sprachen Werk und Tat der Menschen sind.« Das ist alles wahr, aber angesichts der jahrtausendelangen Entwicklung hochelaborierter Sprachen ist die Verdünnpfiffung schon etwas peinlich. Und sie lässt viel vom gedanklichen Tiefgang derer erahnen, die so sprechen.

Pen-ek Ratanaruang, ein thailändischer Regisseur, allerdings sieht einen kreativen Ansatz bei der »schlechten Sprache«: »Die Welt ist einfach so. Ich lebe so. Ich lebe in Bangkok, und trotzdem spreche ich die Hälfte des Tages schlechtes Englisch mit meinen Freunden. Und auch auf den Filmfestivals spreche ich schlechtes Englisch.« Für ihn ist schlechtes Englisch nicht nur eine charmante, sondern auch eine ganz neue Sprache, die er seine Schauspieler zu sprechen ermutigt hat, ohne vorher viel zu üben und ohne einen Sprachcoach zu konsultieren.

Für einen Regisseur wie Ratanaruang zeigt schlechtes Englisch, wie sich weltweit neue Identitäten bilden. Das ist die andere Seite: Man kann dem Deppen-Englisch auch philosophische Erkenntnisse abgewinnen, wenigstens soziologische.

3. Vorsicht, Lesen kann verrückt machen! – Packungsaufschriften, Gebrauchsanleitungen und Sicherheitshinweise

Wer lesen kann und gerne liest, wird leicht frustriert, wenn er zu viel liest. Oder das Falsche. Wer es einmal gelernt hat, Buchstaben schnell zu Wörtern zusammenzusetzen, Wörter zu Sätzen, Sätze zu sinnhaften Gedankengängen, der kann im Alltag schnell verzweifeln. Wenn er etwa Packungsaufschriften liest, Gebrauchsanleitungen oder Werbeslogans.

Packungsaufschriften zu lesen ist nicht ungefährlich. Es wundert mich, dass es die EU noch nicht durchgesetzt hat, dass vor jeder Packungsaufschrift dieser Pflichttext zu stehen hat: »Vorsicht. Wenn Sie diese Packungsaufschrift lesen, kann sich dadurch Ihre emotionale Befindlichkeit dramatisch ändern! Legen Sie nicht jedes Wort auf die Goldwaage, und glauben Sie nur die Hälfte. Welche, ist von Fall zu Fall leider unterschiedlich. Gewohnheitsmäßige 9Live-Seher sind von dieser Warnung ausgenommen.«

Ein paar dieser Gebrauchsanleitungen zeigen deutlich, was die Verfasser von der Intelligenz ihrer Leser halten:

- *Anweisung auf der Erdnusstüte einer US-Fluggesellschaft:* »1. Päckchen aufreißen. 2. Nüsse verzehren!«
- *Hinweis auf einer Seifenverpackung:* »Wie gewöhnliche Seife benutzen.«
- *Die Schachtel eines Fotoapparates belehrt:* »Funktioniert nur mit eingelegtem Film.«

- *Ein Hersteller von Fieberthermometern empfiehlt:* »Wenn dieses Thermometer rektal eingesetzt wird, sollte anschließend keine Messung im Mund durchgeführt werden.«
- *Ein amerikanischer Tamponhersteller erinnert seine Kundinnen in der Gebrauchsanweisung:* »Letzter Schritt: Ziehen Sie nach dem Einführen des Tampons Ihren Schlüpfer wieder hoch.«

Bedienungsanleitungen

Natürlich ist es ein alter Hut, dass es keine speziellen Lektoren für Bedienungsanleitungen gibt. Wahrscheinlich gibt es nicht einmal Übersetzer dafür. Jedenfalls kann ich mir nicht vorstellen, dass alle Übersetzungen für die vielen Sammelbände lustiger Übersetzungsfehler getürkt werden. Nein, das hat System, und das System heißt: Es ist völlig egal – sie kaufen's schon. Oder: Sie kriegen die Bedienungsanleitungen sowieso erst zu sehen, wenn sie das Zeug schon gekauft haben.

Clever gedacht. Und es stimmt ja wirklich, Bedienungsanleitungen sind lustig. Auch ich amüsierte mich köstlich, als ich die Anleitung eines neuen »bedienungsfreundlichen« Telefons las:

> »Heben Sie das das Telefon auf, hören Sie sufs Amtseichen. Wäheln Sie die Nummern, dun das Telefon word die Nummern anstehen, so schenell wie Sie tippen und wählen können.
> Eine Nummer manuel zu wählen:
> 1. Heben Sie des Telefon auf und wählen Sie, wie Sie mit einem ordentlichen Telefon maçhen.
> 2. Wenn Sie Ihren Anruf fertig gemacht, legen Sie das

Telefon nach unten an eine fläche Flache, um das Telefon einzuhängen.

3. Wenn die von Ihnen gewählte Nummer beschäftigt ist, hängen Sie ein. Wenn es nicht benutzt ist, ihr Telefon soll an eine fläche Flache gelegt werden.«

Bis auf die paar Tippfehler (geschenkt, wahrscheinlich werden die Bedienungsanleitungen einzeln mit der Hand geschrieben, weil in China ja die Mannstunde billiger ist als eine Fotokopie) hat das Gestammel den entwaffnenden Charme einer Chinesin, die nach einem Austauschjahr in Freiburg ihrem Deutschlehrer erklärt, wie man in Shanghai U-Bahn fährt. Ich bin da großzügig. Wahrscheinlich wäre mein Chinesisch nach einem Jahr viel schlechter, wobei man besonders bei Schreibfehlern enorm vorsichtig sein sollte – zu leicht verwechselt man das Zeichen für »Nachspeise« mit dem für »Durchfall«. Aber es ging nicht um meine Großzügigkeit; das Telefon war ein Geschenk für meine Mutter, damit sie in dem großen Haus nicht immer so weite Wege gehen muss, um ans Festnetz zu kommen.

Ich merkte, dass etwas nicht stimmte, als ich letzthin anrief.

»Hallo. Das hat ja ganz schön gedauert. Hast du das Telefon nicht gefunden?«

»Glaubst du, ich bin jetzt schon altersdebil? Ich weiß genau, wo das Telefon steht. Es stand schon da, als du …«

»Mutter! Ich meine doch das neue. Ich hab dir doch ein kabelloses Telefon geschenkt.«

Pause. Ein finsterer Verdacht stieg in mir hoch.

»Du benützt es nicht. Du telefonierst immer noch mit dem alten!«

»Ja.«

»Aber warum denn? Es ist doch absolut bedienerfreundlich, und du kannst es überall hin mitnehmen und …«

»Es ist ein Deppentelefon!«

»Ach ja?«

»Hast du die Bedienungsanleitung gelesen?«

»Nein, Mutter. Aber das ist ja sowieso das Problem mit euch … ähm … *(jetzt nur nicht »älteren Leuten« sagen)* … also, ich kenne die Angst vor der Bedienungsanleitung, zu viele komplizierte Angaben, zu viel Technik …«

Meine Mutter lachte, laut und höhnisch.

»Ich habe keine Angst vor der Technik. Ich habe 1954 den Führerschein gemacht, und wenn bei mir eine Sicherung fliegt – und du weißt, ich hab noch die alten Schraubsicherungen –, überbrücke ich sie mit Alufolie. Obwohl das leichtsinnig ist, ich weiß. Es wird am besten sein, du kommst mal vorbei. Dann erkläre ich dir, was los ist.«

Am nächsten Tag legte sie mir obenstehende Bedienungsanleitung vor.

»Na?«

»Lustig. Stimmt schon, ziemlich viele Schreibfehler – aber man kann grundsätzlich verstehen, wie es gemeint ist.«

»Das habe ich auch durchaus verstanden«, sagte sie würdevoll. »Aber ich telefoniere nicht mit einem solchen Deppentelefon. Wenn ich auflege, muss ich ständig denken: *Lege ihr Telefon soll an eine fläche Flache*. Ich bin doch nicht bescheuert!«

»Tja, die Globalisierung. Das Telefon kommt aus China, und es war nicht gerade das teuerste …«

»Meinetwegen kommt es aus der Sahara. Aber wenn sich die Leute, die so was herstellen, schon bei der Bedienungsanleitung so wenig Mühe geben – und das ist ja keine großartige Arbeit –, wie werden sie erst das Telefon gebaut haben?

Wahrscheinlich kriege ich einen elektrischen Schlag, wenn ich nicht aufpasse.«

Ich begann sie zu verstehen. Diese Generation nimmt ein Produkt noch als Gesamtheit wahr. Es genügt nicht, dass ein Bügeleisen schnittig aussieht und an der Seite der Schriftzug von Steffi Graf steht (Sonderedition Centercourt), es darf bei Vollgas auch der Griff nicht schmelzen.

Ja, da ist was dran. Dabei hatte ich mich so über den Beipackzettel zu meinem neuen Alukoffer aus China gefreut:

> »Die Handkoffer Schlüssel Nummer errichten wir 0-0-0. Sie können diese Nummer bleiben. Oder errichten einige geheime Nummer. Die Weise wie folgen:
> Erst: Wenden die Nummer zum öffnenden Platz.
> Zweite: Knopf nach hinten drücken und die zu festlegende rote Karte herausholen, dann stellen die Knopf nach Richtung der Nummernwendung fest.
> Dritt: Wenden die Wendung zur rechtige Nummer, die Sie mögen, zB Telefon, Geburtstag oder Adresse u.s.w. und schreiben Die Nummer auf die Notiz um nicht zu vergessen.
> Vierte: Drücken die Knopf zum ersten Platz, dann stehen die klar Karte zurück, hat die Nummer dann errichtet.
> Wenn Sie die Nummer verändern wollen, errichten Sie wie die oben Weisen.
> Bemerkung. Wenn sie es vermeiden wollen, dass jemand die Nummer verstohlen blicken, nachdem sie den Koffer öffnen, verwirren die Wendungen, dann drücken die Knopf und ist es im Schloss.«

Ich bin bei 0-0-0 geblieben, natürlich! Bin doch nicht verrückt. Möglicherweise hätte ich den Koffer nie wieder aufbekommen. Und wahrscheinlich sind 90 Prozent aller Koffer mit Zahlenschloss, die bei der Gepäckausgabe am Flughafen an einem vorüberfahren, auf 0-0-0 eingestellt. Nur kein Risiko eingehen.

Vielleicht ist das aber auch eine geheime Abmachung der CIA mit China: Sie stellen nur völlig unleserliche Bedienungsanleitungen für Koffer mit Zahlenschlössern her, damit die Terrorabwehr im Terminal das Gepäck unbemerkt untersuchen kann ...

Lustig sind solche Sachen ja, wenn man einen Sinn für diese Art rabiater Kundenverarsche hat, aber wenn ich mein Leben lassen muss, weil ein gelangweilter Zehnjähriger für seinen Papa Sicherheitshinweise übersetzt, hört der Spaß auf. In einem kleinen süditalienischen Hotel stieß ich auf diese Sicherheitshinweise, die mir im Fall eines Hotelbrandes helfen sollten, mein Leben zu retten:

1. »Nehmen Sie die Zimmerschlüssel – Kreichen Sie zur Tür.
2. Befühlen Sie die Tür – Wenn heiß, öffnen Sie die Tür nicht.
3. Wenn die Tür kühl, öffnen Sie, aber Langsamkeit und mit Hut sein.
4. Beobachten Sie den Gang – wenn rauchig, bleiben Sie niedrig.
5. Gehen Sie schneller zu dem besten Ausweg.
6. Gehen Sie zum Erdgeschoss, wenn möglich – sonst benutzen Sie das Dach.
7. Wenn die Tür heiß, bleiben Sie im Zimmer. Können Sie aus dem Fenster spazieren?
8. Lassen Sie den Rauch vom Zimmer aus, wenn notwendig als Hilfe kommt.

9. Machen Sie ein Signal vom Fenster.
10. Füllen Sie Schwimmwanne, um Wasser gegen Feuer.
11. Legen Sie nasse Handtücher um die Tür.
12. Wenn notwendig, atmen Sie frische Luft durch Fenster – aber vorsichtig, vielleicht gibt es Flamme oder Heizung von unten.«

Nun empfiehlt es sich, solche Hinweise (besonders wenn sie, wie in diesem Fall, weder anständig übersetzt noch ordentlich lektoriert sind) ein paar Stunden vor Ausbruch des Feuers zu lesen und sich eine einigermaßen plausible Fluchtstrategie zurechtzulegen. Natürlich weiß man, was gemeint ist, wenn »Gang rauchig, dann niedrig bleiben«, aber was macht der, der keinen Hut hat und trotzdem die Tür öffnen will? Das größte Problem ist jedoch: Weiß man schon ein paar Stunden vorher, dass es brennen wird, kann man das Hotel meiden – weiß man es nicht, wird man spätestens bei Punkt 10 verbrannt sein oder bei Punkt 3 ersticken. Vor Lachen.

Warum Bedienungsanleitungen tatsächlich so schlecht sind und ihre Übersetzungen meist der blanke Hohn, hat einen ganz einfachen Grund (sorry, wir stoßen schon wieder auf die Fährte des Turbo-Raubtier-Global-Karawanen-Kapitalismus): Die Aufwendungen, die eine Firma leisten muss, damit für ein Produkt eine technische Dokumentation und eine anständige Bedienungsanleitung erstellt wird, verschlingen bis zu 30 Prozent der Gesamtkosten für die Entwicklung dieses Produkts! Da tun sich natürlich enorme Einsparmöglichkeiten auf. Und die Auswirkungen dieses strammen Sparkurses können wir (jedenfalls bei den Geiz-ist-geil-Produkten) sehen: Wir müssen die Handhabung des Druckers, des Bügelautomaten und des Funktelefons mehr oder weniger selbst erkunden (Kunden müssen eigentlich alles selbst erkunden, das drängt sich ja schon vom Wortstamm her auf!), denn in der Bedienungsanleitung finden wir nur bruchstückhafte Anregungen und kryptische Hinweise.

Es wäre eine neue, durchschlagende Marketingstrategie, wenn auf der Verpackung eines schnurlosen Telefons diese Zeilen aufgedruckt wären: »Mobil und einfach telefonieren! Mit ausführlicher, klarer und in leserlichem Deutsch geschriebener Bedienungsanleitung. Getestet von tausend Berliner Hauptschülern – und jeder hat es kapiert. Bei Unverständnis Geld zurück.«

Bedienungsanleitungen sind nämlich kein notwendiges Übel, sondern ein wesentlicher Bestandteil jedes Produkts, dessen Handhabung in der Komplexität über den Gebrauch eines Stücks Seife hinausgeht. Allein 90 Prozent aller technischen Probleme bei elektronischen Geräten entstehen durch Bedienungsfehler. Und – das ist jetzt meine persönliche Hochrechnung – 90 Prozent aller Bedienungsfehler entstehen durch fehlerhafte und unverständliche Bedienungsanleitungen.

Nun richtet sich eine Anleitung natürlich grundsätzlich nach dem Kenntnis- und Bildungsstand des Benutzers. Wer nicht lesen kann, kann auch keine Bedienungsanleitung lesen. Da sind wir uns sicher alle einig. Und wer nicht weiß, was ein »Kreuzschlitzdreher« ist, eine »Knopfzelle« oder ein »Klinkenstecker«, wird auch einer Anleitung nicht folgen können, die mit diesen Begriffen arbeitet.

Endlich kommt die EU ins Spiel, der europäische Zorro, Retter und Beschützer der Armen und Entrechteten. Seit 1993 gibt es die EU-Richtlinie »Maschinen«, die auch »rechtlich verbindliche Regelungen für Mindestanforderungen an Aufgaben, Inhalte und Aussagen von technischen Dokumentationen und Benutzerinformationen« enthält. Darunter fallen alle Angaben, die der Hersteller seinem Produkt beifügt. Na schön, aber steht dort auch, wie? Sitzen in den europäischen Gremien Lektoren, die die sprachliche und inhaltliche Stimmigkeit beurteilen können? Nein. Das muss auch nicht sein, sagen unsere europäischen Kindergärtner: Die Bedienungsanleitungen sind grundsätzlich auszurichten auf »den durchschnittlichen Kenntnisstand des voraussichtlichen Besitzers«. Von Intelligenz oder Vorbildung natürlich kein Wort. Wer doof ist, soll sich halt kein programmierbares DVD-Multivisionssystem anschaffen. Aber das ist eine völlige Verkennung der Realität, denn gerade das kaufen doch Doofe so gerne.

Die Schnittstelle zwischen Mensch und Maschine ist also das Problem, das sogenannte Interface. Was ein modernes elektronisches Produkt heute leisten könnte, ist viel mehr, als der Durchschnittsbenutzer zu kapieren imstande ist. Und von all den siebenhundertfünfundvierzig Sonderfunktionen braucht er vielleicht gerade mal zwanzig – und gebrauchen wird er höchstens vier. Eine Multifunktionstaste, die mit sieben Funktionen belegt ist, kann da schon zu rasenden Kopfschmerzen führen. Kombiniert man mehrere solcher Multifunktionstasten zu einer richtigen Multifunktionstastenrallye, dann finden das vielleicht Techniker toll. Alle anderen kriegen die Krise.

»Hermann, wieso steht denn die Uhrzeit mitten im Bild? Das ist nicht schön.«

»Weiß ich selber.«

»Und? Das ist doch ein ganz neuer Fernseher.«

»Hm.«

»Du bist doch gestern abend zwei Stunden mit der Fernbedienung davorgesessen und hast alles programmiert – und jetzt geht die Uhrzeit nicht mehr weg!«

»Jahaa ... das sehe ich! Aber immer, wenn ich die Zeit ausschalte, geht auch der Ton weg.«

»Das ist ja blöd. Ob das Gerät kaputt ist?«

Jetzt wäre es an der Zeit, diesen liebevoll geworfenen Rettungsring zu ergreifen. Aber der erfahrene und durch erlittenes Leid desillusionierte Kunde (vorzugsweise männlichen Geschlechts) misstraut lieber sich selbst als einem technischen Wunderwerk. Dabei sitzen in der Entwicklungsabteilung der Firmen, die solche Wunderwerke produzieren, nicht unbedingt Menschen, die zu Verständnis und Empathie fähig sind. Und wahrscheinlich ist auch das folgende Laborgespräch keine Fiktion:

»Frank, wir könnten den Time-Code doch auf die Multifunktionstaste legen.«

»Wir könnten aber auch einen zusätzlichen Knopf auf der Fernbedienung einbauen.«

»Ach nee, das ist doch *old school* – zu viele Knöpfe. Wir legen sie auf den Multi, und man steuert sie über shift*ext*off.«

»Hört sich kompliziert an.«

»Frank, du bist Elektroingenieur! Du wirst doch diese Tastenkombination kapieren.«

»Klar, ich schon. Wenn man aber einen Normal...«

»Hallo! Wir tüfteln hier eine ganz heiße Kiste aus, eine Hightech-TV-Bazooka! Und außerdem gibt es ja noch die Bedienungsanleitung.«

»Ja, dann ...«

Die Designer und Konstrukteure haben zuerst mal die Vorgaben des Managements zu erfüllen: Findet etwas, das es rechtfertigt, den gleichen Fernseher mit einem neuen Namen als Innovation in den Markt zu drücken. Denkt euch ein paar Features aus, die so scharf sind, dass man sie haben *muss!*

Neue »Features«, also neue Zusatzfunktionen, müssen vielversprechend klingen, aber im Ernstfall muss man auch auf sie verzichten können, ohne sich zu sehr zu ärgern. Es geht also nicht um Knöpfe, mit denen man Kontrast, Helligkeit oder Farbe regeln kann. Bevorzugte »Features« sind zum Beispiel »sleep timer«, »Programmsortierung«, »Dialog Center« oder »Bild in Bild«, bei Telefonen »Makeln«, »Konferenzschaltung« oder »Werkseinstellung«. Da lässt man lieber die Finger davon.

Die hohe Schule der Gebrauchs- und Bedienungsanleitungen

Auch Bedienungsanleitungen haben Grundsätze. Dies sind die wichtigsten:

1. Die Bedienungsanleitung ist eine eigenständige Kunstform, die nicht unbedingt etwas mit dem Produkt zu tun haben muss, für das sie (angeblich) Hilfestellung leistet.
2. Eine Bedienungsanleitung ist entweder auf Koreanisch verfasst oder falsch.
3. Auch ein Koreaner wird mit einer koreanischen Bedienungsanleitung nichts anfangen können.
4. Alle Bedienungsanleitungen gehen auf eine Urform zurück, bei der sich die Historiker allerdings noch streiten, ob sie aus Skandinavien oder Asien stammt.
5. Die Aufgabe einer Bedienungsanleitung besteht darin, einen komplexen Zusammenhang mittels verbaler Raffinesse und verwirrender Angaben noch komplexer zu machen, bis der Kunde schließlich ganz auf die Bedienungsanleitung verzichtet.

6. Nichts ärgert eine Bedienungsanleitung mehr, als wenn man sie nicht beachtet.

Murphy für Bedienungsanleitungen

- Jede Bedienungsanleitung wird im umgekehrt proportionalen Verhältnis zum Preis des Artikels, für den sie bestimmt ist, schlechter.
- Quantität = 1/Qualität, sprich: Die Menge ist umgekehrt proportional zur Güte.
- Je höher die Kosten für ein Projekt sind, umso unwahrscheinlicher ist es, dass es eingestellt wird, wenn man gemerkt hat, dass es völliger Irrsinn ist.
- Designer haben nur zwei Aufgaben: Die Herstellung eines Produkts möglichst kompliziert zu machen und die Reparatur unmöglich. Nein, sie haben drei Aufgaben: Sie müssen auch noch die Komponente mit der kürzesten Lebensdauer an dem Platz unterbringen, der am schwersten zugänglich ist.

Opas Fernsehen

Es war schon wieder Mitternacht, als mein Großvater erschien. Ich saß gerade im Wohnzimmer und schrieb am *Grauen des Alltags*.

»Wieso ist der Fernseher nicht an?«, fragte er mit vorwurfsvollem Unterton, und es klang gerade so, als hätte ich ihn für heute Nacht eingeladen.

»Sorry. Ich habe zu arbeiten.«

»Armer Junge. Hättest du was Anständiges gelernt, müsstest du nicht auch noch nachts arbeiten.«

Mein Großvater war Mathematiklehrer, aber was heißt »war«? So was bleibt man, auch nach dem Tod.

»Zufällig schreibe ich gerade über diese Flimmerkisten, auf die du inzwischen so scharf bist.«

»Ah. Ist dir mal wieder das Programm zu dürftig – zu seicht, nicht intellektuell genug! Ich finde hübsche Mädchen, die sich elegant bewegen, eine Augenweide.«

Ich wollte schon ironisch anmerken, dass es da, wo er herkam, wahrscheinlich wenig zu sehen gab, was mit dem Ruf-mich-an-Programm von DSF und RTL2 konkurrieren konnte, aber dann ließ ich es doch sein. Wenn die Mädels, die sich nach Mitternacht so lasziv räkeln, wüssten, dass sie damit einem längst verstorbenen Mathematiklehrer eine große Freude machen, würden ihnen bestimmt die Brustwarzen noch steifer werden. Aber nicht vor erotischer Erregung.

»Es geht ausnahmsweise nicht um das Programm, es geht um die Technik.«

»Ach so. Ich muss schon sagen, Farbfernsehen ist ein gewaltiger Fortschritt. Und der Ton ist auch viel besser geworden.«

»Geschenkt«, sagte ich. »Erinnere dich lieber mal an deinen alten Fernseher.«

»Das war ein Saba Schauinsland de luxe, Nussholzgehäuse, zwei Lautsprecher. Obwohl es damals noch gar kein Stereo gab. Prima Gerät.«

»Und wie viele Knöpfe hatte der?«

»Vier«, kam es wie aus der Pistole. »Ein/Aus, Lautstärke, Helligkeit und Kontrast.«

»Und die Programme?«

»Stimmt, dafür gab es einen Druckknopf an der Seite. Bei jedem Drücken schaltete er ein Programm weiter.«

»Nämlich?«

»Es gab das erste Programm, also das Deutsche Fernsehen, so hieß das früher, und Österreich … ja, das war's.«

»Siehst du, für die zwei Programme hat das gereicht. Heute bekämst du einen Tennisarm, wenn du so von Pro7 auf Arte schalten würdest. Deshalb gibt es Fernbedienungen.«

Ich schaltete schnell auf Phoenix um, wo ein älterer Herr mit weißer Künstlermähne die Geheimnisse der binomischen Formeln lüftete. Wahrscheinlich war sein Publikum noch kleiner als die Klassen, in denen er das die letzten vierzig Jahre gemacht hatte. Mein Großvater gähnte: »Kenn ich alles. Ich kenn auch den Typen – war bei mir an der Schule. Sehr unruhiger Schüler! Ist doch schön, dass er auch ins Fernsehen darf. Schließlich gibt es inzwischen für jeden Geschmack etwas. Jetzt sei nicht zickig und schalt auf den Sender mit den netten Mädchen um!«

Historisches Wissen: Fernsehprogramm der beiden Sender, die am Montag, den 20. Februar 1956 in Deutschland zu empfangen waren

Deutsches Fernsehen
10.00 – 11.00 Test-Sendung
15.00 – 16.00 Test-Sendung
16.30 HR Jugendstunde – *Wie die Jungen sungen …* und *Transatlantic* (Zeichentrickfilm). Zwei Filmbeiträge zur internationalen Verständigung.

17.10 HR Für die Frau: Frauen, die ihren Mann stehen: *Die Ärztin*
Anschließend: Vorschau
17.30 – 18.00 Test-Sendung
19.00 – 19.30 Nur über HR, SDR und SWF: Sport im Südwesten
20.00 NWDR Tagesschau – Leitung: S. Svoboda
Anschließend: Wetterkarte
20.25 NWDR Programm gefällig? Ein Abend im Fernseh-Varieté
III. *Sketch as Sketch can* – Heinz Erhardt ringt sich frei
21.25 NWDR Umschaltung
21.30 HR – 22.00 Deutsche Skimeisterschaften 1956. Ein Film-Sonderbericht aus Willingen

Österreichisches Fernsehen
20.00 Aktueller Sport
20.10 Beiderseits der Milchstraße
20.25 Zeit im Bild
20.45 Globetrotter des Äthers
21.05 Helfer der Menschheit
21.20 Blick hinter die Kulissen aus dem Burgtheater

Sicherheitshinweise

Gäbe es hierzulande ähnlich gnadenlose Rechtsanwälte (und ein Rechtssystem) wie in den USA, blieben uns viele Comedy-Shows erspart, und wir könnten live aus dem Gerichtssaal von einer neuen Anhörung wegen mangelnder Sicherheitsvorkehrungen auf Bahnhofstoiletten berichten. Schließlich ist es fahrlässig, erwachsene Menschen in eine Toilette mit völlig unbekannten Bedienungseinheiten einzulassen. Natürlich gibt es immer noch Menschen, die eine Toilette ohne Handbuch bedienen können – aber es werden täglich weniger!

Die Gesellschaft scheint sich tatsächlich in zwei (ungleich große) Hälften zu teilen: auf der einen Seite die Dummköpfe, denen man erklären muss, dass man eine Kreissäge nicht mit der Nase anhält – und auf der anderen Seite zynische Werbetexter, herzensgute Verbraucherschützer und gerissene Rechtsanwälte. Das glauben Sie nicht? Na, vielleicht sind Sie nach einer erdrückenden Beweislast zugänglicher. Wenn nicht gar platt.

Apple stellte seinen neuen iMac 2007 mit dem Slogan »You can't be too thin. Or too powerful« vor, und natürlich verstand jeder potentielle Käufer, was damit gemeint war. Das Ding ist extrem schmal und trotzdem ganz schön kraftvoll. Aber es gibt ja Menschen, die eine Kreissäge mit der Nase bremsen, und was könnte passieren, wenn die einen solchen Slogan lesen? Schreckliches. Sie könnten glauben, dass man gar nicht dünn genug sein kann. Daraufhin ging die Alliance for Eating Disorders Awareness (Vereinigung für den bewussten Umgang mit Essstörungen) mit einem offenen Brief an die Öffentlichkeit und reklamierte: Die Kampagne könnte möglicherweise Bulimie verharmlosen oder gar fördern. Oberflächlich gelesen, berge der Slogan die Gefahr, junge Mädchen dazu zu verleiten, krampfhaft abzunehmen. Im schlimmsten Fall könne das zu tödlichen Essstörungen führen. Das war eine unverhüllte Warnung an Apple, denn der Metatext lautete:

Liebe Leute von Apple,
wie Euch aus der Geschichte bekannt sein dürfte, ist die Praxis der Selbstverstümmelung und -verletzung nichts Neues. Schon im alten Rom haben sich junge Männer Zehen abgehackt, um nicht im eisigen Germanien Dienst tun zu müssen. Wer einer solchen Praktik Vorschub leistete, wurde konsequent mit dem Tod bestraft, denn er zersetzte die römische Wehrkraft. Vor jedem großen Feldzug gab es in der Menschheitsgeschichte Menschen, die Kampfunwilligen mit Rat und Tat zur Seite standen, um sie vor dem Dienst an der Waffe zu bewahren. Dabei zogen sie sich oft schlimmere Verletzungen und schrecklichere Krankheiten zu, als ihnen im Krieg gedroht hätten. Denken Sie nur an die Tausende, die sich absichtlich mit Tbc infizierten, sich verstümmelten, chronische Lungenkrankheiten zuzogen oder Plattfüße. Wir hoffen, Ihr versteht den Vergleich, falls aber nicht, möchten wir Euch mitteilen, dass der letzte Prozess (gegen die Neuauflage eines Twiggy-Posters aus den sechziger Jahren) mit einer Strafzahlung von 3,8 Millionen Dollar an unsere Vereinigung entschieden wurde.
Wir hoffen nicht, dass Ihr Euch auf dieses dünne Eis begeben wollt (jedenfalls nicht, solange wir einen anständigen, rechtgläubigen Präsidenten haben), und verbleiben mit freundlichen, aber auch aufmerksamen Grüßen
Eure
Alliance for Eating Disorders Awareness

Sicherheitshinweise sind per se eigentlich nichts Schlechtes, trotzdem sollte man einen Grundsatz beherzigen, der unsere »Alte Welt« im Gegensatz zur Neuen als geistig wacher auszeichnet: Zum Umgang mit Schaufelbaggern sind keine Sicherheitshinweise für Neugeborene nötig.

Dass gerade der Kinderschutz die Initialzündung für den Sicherheitswahn in den USA war (dank der Globalisierung ist diese Vorvorsicht inzwischen auch bei uns angekommen), ist eine besonders traurige Wahrheit. Um Kinder zu schützen, hat man ihre Eltern geistig völlig entmündigt. Hier mischt sich Political correctness mit übertriebenem Sicherheitsbedürfnis, eine explosive Mischung, die ebenso leicht hochgehen wie in die Hose gehen kann. Wenn es die zuständigen Stellen endlich geschafft haben, alle Zigaretten aus den Spielfilmen des letzten Jahrhunderts herauszuretuschieren, werden sie sich den Kindersendungen zuwenden. Erste Hinweise sind schon aufgetaucht.

Die Sesamstraße wird zensiert

Vielleicht sind wir deshalb so haltlos, aggressiv und lebensuntüchtig geworden, weil wir in unserer Kindheit den Erlebnissen der Anarchochaoten Ernie, Bert und Tiffy und dem Krümelmonster ausgesetzt waren. Ohne jeden Warnhinweis! Folglich konnten die Erwachsenen uns nicht vor der Sendung schützen. Obwohl sie sich schon Gedanken hätten machen können – schließlich wohnte einer der Hauptdarsteller der *Sesamstraße* in einer Mülltonne!

In den USA werden die neu auf DVD erschienenen Urfolgen der Serie mit einem Warnhinweis ausgeliefert: »Diese Episoden sind für Erwachsene bestimmt und entsprechen eventuell nicht den Bedürfnissen von Vorschülern.«

Man kann sich das Grauen der Redakteure ausmalen, als sie die alten Sendungen sichteten, die der Anarchist Jim Henson seit 1969 produziert hatte. Da leben Ernie und Bert, zwei seltsame Kerle, deren sexuelle Ausrichtung nicht ganz klar ersichtlich ist, zusammen in einer Kellerwohnung, ein grünes Wuschelwesen mit zynischer Lebenseinstellung erzählt von seinen Depressionen, und ein verfressenes Krümelmonster mampft unaufhörlich Kekse, oft sogar mit der Verpackung. Einmal fraß es aus Versehen eine Pfeife mit auf – bei der Neuauflage auf DVD wurde die Szene herausgeschnitten.

Inzwischen isst das Krümelmonster Apfelschnitze und Kohlrabi. Manchmal darf es sich noch einen Keks genehmigen, allerdings nur einen Vollkornkeks. Damit das blaue Monster immer wieder an eine gesundheitsbewusste Ernährung erinnert wird, wird es von einer Karotte, einer Aubergine und einem Obstchor begleitet.

Die *Sesame-Street*-Produzentin Carol-Lynn Parente erinnert sich an den ständig schlechtgelaunten Oscar, der in einer Mülltonne lebte: »So einen Charakter könnten wir heute nicht mehr einführen.« Aber die Liveübertragungen von durchgeknallten Evangelikalen sind ohne Altersbegrenzung auf jedem Programm zu sehen.

Sicherheitshinweise sind eine gute Sache

Nicht jeder weiß, wie man eine elektrische Friteuse bedient und wo bei einer Kettensäge die Notabschaltung ist. Aber mal ganz unter uns: Dass man seine nasse Katze nicht zum Trocknen in die Mikrowelle sperrt oder den eingeschalteten Föhn nicht in die Badewanne wirft, das dürfen wir doch voraussetzen. Nein? Anders sind diese Warnhinweise aus aller Welt nicht zu erklären:

- *Hinweis auf einem Feuerlöscher:* »Inhalt nicht entflammbar!«
- *Ein Rückspiegelhersteller mahnt:* »Daran denken: Was im Rückspiegel erscheint, befindet sich hinter Ihnen.«
- *Die Papierserviette eines amerikanischen Fischlokals* zeigt die Küste von South Carolina – aber »bitte nicht zur Schiffsnavigation verwenden«.
- *Hinweis auf einer Streichholzschachtel:* »Warnung! Inhalt dieser Schachtel könnte in Brand geraten!«
- *Ein Haarfärbemittelhersteller mahnt:* »Produkt nicht zum Verzieren von Speiseeis verwenden!«
- *Hinweis auf einem Hustensaft für Kleinkinder:* »Nach Genuss nicht ans Steuer setzen und Alkohol meiden!«
- *Warnhinweis auf einer Dose Pfefferspray:* »Inhalt nicht ins eigene Gesicht sprühen.«
- *Beruhigender Hinweis auf einer Flasche Mineralwasser:* »Für Vegetarier geeignet.«
- *Auf einem faltbaren Kinderwagen:* »Kind vor dem Zusammenklappen herausnehmen.«
- *Warnung eines amerikanischen Herstellers von Klobürsten:* »Nicht zur Körperhygiene benutzen.«
- *Aufdruck auf einer Packung Angelhaken:* »Herunterschlucken ist schädlich.« (Adressaten dieses Hinweises sind wohl menschliche Verbraucher. Für Fische ist es zwar auch schädlich, aber das ist immerhin der Sinn der Sache.)
- *Warnhinweis auf einem Kinderroller:* »Dieses Produkt bewegt sich, wenn es benutzt wird.«
- *Ratschlag eines Haushaltsgeräteherstellers:* »Erlauben Sie Kindern nie, in der Spülmaschine zu spielen.«

Eine Vorlage für einen neuen, vielseitig anwendbaren Sicherheitshinweis könnte so aussehen: Benutzen Sie gefälligst Ihren gesunden Menschenverstand oder lesen Sie die Packungsbeilage, fragen Sie Ihren Arzt oder Apotheker oder Ihren Kindergärtner oder Bewährungshelfer.

Die wichtigsten Hinweise, mit denen Sie gefahrlos das Leben meistern:

Bedienungsanleitungen fürs Leben

1. Fahrradfahren kann impotent machen.
2. Putzen kann ein Anzeichen für nicht befriedigte sexuelle Bedürfnisse sein.
3. Das Anzünden von Zigaretten an offenem Kerzenlicht tötet Seemänner.
4. Fett schwimmt oben.
5. Der Nikolaus kommt immer durch den Kamin.
6. Der Irrtum tritt meist viel ernsthafter auf als die Wahrheit.
7. Wenn sich die Leute selbst zuhören müssten, würden sie viel weniger reden.
8. Der Massenmensch muss mit Massenartikeln abgefertigt werden.
9. Der Schnarcher schläft immer zuerst ein.
10. Man versteht das Leben nur rückwärts, aber leben muss man es vorwärts.
11. Menschen sind die einzigen Lebewesen, die sich irren können.

4. Das Grauen in Supermärkten *oder* Der Ein-Euro-Münzen-abhängige Einkaufswagen als Arbeitsplatzvernichter

Wir sind den Großhandelsketten schon weit entgegengekommen. Viel zu weit. Es war eine schleichende Entwicklung, die zum Ziel hatte, uns von Kunden zu Teilzeitangestellten der Supermärkte zu machen, aber inzwischen kann sie als erfolgreich abgeschlossen gelten.

Angefangen hat es damit, dass wir unsere romantischen Tante-Emma-Läden aufgegeben haben. Wir haben eingesehen, dass Obst und Gemüse immer in Großfamilienklumpen verblistert wird oder eigenhändig in Plastiktütchen eingesammelt werden muss. Wir legen die Beutel auf die Waage, recherchieren die dazugehörige Codenummer, tippen sie ein und kleben den Preis auf. Wir schieben gutmütig die fast abgelaufenen Joghurts zur Seite und wühlen uns tiefer in das Kühlregal hinein, denn dort hinten, am Ende unserer Reichweite, stehen die frischen Becher. Klar, die alten müssen weg.

Unsere leeren Pfandflaschen stecken wir in die richtigen Öffnungen riesiger computergestützter Leergutannahmeautomaten (es gibt auch jede Menge falscher Öffnungen), den Flaschenboden bitte nach vorne. Trotz aller Sorgfalt ertönt nach der dritten Flasche ein schriller Alarmton. Wir warten geduldig, bis jemand vom Personal kommt, uns streng mustert (»Haben Sie etwa unseren teuren, computergestützten Leergutannahmeautomaten falsch bedient? Am Ende hat er einen bleibenden Schaden davongetragen!«), den futuristischen Metallschrank aufsperrt, den vollen Flaschencontainer ins Lager fährt und wieder einen leeren hineinstellt. Wir unterdrücken auch die Frage, was denn so unpraktisch daran war, dass wir die Flaschen früher gleich im Lager abgegeben haben, aber wir tun das eher, weil wir die Berieselung mit transzendentaler Schaumweinmusik nicht mehr aushalten.

Das alles ertragen wir. Aber das mit den Einkaufswagen, das geht zu weit.

Die Entwicklung der münzabhängigen Rollcontainer ist ein besonders zynisches Beispiel für Arbeitsplatzvernichtung auf Kosten der »Kunden« – im modernen Sprachgebrauch *partial employee*, »teilweise Mitangestellter« genannt. Früher war der Kunde König, heute ist er unbezahlter Mitarbeiter.

Worst-case-Szenario: Wir legen den Weg zu einem der verstreuten Einkaufswagenterminals zurück – traditionell im strömenden Regen. Hier stehen die Wagen, hier ist ... leider keine Euromünze. Warten wir eben. Hoppla, der erste Kunde hat seinen Wagen so schnell zurückgestöpselt, dass uns gar keine Zeit blieb, ihm eine Handvoll Kleingeld im Austausch für den Wagen anzubieten. Außerdem tun das Deutsche nicht gerne. Sie möchten am liebsten ihre Münze wiederhaben. Seltsam, aber nach so vielen verlorenen Kriegen vielleicht auch irgendwie verständlich: Inflationsangst. Obwohl die Mark längst passé ist. Na, vielleicht kommt gleich ein Grieche. Oder ein Italiener oder ein Türke.

Wenn wir einen Wagen eintauschen und ein Kleinkind mitführen, kann man mit ziemlicher Sicherheit davon ausgehen, dass ausgerechnet dieser Wagen keinen Klappsitz für den Nachwuchs hat. Aber das merken wir immer erst eine Sekunde zu spät. Und es gestaltet unseren Einkauf nicht gerade einfacher.

Nach einer Runde Suchen, Bücken und Recken nach den gewünschten Waren (inklusive einiger ungeplanter Spontankäufe) und der Kassenabfertigung schippern wir (natürlich im Regen) zu unserem Fahrzeug, laden die teure Fracht ein, schnallen (so vorhanden) unseren Nachwuchs in die Kindersitze und schieben den Wagen zurück. Dabei kommen wir uns ungemein dämlich vor. Zu Recht.

Denn eigentlich ist mit dem Zusammensuchen der Ware aus den Regalen, mit der Bezahlung und dem Ladevorgang unsere Arbeit hier mehr als getan, doch wenn wir unseren Euro zurückhaben wollen, müssen wir jetzt sogar noch die Aufräumarbeiten übernehmen. Früher haben das bezahlte Arbeitskräfte erledigt, doch die sind inzwischen freigestellt worden und gelten an jedem Arbeitsamt als unvermittelbar, weil ihre Spezialausbildung nicht mehr gefragt ist. Das machen doch inzwischen die Kunden.

Kriminalität im Einkaufswagenmilieu

Ein Gesetz des effizienten Irrsinns ist, dass er sich automatisch vermehrt. Siehe: Das ökonomische Prinzip des kontinuierlichen Verbesserungsprozesses. Natürlich hat man bei der strategischen Zentralstelle der deutschen Einkaufswagenverwaltung schon von dem Problem gehört, dass manche Kunden nicht im Besitz einer Ein-Euro-Münze sind, wenn sie gerade eines Einkaufswagens bedürfen. Aus dieser Not hat eine geniale Werbeagentur eine Tugend gemacht und Plastikchips mit dem Logo der jeweiligen Supermarktkette produzieren lassen – natürlich in China, schließlich sind Plastikchips keine harte Währung, denn die müssen wir (Grundgesetz) leider immer noch hierzulande produzieren. Obwohl es viel billiger wäre, Euromünzen und -scheine ebenfalls in China zu produzieren. Ich sage nur: Lohnstückkosten!

Jedenfalls werden Kunden, die an Supermarktkassen Geld für ihren Einkaufswagen wechseln lassen wollen, gerne mit einer solchen Plastikmünze bedacht. »Die haben Sie dann ja immer dabei«, lautet die schelmische Logik der Kassiererin. Man hat sie natürlich fast nie dabei, ebenso wenig wie die abzustempelnde Zehner-Bonuskarte des Muliplex-Kinocenters, das nach zehn besuchten Vorstellungen einen Gratisfilm verspricht. Man hat einfach *nie* die richtige Karte oder den passenden Chip dabei, das ist ein zutiefst menschliches Grundprinzip.

Herbert K. aus Köln berichtet im Zusammenhang mit plastikchipgestützten Einkaufswagen von folgender Variante: Er wollte sich gerade einen Wagen aus dem Depot holen, als zwei minderjährige Mädchen mit einem leeren Wagen auf ihn zukamen und ihm den im Tausch für einen Euro anboten. Herbert K. willigte ein, aber als er den Wagen wieder zurückstellte, bemerkte er, dass statt einer Euromünze nur eine schlampig zurechtgefeilte Plastikscheibe im Schlitz steckte. Ein klarer Fall von Falschmünzerei.

Juristisch betrachtet, stellt sich das Problem folgendermaßen dar: Die Mädchen hatten ihm nicht vorgespiegelt, sie würden einen eurobestückten Einkaufswagen im Tausch gegen eine Euromünze anbieten – sie hatten ihm nur die Benutzungsberechtigung eines Einkaufswagens angeboten. Die hatte er erhalten. Also war Herbert K. zwar etwas verärgert, behielt die Plastikscheibe aber und verwendete sie immer wieder. Man stelle sich vor, welche Weiterungen das haben könnte: Monate später hätte ein Angestellter des Supermarkts K. ertappt, ihm die Verwendung eines gefälschten Chips vorgeworfen und ihn ins Verwaltungsbüro gebeten. Von einer Anzeige wurde zwar noch einmal abgesehen, aber juristisch ist das Problem noch nicht geklärt. Man schwankt in der Bewertung zwischen Beförderungserschleichung in Tateinheit mit Markenschutzverletzung und der Fälschung eines europäischen Zahlungsmittels.

Bis zur Klärung dieses Sachverhalts beim Europäischen Gerichtshof dürfen sich jugendliche Banden weiterhin an naiven Rentnern und gestressten alleinerziehenden Müttern bereichern.

Die Weiterentwicklung des Ein-Euro-Münzen-abhängigen Einkaufswagens

Die münzgestützten Einkaufswagen haben inzwischen eine Mutation durchgemacht, die natürlich von nachdenklichen Menschen initiiert wurde, wahrscheinlich vom McKinsey-Kernteam Heavy Braintrust Hamburg-West. Durch einen unverschuldeten Selbstversuch kam ich dem Geheimnis der neuen Einkaufswagenzombies auf die Schliche.

Nachdem ich eines Tages mal wieder einen dieser Einkaufswagen durch den Einsatz einer Euromünze aus seinem Gefängnis befreit hatte und das Gefährt nach erfolgtem Einkauf wieder in einen der Unterstände zurückstellen wollte, ließ sich der Wagen nicht mehr an der Reihe anstöpseln. Zuerst dachte ich, der Steckschlitz hätte sich verbogen oder wäre durch einen Einkaufswagenvandalen beschädigt worden. Ich versuchte es also an einer anderen Reihe. Fehlanzeige.

Ein älterer Mann beobachtete meine vergeblichen Versuche mit sichtlichem Wohlgefallen, kam langsam näher und sprach mich an: »Da werden Sie kein Glück haben, guter Mann.«

In seiner Stimme schwang eine Mischung aus triumphierender Überheblichkeit und selbstgefälligem Herrschaftswissen mit. Eine Mischung, die manchmal schuld daran ist, wenn solche Männer Probleme mit anfänglich freundlich gestimmten Mitmenschen bekommen.

»Da hat sich jemand was gedacht dabei«, sagte er genüsslich.

»So, was denn?«

»Das ist Or-ga-ni-sa-tion! Die Leute denken nämlich nicht mit. Sind alle völlig a-so-zial!«

Er erklärte mir, die »Betriebsführung« hätte durch einen geschickten Schachzug das wilde Zurückstellen von Einkaufswagen nunmehr verhindert. Früher wären einige Einkaufswagendepots nämlich völlig überfüllt gewesen, während andere leer blieben. Also, und dabei hob er simultan die Stimme und seinen rechten Zeigefinger, hätte man ein »platzweisendes Farbsystem« eingeführt, das nur bestimmten Einkaufswagen den Zutritt zu bestimmten Depots gestattet. Die Farbe der Griffe am Einkaufswagen korrespondiere mit den Farben der Depots, und so sei gewährleistet, dass jeder an einem bestimmten Depot (etwa dem roten) entnommene Einkaufswagen auch wieder am selben zurückgegeben werde. Er klang so stolz, als hätte er dieses System erfunden.

Ich fragte ihn, ob er der Meinung sei, dass es angesichts von über drei Millionen Arbeitslosen hierzulande eine gute Idee sei, jeden Furz von Nichtangestellten erledigen zu lassen, oder ob es nicht sinnvoller wäre, für die Rückführung vagabundierender Einkaufswagen einen Menschen, wenigstens auf 400-Euro-Basis, anzustellen. Er rückte seinen Hut gerade und zischte: »Kommunist!«

5. Der Kunde als Mitarbeiter

Dass wir unbezahlte Mitarbeiter von vielen Firmen geworden sind, haben wir kaum gemerkt. Die entsprechenden Firmen aber schon – denn es war keine zufällige Entwicklung. Sie begann ganz dezent, und natürlich war sie ungemein praktisch. »Praktisch« ist eines dieser schrecklichen Totschlagwörter, mit denen man jeden Unsinn als besonders wertvoll adeln kann. Es war die Zeit, in der sich die alten Tante-Emma-Läden auf die Letzte Ölung einrichteten, also vor vierzig Jahren etwa. Supermärkte gab es schon, aber jetzt entstanden in den Speckgürteln und auf dem Land Großmärkte mit gewaltigen Parkplatzfeldern (auf denen schon mal ein mittleres Verkehrsflugzeug notlanden konnte) und gewaltigen Einkaufsstraßen. Die »Selbstbedienung« war geboren. Man kaufte für die Woche ein, nach amerikanischem Vorbild. Optimal war dafür ein größeres Auto, möglichst ein Kombi, in dem neben den beiden Kindersitzen auf der Rückbank ausreichend Stauraum für einen Kubikmeter Konserven, Kartons, Bierkisten und Tiefkühlpackungen war. Jetzt ging es ohne Hilfswagen nicht mehr. Man schob also (stolz, weil man endlich modern einkaufen konnte) den Einkaufswagen vorbei an schier endlosen Stapelregalen und lud ein, was gerade die Kauflaune erregte. Es war ja alles so billig. Wenn man mit der ganzen Familie einkaufen ging, konnte man auch zwei Einkaufswagen füllen. Der Supermarktbesuch war ein paar Jahre lang enorm schick und befriedigend und verschaffte einen Genuss, der dem Besuch einer Wagneroper oder einer Rembrandtausstellung nicht ganz unähnlich war. Kein Mensch mokierte sich über das Eintüten, Selber-Abwiegen und Transportieren – es war eine neue Zeit. Und sie war gut.

Aber dass die Tante-Emma-Läden starben, tat dann einigen doch leid. In den achtziger Jahren war es schick, über das Sterben des Einzelhandels zu jammern, etwa so wie über das Abschießen von Nashörnern. Meine Mutter, Sozialaktivistin ohne Parteizugehörigkeit, blaffte uns emotional stark bewegte Altachtundsechziger bei diesem Thema nur kräftig an: »Dann geht doch einfach hin zu eurer Tante Emma und kauft dort ein! Jammern, dass das Großkapital alles plattmacht, und dann beim Supermarkt einkaufen – typisch!«

Ja, aber wir hatten alle gerade Kinder gekriegt und kauften die Riesenwindelpackungen natürlich gleich für den ganzen Monat ein, dazu Kartons mit Babynahrung, sackweise Reis, Fertigsaucen und den ganzen Mist. Niemand machte sich Gedanken darüber, dass Dosenbier und Cola in Plastikflaschen politisch unkorrekt war/ist/sein könnte. Man konnte SPD wählen und gleichzeitig Cola mit Rum aus Plastikbechern trinken. Sorry, aber dieses Zeitalter war noch nicht durch Kochsendungen geadelt, und in keinen Haushalt fand sich ein Trüffelhobel.

Später erkannte man, dass es neben billigem Essen auch noch schmackhaftes und gesundes Essen gibt, die ersten Bioläden wurden eröffnet und betrieben das gute alte Ladenthekenprinzip. Jetzt war es schick, sich Hutzelkartoffeln von Verkäuferinnen abwiegen zu lassen, die stark an Figuren aus Astrid Lindgrens Bullerbü erinnerten, schmutzige Karotten in braunen Papiertüten nach Hause zu tragen und Milch zu kaufen, deren Verfallsdatum so rasant näher rückte, dass man sie mit der Stoppuhr überwachen musste. Wer es sich leisten konnte, kaufte gut, ökologisch und teuer – der Rest ging in den Supermarkt. Und als es – etwa um die Jahrtausendwende – immer mehr Menschen gab, die sich sogar den Supermarkt nicht mehr leisten konnten, machten die Billigketten, die Discounter, immer mehr Filialen auf. Das Prinzip der Kunden als Mitarbeiter haben sie zur Perfektion entwickelt. Bis auf eine Hochgeschwindigkeitstippse an der Kasse sind solche Läden bar jeden Personals.

Dieser kurze Ausflug in die Warenwirtschaftsgeschichte zeigt, wie schnell wir gelernt haben, dass ohne uns nichts geht: Kunden müssen nicht nur einkaufen, sie müssen auch mitarbeiten, sonst klappt es nicht.

Eine ganz neue Form der Mitarbeit entwickelte sich in den verschneiten Weiten Schwedens, dort, wo zur Mittsommernacht nackte Menschen vor ihren Holzsaunen sitzen, dampfen und die Elche beobachten, die am Horizont vorbeiziehen. Auch Ingvar Kamprad hatte dort gesessen und sinniert. Als Junge hatte er Streichhölzer an die Bauern in den umliegenden Dörfern verkauft, später einen kleinen Versandhandel mit Sämereien und Kugelschreibern aufgemacht. »Man müsste etwas ganz Neues machen«, hatte Ingvar Kamprad geseufzt, als er eines Tages wieder vor seiner Saunahütte saß. »Vielleicht sind die Elche ein gutes Vorbild.«

»Wie, die Elche? Die sind doch doof!«, hatte sein Freund Øle gesagt.

»Ich meine ja auch nicht, wir sollten es wie die Elche machen. Aber wenn wir die Kunden wie Elche behandeln …«

Die Ikea-Regeln

- Keine zwei Teile, die identisch sein sollten, sind gleich.
- Wenn man jemandem zeigen will, dass das Regal nicht zusammenpasst, passt es plötzlich.
- Jeder, der etwas herstellt, ist der Letzte, der es auch benutzt.
- Es ist immer leichter, etwas auseinanderzunehmen, als etwas zusammenzusetzen.
- Wenn du nur einen Hammer hast, gibt es bloß Schrauben.
- Der Bohrer, den man gerade braucht, wird der einzige sein, der fehlt.
- Die Muttern passen nie auf die Schrauben, die man noch übrig hat.
- So gut man auch plant, am Schluss braucht man immer eine dritte Hand.
- Es sind alle Teile da, du findest sie nur nicht.
- Man verliert grundsätzlich nur dann den Garantieschein, wenn man ihn braucht.
- Nichts ist so dauerhaft wie ein Provisorium.
- Wenn man es nicht auseinandernehmen kann, fällt es von selber auseinander.
- Man hat immer die Zeit, es noch mal zu machen, aber man hat nie die Zeit, es gleich richtig zu machen.
- Was du wirklich suchst, gibt es niemals in der Fundgrube.
- Die Zweijahresgarantie garantiert, dass es am ersten Tag nach zwei Jahren kaputtgeht.

Das war die Initialzündung für Ikea gewesen. Schwedische Elche sind nicht verwöhnt. Es gibt wenig Auswahl und wenig zu beißen in der harten Einsamkeit Schwedens. Ein Elch ist schon froh, wenn er sich an einem Ast mal nicht den Zahn ausbeißt. Die ersten Ikea-Kunden freuten sich wie die Elche, dass sie billige Möbel aus billigem Holz und schlichtem Design kaufen durften und dachten (Elche!) nicht darüber nach, was denn der Unterschied zu einem anderen Möbelhaus wäre. Etwa einem für verwöhnte Perserkatzen.

Bei Ikea wurde das Prinzip des »partial employee« gleich von Anfang an zur Perfektion getrieben. Der Elch ist zum Symbol für ein Unternehmen geworden, das 2007 mit zweihunderteinunddreißig Möbelhäusern in vierundzwanzig Ländern und mit hundertachtzehntausend Mitarbeitern einen Umsatz von 19,8 Milliarden Euro machte. Ingvar Kamprad, der inzwischen in die Schweiz umgezogen ist, weil es dort zwar keine Elche, aber eine nettere Steuerbehörde gibt, wird beim US-Magazins *Forbes* mit 31 Milliarden Dollar Privatvermögen als der siebtreichste Mensch der Welt geführt. Damit wir uns richtig verstehen: Das gönne ich ihm, auch wenn ich ihn schon oft verflucht habe. Beispielsweise als ich mir bei der Errichtung der Kommode Aspelund den Daumen eingeklemmt oder verzweifelt nach der zwölften Schraube für das Hängeregal Värde gesucht habe.

Glaubt man seiner Biographie, ist Kamprad auch privat ein eiserner Sparelch. Er hat ein hartes Leben hinter sich, eine romanhafte Karriere, und trotzdem ist es nur ein einziger simpler Trick, der ihn so groß gemacht hat.

Er hat seine Angestellten in lustige Unformen gesteckt und das Duzen in allen Filialen zur Pflicht gemacht. Aber das ist es nicht.

Er verkauft den Kunden neben Möbeln jeden Schnickschnack, auch Pommes frites, Schwedenhappen und heiße Würstchen. Aber das ist es auch nicht.

Er hat einen Ikea-Club gegründet, die Family-Card eingeführt und lässt die Klappmöbel sogar liefern. Aber auch das ist es nicht.

Er hat die straffste Corporate Identity nach McDonald's und immer freie Parkplätze. Aber das ist es ebenfalls nicht.

Der Trick ist: Ingvar Kamprad lässt die Kunden arbeiten.

Um zu verstehen, wie wir für den alten Mann schuften, nehmen wir als Beispiel Billy, das Regal, das jeder kennt und jeder irgendwo stehen hat. Bekanntlich besteht das Grundmodell dieses Pressspanwunders aus zwölf Brettchen, zwanzig Schrauben, einem Inbusschlüssel und einer Handvoll Nägeln. Ein technisch nicht völlig unbegabter Mensch braucht für den Zusammenbau etwa eine halbe Stunde. Billy ist bis zum Jahr 2007 über fünfunddreißig Millionen Mal verkauft worden. Das entspricht einer Gesamtzahl von 15 Millionen Arbeitsstunden! Wenn wir nur einen harmlosen Stundenlohn von 8 Euro ansetzen (das liegt sogar noch unter dem Mindestlohn bei der Post), summiert sich diese Aufbauarbeit an Billy zu einem volkswirtschaftlichen Aufwand von 120 Millionen Euro. Ingvar Kamprad hat sich diese Kosten erspart, weil er die Endmontage auf seine Kunden abgewälzt hat.

In Wirklichkeit übernehmen wir natürlich noch einiges mehr, was sich in Euro kaum ausdrücken lässt: Zuerst strapazieren wir unsere Nerven (vor allem, wenn wir den Anfängerfehler machen, an einem langen Samstag eine Regalwand kaufen zu wollen) im zähen Geschiebe durch alle Abteilungen der schwedischen Möbelburgen, vorbei an streitenden Familien, kreischenden Kindern (nein, nicht alle sind im mit Plastikbällen gefüllten Terrarium abgegeben worden, an langen Samstagen gibt es mehr Kinder als Plastikbälle!), hysterischen Innenarchitekten (»Aber Sie haben mir doch versichert, dass der Stoff spätestens heute da ist! Das Fotoshooting ist heute Nachmittag!«) und ellenbogenstoßenden Matronen, die endlich auch mal einen Wagen fahren dürfen. Und so, wie sie ihn durchs Gedränge schieben, darf man nur hoffen, dass sie nicht auch noch am Straßenverkehr teilnehmen. Dann sammelt man seine Einkäufe in den Regalstraßen zusammen und spürt das Magengeschwür ein kleines bisschen nachwachsen bei der Nachricht, dass ausgerechnet die Rollen für den Rollcontainer Erik momentan nicht lieferbar sind. Na ja, wenigstens ist der Rest da. Ein Rollcontainer ohne Rollen? Nicht so schlimm, wenn man bedenkt, dass die meisten afghanischen Familien weder einen Schrank mit noch einen ohne haben. Dann steht er eben so lange rum, bis es die Rollen wieder gibt. Müssen wir halt in der Mittagspause noch mal hinfahren, Rollen kaufen und dazu einen *Köttbular* oder ein *Kasbroed* essen. Das empfehlen uns jedenfalls die gelb-blauen Streetworker von der Ikea-Family, die man an ihren Beruhigungscentern um Rat fragen kann.

Hat man das Zeug dann doch irgendwie durch die Kassenstraße gequetscht und ins Auto geladen, muss man nur noch unfallfrei nach Hause fahren. Das ist bei der üblicherweise begrenzten Sicht nach hinten nicht gerade ungefährlich und verleitet uns zu irrsinnigen Überlegungen wie der, ob wir uns nicht auch mal einen Van zulegen sollten. Dabei sind die Kinder gerade aus dem Haus und kaufen selber bei Ikea ein, und das natürlich nur mit einem geliehenen VW-Bus. Aber die Nachbarn sind kinderlos und haben auch einen Van. Wahrscheinlich fahren sie öfter mal zu Ikea.

Man kommt schon auf seltsame Gedanken auf der schlingernden Heimfahrt nach einem Besuch im Möbelhaus der

Elche, während eine Kante von Börwöll sich bei jeder Linkskurve unangenehm in die Schulter bohrt.

Nachdem wir die Kartons in die Wohnung gewuchtet haben, kommt der friedliche Teil: Auspacken, die Anleitungen studieren, alle Schrauben, Dübel, Stifte, Nägel, Leimtütchen und Plastikhütchen zählen, den diversen Ziffern auf dem Bauplan zuordnen und aufbauen. Der Inbusschlüssel bleibt übrig, den darf man behalten und legt ihn zu den siebenundsechzig anderen in den Werkzeugkasten.

Aber auch damit ist die Arbeit noch nicht beendet, die wir für Herrn Kamprad leisten – jetzt heißt es, den Verpackungsmüll kleinzuschneiden und in die entsprechenden Abfallkübel zu entsorgen. Seltsam, dass Verpackung in manchen Fällen ein größeres Volumen haben kann als das, was in ihr verpackt war. Aber das ist auch irgendwie logisch – man denke nur an Murphys Gesetz, dass alles, was schiefgehen kann, auch schiefgehen wird!

Wenn wir uns dann müde in unser Klappsofa Torekov werfen und den Fernseher anstellen, kann es passieren, dass wir gerade eine Werbepause erwischen und den Ikea-Spot sehen: »Wohnst du noch, oder lebst du schon?« Aber weil wir so erschöpft sind und sich ein seltsamer Druck auf die Ohren gelegt hat, verstehen wir stattdessen: »Bist du noch Kunde, oder arbeitest du schon für uns?«

Jetzt, nachdem wir wissen, was tatsächlich das Ikea-Geheimnis ist, möchte ich Ihnen auch die offizielle Kamprad-Philosophie nicht vorenthalten. Für seine Angestellten hat der alte Schwede diese zehn Weisheiten parat:

- Ein Problem ist immer auch eine Chance.
- Das Sortiment ist unsere Identität.
- Der Ikea-Geist ist stark und lebt.

- Gewinne geben uns Gestaltungsmöglichkeiten.
- Gute Ergebnisse mit geringem Mitteleinsatz erzielen.
- Einfachheit ist eine Tugend.
- Wir machen es anders.
- Um erfolgreich zu sein, müssen wir uns konzentrieren.
- Es ist unser Privileg, Verantwortung zu übernehmen.
- Es ist noch viel zu tun.

Richtig cool ist ein Produkt erst, wenn Kinder nach ihm benannt werden. Ikea ist demnach total trendy, denn wer die Namen einer beliebigen Vorschulklasse abfragt, bekommt mehr Ikea-Produkte zu hören, als im aktuellen Katalog stehen. Wir sind schon Elche!

Do it yourself – aber zahl dafür!

»Dienstleistung als Interaktion« – das ist eine schicke Bezeichnung für eine einfache Art der Profitmaximierung. Und dabei klingt es doch so nett, vertraut, vertraulich gar, irgendwie ein bisschen wie eine Mischung aus DDR und sizilianischem Dorfleben: Geht man zum Frisör, nimmt man das Shampoo mit (sonst kriegt man den Kopf mit Kernseife gewaschen), bei der Bank füllt man die Überweisungsscheine (gefälligst) selber aus, und die Bedienungsanleitung schreibt man ab (nein, man lädt sie heutzutage natürlich aus dem Internet runter und druckt sie auf dem eigenen Drucker aus; wer unbedingt so was Altmodisches wie ein Buch braucht, kann sie auch zum Binden bringen).

Aus dem Selbstbedienungsladen ist eine Selbstbedienungswirtschaft geworden. Nicht umsonst spricht man von der Selbstbedienungsmentalität bei Abgeordneten, Gewerkschaftlern, Gemeindevorstehern und Parteisoldaten, die nur das machen, was alle machen würden: hemmungslos alles mitnehmen, was nur geht. Do it yourself ist Trumpf. Wir leben mit (und leiden unter) Internetshops und Online-Banking, wir buchen Zugfahrten und Flüge selbst (und drucken die Tickets zu Hause aus), wir holen unsere Paketpost im Paketcenter ab und konfigurieren unsere Computer – und manchmal wissen wir nicht mehr, wer hier wem einen Dienst leistet. Profis sprechen deshalb vom Kunden als dem »Dienstleister für die Dienstleister«. Und das ist nicht deshalb ein Trend der Zeit, weil es so gut in die Online-Generation passt oder weil wir alle so ungemein individualisiert sind – das ist eine gezielte Strategie von Unternehmen: Damit spart man Arbeitskräfte ein und bindet (nein, fesselt) die Kunden fester an die Marke.

Wir ziehen unser Bargeld aus dem Geldautomaten, holen in SB-Restaurants das Essen ab und stellen die leeren Teller und Gläser wieder in den Wagen zurück. Wir bauen Möbel selber zusammen und bringen den Verpackungsmüll weg. Wir torpedieren kleine, engagierte Buchläden, in denen uns Profis noch tatsächliche Lesetipps geben können, und kaufen stattdessen bei Amazon, am liebsten den aktuellen Bestseller mit leichten Gebrauchsspuren und dafür um die Hälfte billiger.

Und wir geben unser Profil bei solchen Online-Shops ab und freuen uns sogar, wenn man uns per E-Mail mitteilt, dass wir wahrscheinlich auch einer sind, der sich für das neue Buch von XY und die neue CD von ZK interessiert. Angst vor dieser Katalogisierung als gläserner Kunde haben wir nicht. Wieso auch? Ist doch nur Kultur!

Das Ausbildungsprofil eines Kunden hat sich im Laufe der Zeit ganz schön gewandelt. Hätte ich 1955 meinen Großvater gefragt (so eine typische lustige Bubenfrage eben), was denn ein »Kunde« ist und was so einer können muss, hätte der nur gelacht und gesagt: »Mein Kleiner, der muss gar nichts können. Das ist ja das Schöne. Als Kunde bist du der König. Da darfst du alles – und die anderen müssen sich gewaltig anstrengen, damit du zufrieden bist.«

Wenn ich heute eine Replik himmelwärts schicke, hört sich die etwa so an: »Lieber Opa, ich muss dich verbessern. Ein Kunde muss ganz schön viel können; bald wird Kunde wahrscheinlich sogar ein Ausbildungsberuf. Kunden müssen heute kompetent und informiert sein. Das Einfachste ist immer noch das Einkaufen, jedenfalls wenn es einen menschlichen Verkäufer gibt. Ja, da wunderst du dich. Warte ab. Zuerst muss man sich informieren, was es überhaupt alles gibt, dann macht man einen Preisvergleich – am besten im Internet. Natürlich nicht, wenn man nur ein halbes Pfund Butter kaufen will, aber bei einem MP3-Player macht das schon mehr Sinn. Du weißt nicht, was ein MP3-Player ist? Na, da kann ich dir eine Geschichte erzählen ...«

Und die Geschichte erzähle ich Ihnen gleich mit, denn Selbsterlebtes ist immer das Beste. Ich ging also eines Freitagnachmittags in ein Münchner Kaufhaus, um einen MP3-Player zu kaufen. Damals waren die Dinger noch ziemlich neu und schick, es gab erst ein paar verschiedene Marken, und nur wenige Menschen wussten, dass sich hinter dieser Abkürzung eine Technik verbirgt, mit der man Audiodateien komprimiert. Egal. In der Elektronikabteilung eines großen Kaufhauses durfte ich jedenfalls annehmen, ein paar Fachleute zu finden, die sich unter MP3 keine Maschinenpistole vorstellen. Ich schlenderte durch die Abteilung Unterhaltungselektronik und fand in einer Glasvitrine tatsächlich ein paar Geräte, die als MP3-Player ausgezeichnet waren. Einen

Verkäufer jedoch fand ich nicht. So hatte ich ausreichend Muße, die technischen Daten zu den verschiedenen Geräten zu lesen. Nun habe ich ein grundsätzliches Problem (ein Luxusproblem, wie meine Frau es nennt): Ich arbeite mit einem Apple-Computer, bin also kein Mitglied der weltweit dominierenden Windows-Familie. Und nachdem dieser MP3-Player mit meinem Rechner kompatibel sein sollte (all diese Wörter musste ich meinem Großvater natürlich erst lang und breit erklären, deshalb hier für Sie die abgespeckte Version, die Demoversion quasi), wollte ich wissen, welcher dieser Audiozwerge das konnte. Aber das ließ sich nicht herausfinden.

Also spazierte ich zur Kasse, wo sich ein junger Mann befand, der nicht davonlaufen konnte, weil er ja die Kasse bewachen musste.

»Können Sie mir helfen?«, fragte ich freundlich. Und das war ein Fehler. Die Frage war natürlich nur rhetorisch gemeint, denn ein Verkäufer muss einem immer helfen können. Höchstens wenn man eine Sonnenbrille in einem Fischgeschäft kaufen will, kann er sich herausreden.

»Das kommt darauf an«, sagte er. Ich dachte, das sei ironisch gemeint, aber es war ganz und gar nicht so.

»Ich suche einen MP3-Player …«

»Dort hinten links, dritte Reihe!«, kam's wie aus der Pistole geschossen.

»Das weiß ich. Ich war gerade da und habe sie mir angesehen.«

»So.«

Ich erzählte ihm von meinem kleinen Luxusproblem, nämlich welcher sich mit meinem Mac vertragen würde. Der Verkäufer bekam flackernde Augen.

»Ich kann da auch nicht mehr als Sie …«, sagte er,

»... nämlich die Beschreibungen neben den Geräten lesen. Wenn es da nicht steht ...«

»Nicht eindeutig«, sagte ich, nun schon etwas verärgert. »Vielleicht kommen Sie einfach mal mit.«

Und der junge Mann ging tatsächlich mit mir zu der Vitrine mit den MP3-Playern und starrte wie ich auf die Beschreibungen. Dann öffnete er die Vitrine, nahm eine Packung heraus und drückte sie mir in die Hand.

»Und der verträgt sich mit meinem Mac?«, fragte ich.

Der Verkäufer nickte und sagte: »Müsste eigentlich.«

Originalverpackung

Bei einer Reklamation empfiehlt der Hersteller üblicherweise, den betreffenden Artikel wieder zurück in die Originalverpackung zu stecken und zusammen mit der Kaufquittung zurückzubringen. Das funktioniert aus drei Gründen nicht:

1. Nach einem der zahlreichen Murphyschen Gesetze gilt für Angler: Wenn man die Würmer einmal aus der Büchse gelassen hat, braucht man eine viel größere Büchse, wenn man sie wieder reinkriegen will. Dasselbe gilt für Computer, Drucker, Multivisionsanlagen, sogar bei einem Mixstab: Zubehör, Bedienungsanleitung und Kabel – man kriegt das Zeug nicht mehr in die Originalverpackung zurück. Für alle, die gerne Rubicks Cube oder ähnliche Fummelpuzzles spielen, mag es ein großes Vergnügen bedeuten, ein Stolmen-CD-Regal zusammenzubauen, es danach wieder auseinanderzunehmen und in die Originalverpackung zurückzuschichten.

(Vielleicht wäre das eine Idee für ein neues TV-Format: »Wastlbastel und die Originalverpackungsfüller«.) Bei Menschen mit hohem Erregungsgrad kann allerdings schon der Versuch allein zu einem cholerischen Anfall mit anschließender Totalvernichtung der Originalverpackung und des zugehörigen Geräts führen.

2. Man findet die Originalverpackung nicht mehr.
3. Das Gerät geht immer an dem Tag kaputt, der auf den Tag folgt, an dem man die Originalverpackung in den Abfall geworfen hat.

Ich war sehr leichtsinnig gewesen. Das kam von meiner frühen Sozialisation, derzufolge ich mir Verkäufer als kompetente Menschen vorgestellt hatte. Das »müsste eigentlich« hätte mich stutzig machen sollen. Als ich den MP3-Player zu Hause ausgepackt und an den Laptop angeschlossen hatte (die Arbeit des Konfigurierens und Studierens der bedienerfreundlichen Software hatte eine Stunde in Anspruch genommen), stellte sich heraus, dass der MP3-Player mit einem Mac nichts anfangen konnte. Ich packte das Gerät wieder ein. Etwas, was mitarbeitende Kunden heutzutage gelernt haben, ist, niemals Verpackungen wegzuwerfen. Gerade bei Elektronikgeräten heißt es: Immer Styropor und Schachtel aufbewahren, denn etwaige Reklamationen haben ordentlich verpackt zu erfolgen. Also schob ich das Gerät in seine Plastikhülle zurück, klebte sie wieder zu, steckte sie zwischen zwei Styroporklemmen, legte die CD-ROM mit der Bedienungsanleitung (achtsprachig!) dazu und fummelte die Verpackung wieder zurecht. Am nächsten Tag betrat ich erneut die Elektronikabteilung des Kaufhauses, ging auf die Kasse zu und legte die Schachtel mit dem MP3-Player auf den Tisch.

»Er geht nicht«, sagte ich zu dem jungen Mann dahinter (es war nicht der von gestern, aber ebenfalls ein sichtlich erschrockener Fachverkäufer), und natürlich war das etwas sehr kurz angebunden, aber ich konnte ja nicht ahnen, was passieren würde.

Der Verkäufer nahm die Packung und warf sie in einen Abfalleimer neben sich. Kein Scherz! Ich war sprachlos.

Er lächelte mich freundlich an und sagte: »Sie können sich einen anderen nehmen.«

Es dauerte etwas, bis ich ihm klargemacht hatte, dass dieses Gerät höchstwahrscheinlich ganz gut funktionierte, aber eben nicht kompatibel sei. Es wäre einfach nicht das, als was ich es gekauft hatte. Er war sichtlich genervt von dieser Wortklauberei, ließ sich den Kassenzettel geben und zahlte mir das Geld wieder aus. Ich versuchte erst gar nicht, ihn zu fragen, ob er eine Ahnung hätte, welcher MP3-Player möglicherweise …

Aber ich fragte ihn etwas anderes. Ob es nämlich üblich sei, einem Kunden einfach zu glauben, etwas sei kaputt, und es sofort und ohne Prüfung wegzuwerfen.

»Ja, das ist inzwischen State of the art!«, sagte er.

State of the art! Ich glaub es nicht!

Aber ich kann Ihnen (mein Opa ist sowieso längst schon wieder kopfschüttelnd himmelwärts verschwunden) auch erklären, was es mit dieser seltsamen Art der Reklamationsbearbeitung auf sich hat: Früher einmal reparierte man fast alles, was kaputtgegangen war. Der schlichte Austausch (zuerst von Einzelteilen, schließlich des kompletten Produkts) ist lediglich eine logische Konsequenz der Entwicklung von einer sorgsamen Reparaturgesellschaft zu einer sorglosen

Wegwerfgesellschaft. Dabei wird viel vernichtet, was wertvoll und erhaltenswert wäre: Wissen um technische Zusammenhänge, kreative Strategien, Improvisationstalent – Kenntnisse und Fähigkeiten, ohne die man keine neuen Techniken entwickeln kann.

Das Argument, heute sei die Arbeitszeit zu teuer, sticht nur, wenn das Produkt billiger ist als die Arbeitszeit für die Reparatur, also setzt man auf billige Produkte mit geringer Lebenszeit. Und die Mehrarbeit leisten wir alle.

Wie man – ganz nebenbei – die Arbeitslosenzahl erhöht

Für den Fall, dass Sie glauben, ich würde zu Übertreibungen neigen, möchte ich Ihnen nicht vorenthalten, was ein durchschnittlicher Mitteleuropäer neben seiner tatsächlichen beruflichen Arbeit (für die er bezahlt wird) noch leistet, und zwar unbezahlt. Fangen wir bei der Bank an. Wer schon zu Online-Banking (oder, noch hübscher wortverpackt, »Direct Banking«) übergegangen ist, weiß, wovon ich rede. Er wird seinen Kontostand am häuslichen Computer überwachen, Überweisungen und Daueraufträge erledigen, sich darum kümmern, dass er auch die Bestätigungen seiner Transaktionen abspeichert, ausdruckt und abheftet. Kleinigkeiten, die früher niederen Bankangestellten vorbehalten waren. Da trifft es sich gut, wenn gerade ein paar hundert Stellen bei Ihrer Bank gestrichen wurden. Das geht Hand in Hand, so ein Zufall.

Wer dem Online-Banking misstraut (Ewiggestrige und misstrauische Technikfeinde hat es schon immer gegeben, aber die Geschichte hat sie einfach ignoriert – und nach ein paar Jahren hatten sie keine Wahl mehr: »Sorry, das müssen Sie von zu Hause aus erledigen. Ach, Sie haben keinen Computer? Na, es soll ja sogar Leute geben, die gar kein Bankkonto haben.«), darf gerne in eine der Bankfilialen kommen. Obwohl es davon immer weniger gibt, das haben Banken mit Briefkästen und Telefonzellen gemein. Wenn man doch eine Filiale gefunden hat, fragt man sich, wozu man sie eigentlich aufgesucht hat. Das Geld kommt aus dem Geldautomaten, die Kontoauszüge aus dem Kontoauszugsdrucker, und die Frage nach einer persönlichen Beratung wird damit beantwortet, dass es für diese spezielle Frage eine spezielle Hotline gibt, die den Wissbegierigen sprachgesteuert exakt an den zuständigen Kundenberater vermittelt. Perfekt. Aber in den Augen des jungen Bankangestellten (der sich bei den Eltern seiner Freundin bestimmt als »Junior Banker« vorgestellt hat) sehe ich ein kleines, unsicheres Flackern. Er scheint zu ahnen, dass er ein sprachgesteuerter Platzhalter ist und hier nur geduldet wird, solange man noch keinen Online-Ersatz für ihn hat.

Immerhin hat man nun Geld, real oder virtuell, und Geld muss man ausgeben – arbeiten tut es ja nur in der Bank, an der Börse oder in Liechtenstein. Ich könnte zum Beispiel meiner Tochter, die in der Schweiz lebt, etwas zum Geburtstag kaufen. Einen kleinen Palmtop, da freut sie sich bestimmt. Wie kauft man einen Palmtop? Man geht in einen Computerladen und lässt sich beraten. Ach was! Das ist doch *old school*, ganz out und viel zu teuer. Man geht online und vergleicht die verschiedenen Schnäppchenplattformen, man schaut unter billiger.de nach und testet mybuy.de und billigpreise.de. Natürlich kann man auch die gute alte Stiftung Warentest bemühen, das geht inzwischen selbstverständlich ebenfalls schon online. Wer offiziellen Stellen und der Werbung nicht traut, kann im Internet auch fremde Menschen zu Rate ziehen. Dabei könnte es sich im Prinzip natürlich um getarnte Mitarbeiter der jeweiligen Firma handeln, aber das ist nur schwer zu beweisen, und wir neigen ja nicht zu Verschwörungstheorien. Es gibt im Netz jede Menge Foren und Communitys, die sich auf den Austausch von Erfahrungsberichten über verschiedene Produkte spezialisiert haben. Die meisten sind Online-Plaudertaschen, die es einfach nicht aushalten, dass sie keinen mehr finden, dem sie ein Gespräch aufdrängen können. So kann man sich stundenlang durch das Internet graben, wenn man auf virtuelle Einkaufsreise geht.

Irgendwann habe ich dann das Geschenk für meine Tochter gefunden. Aber das heißt nicht, dass ich nun aufstehen und in einen Laden fahren muss. Wozu auch? Man kann bequem am Bildschirm einkaufen, alles Mögliche ausfüllen und hopp! Online-Shops sind der Renner, und deshalb hat inzwischen jede noch so klassische Firma ein entsprechendes Portal. Nach einer Studie von Infratest hat der deutsche Handel im Jahr 2006 Waren im Wert von 10 Milliarden Euro online abgesetzt, und in manchen Branchen geht schon jede zweite Bestellung per Computer ein. Bis zum Jahr 2010 rechnet der Bundesverband des deutschen Versandhandels damit, dass rund die Hälfte aller Versandumsätze online erzielt werden könnten. E-Commerce ist schwer im Kommen, vor allem weil die Angst vor unsicherer Datenübertragung und Bezahlung deutlich nachlässt. Das ist etwa so wie bei Aids. Irgendwann lassen die Vorsichtsmaßnahmen nach, man hört nichts mehr davon, man sieht immer weniger rote Schleifchen an den Revers, es gibt keine Aids-Galas mehr ... Und schon glaubt man, das Thema hätte sich erledigt.

Ich bestelle den Palmtop also online, gebe meine Adresse an, meine Kreditkartennummer, Verfallsdatum und Codenummer – und warte auf die Lieferung. Dann aber Schluss mit unserer Mitarbeit, denken Sie. Falsch gedacht, denn ich erhalte eine Benachrichtigung, dass ich ein Wertpaket beim Paketcenter abholen kann, gegen Vorlage der Karte – ganz bequem. Wenn ich Glück habe, liegt das Paketcenter in meinem Stadtteil, ganz bestimmt aber befindet es sich in meiner Stadt. Höchstens im Ruhrgebiet könnte es da etwas schwierig werden, weil die Städte so eng beieinanderliegen – da kann es schon mal vorkommen, dass man von Gelsenkirchen nach Bottrop fahren muss, um sein Paket abzuholen.

Aber jetzt: Wie schön, das Geburtstagsgeschenk ist da! Bloß nicht daran denken, wie es nach Zürich kommen soll. Privat ein elektronisches Gerät mit der Post zu verschicken muss man sich nicht antun, vor allem nicht in die Schweiz. Nach einer halben Stunde auf der Website »Produktauswahl/DHL/Online-Frankierung« habe ich ein paar interessante »Features« unserer ultramodernen Post kennengelernt, etwa die Funktion »Go Green«. Kennen Sie nicht? Von meinen Portogebühren gehen 10 Cent als Spende an den Klimaschutz. Die Post erklärt mir das so:

> »Die Kohlenstoffdioxid-Emissionen, die durch den Versand entstehen, werden durch weltweite Projekte ausgeglichen. Immer mehr Verbraucher machen sich über die Umweltauswirkungen der von ihnen in Anspruch genommenen Produkte und Dienstleistungen Gedanken und sind auf der Suche nach umweltfreundlichen Alternativen. Auch unsere Kunden tragen ihren Wunsch nach umweltfreundlichen Produkten an uns heran.

Unser wachsendes Angebot umweltfreundlicher und sozial verantwortlicher Produkte und Dienstleistungen steht für unser Ziel, Marktführer und innovativer Dienstleister zugleich zu sein. Es zeigt unser Bestreben, die Wünsche unserer Kunden zu erfüllen, unsere Auswirkungen auf die Umwelt möglichst gering zu halten und als Unternehmen unserer gesellschaftlichen Verantwortung gerecht zu werden.«

Schade, dass ich als Privatkunde mein Päckchen nur deutschlandweit klimaneutral verschicken kann. Also beschließe ich, den Palmtop selbst zu liefern. Es wäre doch nett, die Tochter mal wieder persönlich in die Arme zu nehmen. Schließlich passiert ja schon viel zu viel online. Und weil ich schon mal am Computer sitze, könnte ich ja gleich einen Flug buchen. Es gibt wunderbare Websites, die einem den günstigsten Flug heraussuchen und stolz anzeigen, dass sie gerade siebenhundertfünfzig Airlines für mich abfragen – Wahnsinn! Sogar Aeroflot, Air Tahiti, Cathay Pacific und El Al fragen sie ab, dabei weiß sogar ich, dass die zwischen München und Zürich nicht verkehren –, bloß finden die nur immer teure Linienflüge. Alle zum selben Preis.

Und während wir uns einen Marktüberblick verschaffen, uns mühsam sachkundig machen, Bestellungen erledigen, Warenein- und -ausgang kontrollieren und von der Lagerhaltung über die Buchhaltung bis zum Versand alles selber machen, stehen all die klugen, serviceorientierten Fachkräfte auf der Straße: Bankangestellte, Postboten, Fachverkäufer, Touristikberater, Disponenten und so weiter und so fort. Aber Ihr Beruf ist ja ganz bestimmt krisensicher und nicht wegzurationalisieren. Oder?

Arbeit mit und am Automaten

Zuerst hat die Automatisierung uns Arbeitsplätze weggenommen, jetzt stehen wir vor den Automaten und bemühen uns, richtig mit ihnen (und für sie) zu arbeiten. Etwa mit einem Fahrscheinautomaten der Münchner Verkehrsbetriebe. Münchner, die sich gut auskennen, haben kein Problem damit. Es sei denn, sie fahren einmal in einen Teil der Stadt, den sie nicht so genau kennen. Dann müssen sie zuerst auf einer Landkarte nachsehen, in welcher Zone ihre Zielhaltestelle liegt, damit sie auch die richtige Karte lösen beziehungsweise die richtige Anzahl Streifen abstempeln. Alle anderen haben von vornherein schon verloren. Hamburger zum Beispiel ... oder Wiener erst. An Besucher aus Stockholm oder Neu Delhi will ich erst gar nicht denken. Wenn sie sprachlich auf der Höhe sind und großes Interesse für den günstigsten Tarif mitbringen (es gibt nämlich erstaunliche Kombi-Angebote, Weekend-Cards und Spar-und-Spaß-Tickets), dazu gute Stadtkenntnisse und unzerknitterte Euroscheine für den Geldscheineinzug, dann schaffen sie es vielleicht in einer halben Stunde, an die richtige Fahrkarte zu kommen. Aber wahrscheinlich nehmen sie einfach eine All-inclusive-Wochenkarte, auch wenn sie nur einen Nachmittag hier sind. Sicher ist sicher.

Und das wissen auch die Tüftler in den Zentralen der Fahrpreis- und Kartenstaffelentwicklungsbüros in unseren Städten. Die haben früher alle einmal in der Desinformationszentrale des BND gearbeitet oder im Finanzamt Rosenheim oder bei McKinsey. Deren Rechnung ist einfach: Man kalkuliert eine immer größere Marge an Überkäufen ein, etwas, was es früher bei Fahrscheinen nicht gegeben hat.

Früher kaufte man im Abteil (ob Zug oder Straßenbahn, ganz egal) vom Schaffner eine Karte. (Ich weiß, früher war auch nicht alles Gold, aber manchmal werfen diese Vergleiche ein ziemlich eindrucksvolles, jedoch kaltes Licht auf das Jetzt.) Wer sich jedoch nicht mehr auskennt, kann auch nicht so zielgerichtet sein Ticket kaufen. Das Ergebnis ist so absurd, als würde man die Strecke Kiel–Garmisch buchen, auch wenn man nur bis Hannover fahren will.

Schaffner sind bei der Menge an Zügen, U- und S-Bahnen, Bussen und Straßenbahnen, die im Nahverkehr unterwegs sind, zu kostenintensiv. Also überlässt man die Arbeit den Kunden. Aber kann man ihnen vertrauen? So ganz bestimmt nicht. Man sollte sie schon kontrollieren. Wenn man dann ein paar ohne Fahrschein erwischt (oder ein paar völlig deprimierte Ausländer, die einfach irgendeine Karte gekauft haben, bevor sie wahninnig wurden), muss das »Aufgeld« die hochgerechneten anderen Schwarzfahrer mit abdecken. Man braucht allerdings eine Truppe, die kontrolliert. Dass man diese Truppe auch als Fahrkartenverkäufer einsetzen könnte …

Nein, das ist zu konservativ gedacht.

Ich beschließe dann trotzdem, mit der Bahn zu fahren. Das ist irgendwie altmodischer: Man kann sich im Zug die Beine vertreten, lesen, Leute kennenlernen und im Speisewagen gemütlich ein Glas Wein trinken. Und man kann gemütlich am Bahnhof die Karten kaufen, wird gut beraten und …

Denkste. Am Bahnhof hängt ein Poster mit einer lustigen Botschaft, die einen tragischen Hintergrund hat: »Bisher haben wir Ihnen die Fahrkarten verkauft, jetzt sind Sie dran.«

Oh, die Werbeagentur der Bahn. Ich glaube ja, dass die Jungs den Job nur teilzeitmäßig machen – hauptberuflich betreiben sie den Karnevalsclub Rotweiß Oberhausen. Wer sonst wäre auf einen Slogan wie »Alle reden vom Wetter, wir nicht. Die Bahn« gekommen!

Na gut, ich habe schon verstanden, am Bahnhof ist der Reisende sein eigener Schaffner. An den Fahrkartenschaltern sind die putzigen Rüschenvorhänge vorgezogen, die mich daran erinnern, dass die Bahn mal Deutsche Reichsbahn hieß und eine Imagekampagne nach der anderen startet, um vergessen zu machen, dass sie auch für die Deportationen im Dritten Reich zuständig war.

Immerhin gibt es eine reizende Dame an der Information, die zwar keine Karten ausstellen darf, mir aber den Hinweis gibt, dass ich eine »selbstgesteuerte Sitzplatzreservierung über ein WAP-fähiges Handy bis zu zehn Minuten vor Reiseantritt« vornehmen könne. Unglaublich. Ich ziehe dann ein Ticket aus einem Automaten, der zwei meiner Kreditkarten abweist und erst bei der dritten gnädig rumpelt und pumpelt. Ein Reisender, der neben mir steht und darauf wartet, dass meine Kreditkarte wieder zum Vorschein kommt, erzählt mir währenddessen, dass es in Japan ein reines Vergnügen sei, Bahn zu fahren.

»Stellen Sie sich vor, Sie gehen einfach durch die Schranke, ein Sender funkt Ihr Handy an, liest die persönlichen Daten, loggt Sie ein – und wenn Sie am Zielbahnhof wieder aussteigen, merkt das der nächste Scanner, berechnet Ihre Fahrstrecke und bucht den Preis gleich von Ihrem Konto ab.«

»Beeindruckend. Was ist, wenn man kein solches Wunderhandy hat?«

»In Japan hat jeder eins.«

»Ein Glück, dass man nicht mit dem Zug nach Japan fahren kann. Jedenfalls nicht mit der Deutschen Bahn.«

Meine Tochter freut sich sehr, als sie das verspätete Weihnachtsgeschenk bekommt. Sie schaltet den Palmtop gleich an, aber bevor sie loslegen kann, muss sie erst Software runterladen. Und installieren. Zum Installieren muss sie eine 124-seitige Dokumentation als PDF downloaden und ausdrucken. Jetzt kann sie sich registrieren und Schritt für Schritt ihren Palmtop zum Leben erwecken. Das dauert so knapp fünf Stunden. Mittlerweile ist es zu spät, noch essen zu gehen. Ich bin müde und lege mich hin. Vor dem Einschlafen gehe ich schnell noch die Erlebnisse der letzten Tage durch und versuche auszurechnen, wie viele Arbeitsplätze ich eingespart habe. Das ist so eine Marotte von mir – früher hat man Schäfchen gezählt, heute zählt man durch Eigenarbeit eingesparte Arbeitsplätze. Ich komme auf fünf: einen für die Bank, einen für den Computerverkäufer, einen für den Paketdienst, einen für den Schalterbeamten und einen für den Softwareexperten. Dabei habe ich die Leute noch gar nicht mitgezählt, die die Dokumentation des Palmtops hätten drucken müssen. Und wenn ich Ende des Jahres meine Steuererklärung mache und das Geschenk von der Steuer absetze, weil meine Tochter noch in Ausbildung ist und den Palmtop beruflich braucht (verraten Sie mich nicht!), dann mache ich das per Internet, mit dem Programm »Elster«, über dessen seltsamen Namen sich schon ganz andere als ich Gedanken gemacht haben (schließlich ist die Elster als räuberischer Vogel bekannt – ist das ein Insiderwitz der Steuerbehörde, oder halten sie uns alle für Verbrecher?). Damit werde ich dann auch noch einen Steuerbeamten überflüssig gemacht haben. Nach und nach entvölkere ich die gesamte Stadtverwaltung; schließlich gibt es E-Government. Da kann man online wählen, Pässe und Ausweise beantragen, sich ummelden, Autos und Hunde anmelden ... Der Staat kann zumachen, wenn es so weitergeht.

Die Deutsche Forschungsgemeinschaft muss versteckte

Dienstleistungen durch den Kunden für eine echte Innovation gehalten haben, denn sie förderte immerhin das Projekt »Dienstleistung als Interaktion« und fand heraus, dass Firmen ganz gezielt ihre Kunden einsetzen und von ihnen inzwischen schon qualifizierte Arbeit verlangen. Wenn mein Reinfall MP3-Player mit meinem Computer kompatibel gewesen wäre, aber schlicht und ergreifend einen Fabrikationsfehler gehabt hätte, wäre ich als Tester im Einsatz gewesen, hätte also die Qualitätsendkontrolle vorgenommen. Im Betrieb checkt ein solcher Qualitätskontrolleur etwa hundert MP3-Player in der Stunde – die funktionierenden kommen in den Handel, die kaputten lässt er zurückgehen. Das mag kein besonders abwechslungsreicher Job sein, aber gemacht werden muss er eben.

Muss er? Warum nicht einfach die Kunden als Endkontrolle einsetzen? Diese geniale Idee kam einem der schnittigen Turbokapitalisten vor ein paar Jahren, und sie wurde für gut befunden. Viele Firmen lösten ihre Endkontrolle auf und sparten die Personalkosten ein. Den Händlern wurde nur mitgeteilt, dass sie Reklamationen anstandslos auszuführen hätten. Also reklamiertes Gerät wegwerfen, neues ausgeben. Früher wurden reklamierte Geräte an den Hersteller zurückgeschickt, untersucht, möglicherweise sogar repariert und wieder in den Handel gebracht. Das war wüste Steinzeit! Wir fahren doch auch nicht mehr mit der Postkutsche! So spricht der moderne Manager.

Es gibt jede Menge Arbeit, die ein Kunde leisten kann. Mit gut informierten, hochmotivierten und kompetenten Kunden kann man sich Umfragen sparen, die Marketingabteilung entlasten, der Designabteilung wertvolle Hinweise zukommen lassen und das entwickeln, was der Kunde wirklich will. Gute Kunden machen Werbung für das Produkt, sie übernehmen die Endkontrolle und machen Abteilungen wie Reparatur und Reklamation völlig überflüssig. Kurz und gut: Ein gut ausgebildeter Kunde erspart einer Firma hohe Unkosten, weil er mehr als nur ein unbezahlter Mitarbeiter ist. Er ist als Mitarbeiter unbezahlbar!

Beta-Tester – das neue Gesellschaftsspiel

Computerfreaks sind eine ganz besondere Spezies, und sie sind so scharf auf die digitalen Kisten, dass sie sich liebend gerne von großen Softwarefirmen zu unbezahlten Mitarbeitern machen lassen. Besonders schick ist es, wenn man Beta-Tester wird – ein outgesourcter, unbezahlter Mitarbeiter. Und das funktioniert so: Auf dem Weg zu einer Software, die im Handel verkauft werden kann, durchläuft das Programm mehrere Stadien, nämlich: pre-Alpha – Alpha – Beta – Release Candidate – Release. An die beiden ersten Vorstufen lässt man besser keine Amateure, und das Release ist schon das fertige Produkt – aber an der Beta-Version dürfen sich gerne die späteren Nutzer (die User) abarbeiten.

Bei der Beta-Version handelt es sich um die noch unfertige Version eines Computerprogramms, die vom Hersteller zu Testzwecken veröffentlicht wird. Es sind zwar alle wesentlichen Funktionen des Programms vorhanden, aber erfahrungsgemäß stecken noch Hunderte von Fehlern in der Software. Diese noch unvollständige Software wird in der Regel vom Softwarehersteller nur »ausgewählten Personen« zur Verfügung gestellt. Erinnern Sie sich daran, wie Tom Sawyer es schaffte, die ungeliebte Arbeit des Zaunstreichens an andere zu delegieren und sich dafür sogar noch bezahlen zu lassen? Mark Twain, der Autor, war ein schlauer Fuchs und hat ein paar Tricks des modernen Managements vorhergesehen: Man muss die Arbeit zu etwas ganz Besonderem machen, und nicht jeder darf sie kriegen, nur ausgewählte Menschen. Ganz so frech, dass sie dafür auch noch Geld nehmen, sind die modernen Sawyers zwar nicht, aber das Elitäre eines Beta-Testers betonen sie schon: Es kann nicht jeder dazugehören. Interessenten können sich per Internet für den Beta-Test anmelden, wobei aber nur eine bestimmte Zahl von Beta-Testern per Los bestimmt wird.

Dabei ist es mindestens so harte Arbeit wie Zäune streichen, wenn man ein unfertiges Programm testet. Ein Entgelt wird von den Herstellern für den Test nicht gezahlt; als Dank für seine Mühe erhält ein Beta-Tester in der Regel lediglich eine kostenlose Version des fertigen Produkts und die Möglichkeit, an weiteren Tests teilzunehmen. Deshalb und weil man als Beta-Tester exklusiv die Möglichkeit hat, vor allen anderen neue Programmfunktionen zu begutachten, ist der Ansturm der Interessenten auf Beta-Test-Programme relativ groß.

Der unbezahlbare Nutzen eines Beta-Tests für den Hersteller ist, dass Fehler, die typischerweise erst in der Praxis auftreten, schon vor Auslieferung des Programms erkannt und behoben werden können und dass die Software auf allen Computern, ungeachtet ihrer Ausstattung, fehlerfrei läuft. Dazu muss das Programm von möglichst vielen Personen und auf möglichst vielen verschiedenen PCs getestet werden.

Die Firmen, die auf diese Weise kostenlose Mitarbeiter einbinden, sind wählerisch. Sie nehmen nicht jeden. Wer Software testen will, muss Zeit und Fachwissen mitbringen. Programme auf Herz und Nieren zu testen kann in echte Arbeit ausarten. Der Beta-Tester arbeitet auf eigenes Risiko und läuft Gefahr, dass sein Rechner abstürzt und seine Daten durcheinanderkommen. Er berichtet außerdem regelmäßig an den Softwarehersteller über seine Erfahrungen. Viele Hersteller geben für die Fehlerreports feste Termine vor und versenden Fragebögen, die der Beta-Tester ausfüllen muss. Ziemlich viel verlangt also für diese Gratishilfe.

Tipps für Beta-Tester

- Wenn Sie Software ausländischer Hersteller testen wollen, sollten Sie einigermaßen Englisch beherrschen. Selbst wenn es um die Entwicklung einer deutschsprachigen Version geht, ist die Arbeits- und Kommunikationssprache häufig Englisch.
- Bewerben Sie sich nur dann für die Teilnahme an einem Test, wenn Sie sich sicher sind, dass Sie genügend Zeit haben, um die Software zu prüfen und die Reports zu schreiben.
- Sie sollten sowohl mit der Art des Testprogramms vertraut sein als auch die Software auf Ihrem Rechner neu installieren können, falls es zu einem Absturz kommt.
- Benutzen Sie für den Test möglichst einen Computer, den Sie nicht für Ihre tägliche Arbeit brauchen, und fertigen Sie vor Beginn des Tests Back-ups aller wichtigen Daten an.
- Schreiben Sie die Reports sorgfältig, füllen Sie die Fragebögen gewissenhaft aus, und senden Sie beides pünktlich zurück.
- Beschweren Sie sich nicht, wenn Ihnen die Arbeit über den Kopf wächst. Sie haben es so gewollt – und es ist eine gute Lektion in kostenloser Dienstleistung, einer Arbeit mit Zukunft.

6. »Sammeln Sie die Herzen?« – Doppelt abgezockt mit der Kundenkarte

Mit meiner Mutter einzukaufen macht viel Spaß. Sie ist eine moderne Widerstandskämpferin. Nicht weil sie ideologisch-ökologisch-antikapitalistisch einbetoniert wäre, nein, sie hat eine spontane Aversion gegen die schlitzohrigen Dünnbrettbohrer, die ihr tagtäglich begegnen. Zum Beispiel an der Kasse eines Kaufhauses.

Durch solch ein Kaufhaus streifte ich mit meiner Mutter, um ihr beim Kauf (und Abtransport) eines Wintermantels, einer Trittleiter und eines Heizstrahlers behilflich zu sein. Sie griff zu einem Paar Socken, musterte mich kurz – »Du hast doch 45?« –, und das war keine Frage, eher eine stolze Bestätigung ihres unvergänglichen Wissens um den Nachwuchs. »Die sind aus Schurwolle und Seide. Da nehmen wir gleich drei Paar.«

Auch wenn man sich seine Socken mittlerweile schon seit gut vierzig Jahren selber kauft, wehrt man sich bei solchen Aktionen besser nicht, das ist eine Grunderfahrung, die alle Söhne gemacht haben.

Energiegeladen schritt sie auf die Kasse zu und legte drei Paar Socken auf die Theke. Die Verkäuferin war jung, hübsch – und stark geschminkt. Diese Kombination missfällt meiner Mutter zutiefst, vor allem, wenn sie mit ihrem Sohn unterwegs ist. Wahrscheinlich denkt sie, jedes hübsche Mädchen würde automatisch versuchen, meine langjährige Beziehung zu gefährden.

Die Verkäuferin scannte die Preisschilder der Socken, lächelte meine Mutter an und fragte: »Wie zahlen Sie? Bar oder mit Karte?«

»Bar natürlich!«, sagte meine Mutter, denn sie verachtet Kredtikarten. Obwohl sie sich mit Online-Banking und bargeldlosem Zahlungsverkehr bestens auskennt, findet sie »unsichtbares Geld« gefährlich. »Ich will nicht mehr ausgeben, als ich habe«, sagt sie gerne. »Außerdem traue ich dieser Datenübermittlung nicht. Computergeld – das ist, wie wenn man ohne Scheinwerfer durch den Nebel fährt. Eine undurchsichtige Sache.«

Sie muss es wissen, schließlich hat sie mal bei einer Bank gearbeitet und miterlebt, wie ein findiger Programmierer sich Millionen in die eigene Tasche steckte – obwohl am Ende, rein rechnerisch, nichts fehlte. Die Geschichte erzählt sie gerne, und damit kann sie auch bei meinen computerversessenen Kindern punkten. Der Programmierer hatte durch ein kleines, von ihm eingeschmuggeltes Computerprogramm alle Pfennigbruchteile, die bei der täglichen Zinsberechnung anfielen, auf sein eigenes Konto überweisen lassen. Da Bruchteile von Pfennigen nirgendwo auftauchten, stimmte die Abrechnung immer, und trotzdem wuchs sein Konto ständig weiter an. Aber das nur nebenbei.

Die Verkäuferin nahm das Geld und fragte: »Haben Sie eine Kundenkarte?«

»Nein. Brauche ich denn eine?«

»Natürlich nicht. Sie würden aber Bonuspunkte ansammeln, die Sie später einmal in Treueprämien umtauschen könnten.«

Meine Mutter schwieg beharrlich.

»Sammeln Sie die Herzen?«

»Nein«, sagte meine Mutter, nun schon leicht genervt, »und auch keine Briefmarken oder Bierdeckel.«

Meine Mutter kann sehr schnippisch sein. Gut, dass solche Wesenszüge nur in weiblicher Linie weitervererbt werden.

Die Verkäuferin hätte merken müssen, dass sie einem Vulkan gegenüberstand, der sich kurz vor dem Ausbruch befand. Aber sie war leichtsinnig. Sie hielt das Geld in der Hand, lächelte immer noch und sagte: »Dann darf ich noch um Ihre Postleitzahl bitten.«

»Wie bitte?!«

»Ihre Postleitzahl bitte.«

»Wieso denn das?«

»Ich muss Sie danach fragen.« Ihr Lächeln erstarb. Sie wedelte mit dem Geldschein und wartete.

Meine Mutter sagte: »Nein.«

»Wie bitte?«

»Nein. Ich sehe nicht ein, warum ich Ihnen meine Postleitzahl sagen soll, nur weil ich drei Paar Socken kaufen möchte.«

»Ich muss Sie danach fragen. Wenn ich keine Postleitzahl eingebe, geht die Kasse nicht auf.«

Ich will Ihnen den Rest der Diskussion ersparen. Nur so viel: Meine Mutter hat sie eindeutig gewonnen. Wir einigten uns schließlich auf eine fiktive fünfstellige Zahl. Die Verkäuferin war sofort damit einverstanden. Sie betonte immer wieder, dass es ihr sch…egal sei, ob die Zahl stimme oder nicht, aber sie müsse eben … und sie wisse auch nicht, warum …

Ich war gleichzeitig stolz auf meine Mutter, bemitleidete das arme Ding an der Kasse – und hatte mich schon mit meinen neuen Socken angefreundet. Zurückgelegt hätte ich sie also sowieso nicht, wie es meine Mutter angedroht hatte.

Die Fragen, die heute an den Kundenkassen gestellt werden, ähneln schon einem Mikrozensus und lassen den Verdacht auftauchen, man befände sich in einem totalitären

Staat. Bloß dass diese Daten nicht an die Staatssicherheit weitergegeben werden, sondern an Marktstrategen. Jeden Monat werden neue Tortendiagramme und Statistiken über das nach Alter, Geschlecht, Wohnort und Tageszeit aufgeschlüsselte Einkaufsverhalten angefertigt. Dafür zahlen die Kaufhäuser viel Geld. Dabei könnten sie sich viel Geld sparen, wenn sie einfach eine freundlich-kompetente Beratung anböten, anstatt ein Verhör dritten Grades an der Kasse durchzuführen.

Kundenkarten

Kundenkarten sollen der Kundenbindung dienen und sind eigentlich ein alter Hut. Früher gab es Rabattmarken, die ich, wenn ich mit meiner Großmutter beim Einkaufen gewesen war, in ein Heftchen kleben durfte. War das Heftchen voll, nahm es meine Großmutter mit (mich auch), und die 2,50 Mark, die es meiner Erinnerung nach dafür gab, wurden zur Hälfte in eine edle Tafel Vollmilchschokolade mit ganzen Haselnüssen angelegt.

Niemand hätte meine Großmutter in diesem Zusammenhang nach ihrem Namen gefragt (man kannte damals sowieso alle Kunden persönlich), nach ihrer Telefonnummer, nach Hobbys, kulturellen Interessen, Reisewünschen oder ihrem Hygieneverhalten. Sie hätte auf solche Fragen natürlich auch gar nicht geantwortet, denn damals galt noch der Spruch: »Was geht das die Leute an?«

Dieser Satz ist heute so gut wie verschwunden. Wir teilen gerne unsere kleinen Geheimnisse mit, jedenfalls Kaufketten, Internetversendern und sogenannten Clubs. Denen würden wir wahrscheinlich sogar noch erzählen, ob wir in Liechtenstein eine Stiftung am Laufen haben. Wolfgang Schäuble und

Peer Steinbrück dürfen nichts davon erfahren – aber Yahoo, Amazon, BP und Hugendubel? Bitte, gerne. Sind doch nur Verkäufer. Aber warum haben Terroristen dann keine Kundenkarten?

Nun könnte man sagen: Diese Überwachungshysterie ist wieder typisch sozialdemokratisch; der Markt ist apolitisch, er will nur ein Geschäft machen. Und Herrn Schäuble interessiert das alles überhaupt nicht. Daten an BKA und BND weitergeben? Alles Verschwörungstheorie!

Nein, es ist ganz anders. Jeder, der keine Kundenkarte hat, macht sich verdächtig und müsste logischerweise vom Verfassungsschutz unter die Lupe genommen werden. Nachdem das jetzt aber auch die Terroristen wissen, werden sie sich sofort Kundenkarten beschaffen. Natürlich füllen sie die falsch aus, was allerdings sofort auffällt, wenn man die Daten mit denen der durchschnittlichen Bewegungs- und Einkausfprofile vergleicht. Auf dieser Basis bekommt Herr Schäuble dann ganz leicht die Erlaubnis für Online-Durchsuchungen. Womit sich der Kreis schließt: Kundenkarten sind ein Grauen!

Arten von Karten

Kundenkarten kommen in vielerlei Ausführungen vor. Es gibt einfache Exemplare, die praktisch nur als Ausweis fungieren oder als Legitimation für bestimmte Leistungen, etwa Clubkarten. Mit anderen Karten, den sogenannten Chargecards, aber auch mit Kundenkarten mit Kreditkartenfunktion kann man bargeldlos bezahlen, was den Vorzug hat, dass der Betrag erst später abgebucht wird. Bei der Chargecard wird die gesamte Summe

der damit bezahlten Einkäufe meist einmal im Monat vom Girokonto des Kunden abgebucht. Bei der Kundenkarte mit Kreditkartenfunktion kann der aufgelaufene Gesamtbetrag auch in Raten getilgt werden. »Revolving Credit« nennen das die Fachleute.
Außerdem breiten sich Bonuskarten immer mehr aus. Die größten, national übergreifenden Systeme sind Payback und Happy Digits. Daneben gibt es die Möglichkeit, in kleineren Kundenkartenprojekten oder mit City-Cards Rabatte oder Bonuspunkte zu sammeln.

1959 brachte das Stuttgarter Textilunternehmen Breuninger die erste Kundenkarte in Deutschland auf den Markt. Seither boomt das Geschäft mit den Karten, die entweder personalisiert oder übertragbar sind und oft auch einen Magnetstreifen mit hinterlegten Daten enthalten. Unternehmen stellen die Karten aus, um Kunden längerfristig an sich zu binden, das Kaufverhalten zu analysieren und durch die gespeicherten Transaktionsdaten Kundenprofile zu erstellen.

Inzwischen hat fast jeder deutsche Verbraucher mindestens eine Kundenkarte in seinem Portemonnaie, mit der er bei Kaufhäusern, Möbel- und Supermärkten, Drogerien und Parfümerien, Tankstellen und Modehäusern Bonuspunkte sammeln und sich später in Geld- oder Sachprämien auszahlen oder in Einkaufsgutscheine ummünzen lassen kann. Immer mehr Karten gibt es inzwischen auch mit Zahlfunktion.

Auch »Miles and More«, eine Idee, die die Lufthansa von den amerikanischen Kollegen abgekupfert hat, ist nichts anderes als das gute alte Rabattmarkenheftchen. Vielflieger sind entweder reich oder Angestellte im mittleren oder höheren Management. Bei Letzteren fallen die Rabatte zwar der Firma zu, aber Bonusmeilen zu kriegen war total schick. Eigentlich ein alter Hut: Wer öfter ein Hotel besuchte, bekam schon immer bessere Zimmer und bessere Konditionen. Motto: Konsumieren, und das immer mehr, denn je mehr, umso mehr Geschenke gibt es. Aber der Deutsche fragt nicht gerne nach Preisnachlässen, auch wenn er es inzwischen ganz offiziell darf. Er fühlt sich da immer so ein bisschen als Maghrebiner, als Turbanträger im Souk – Handeln und Feilschen, das muss er erst noch lernen. Dabei sieht man erst an den (meist sehr schnell und unproblematisch erteilten) Nachlässen, wie groß die Gewinnspanne oft ist. Denn verschenkt wird ja trotzdem nichts.

Kundenkarten sind beliebt hierzulande. Der Wettstreit der Anbieter ist voll entbrannt, denn die Portemonnaies sind voll, wenn auch nicht prall gefüllt mit Geldscheinen, aber vollgestopft mit Kundenkarten, Paybackcards, Happy Digits, der Amazon-Card, der Karte vom DVD-Verleih, der City-Card … In einem durchschnittlichen Geldbeutel stecken: die Gesundheitscard einer Ersatzkasse, die ADAC-Card, eine EC-Karte, eine Kreditkarte, eine Karte der Stadt, die Ikea-Family-Card, eine Tankstellenkarte, eine von einem Baumarkt, eine Drogeriekarte, eine Payback-Card und vielleicht dazu noch eine Karte von der Standesvertretung, der Gewerkschaft oder dem Fitnessclub.

Für Unternehmen sind Kundenkarten ein wichtiges Marketinginstrument – und eines, mit dem sich der Einzelhandel seit dem Wegfall des Rabattgesetzes im Jahr 2001 vor lästigem Feilschen um Rabatte schützen kann. Durch den vermittelten »Spareffekt« kehrt der Kunde immer wieder zu dem Unternehmen zurück. Außerdem ist die Firma in Form der Karte im Geldbeutel ständig präsent.

Preisvergleich bringt mehr als Bonuskarten

Fast 90 Prozent der Verbraucher nutzen eine Kundenkarte und erhoffen sich dadurch Rabatte. Die Ersparnisse sind jedoch gering und liegen meist nur zwischen 0,25 und 3 Prozent. In vielen Fällen lässt sich die Höhe des Rabatts noch nicht einmal bestimmen, weil es sich um Sachleistungen handelt.

So zum Beispiel bei den Bonuspunkten, die man bei Tankstellen bekommt. Die Esso hat ihre »Swops«, für die man keinen Rabatt bekommt, nicht mal einen Liter gratis, selbst wenn man 100000 Liter getankt hat – aber man kann sich nette Sachgeschenke aussuchen. Bei 160 Swops gab es unter anderem einen Akkuschrauber, allerdings musste man 29 Euro zuzahlen. Nun sind Männer bei billigem Werkzeug immer verführbar, aber bei einem Gerät, das man im Handel für 39 Euro bekommt (oder bei den bekannten »Ich kann noch billiger«-Heimern noch günstiger), war das nicht wirklich ein Schnäppchen. Immerhin muss man 1600 Liter Benzin tanken (und zwar immer runde 10 Liter, für 9,8 Liter gibt es keinen Swop), um einen Preisvorteil in Höhe von 10 Euro zu kriegen, das macht über den Daumen etwa 0,4 Prozent Rabatt aus. Bei einer Billigtankstelle hätte ich das Geld auch gespart – und mir obendrein den Akkuschrauber meiner Wahl kaufen können.

Wer beim Einzelhändler 10 Euro Ermäßigung auf ein Produkt herausschlägt, spart mehr als durch irgendeine Kundenkarte. Auch ein gründlicher Preisvergleich bringt weit mehr.

Verbraucherschützer äußern sich denn auch kritisch. »Die Rabatte werden oft überschätzt, während die negativen Seiten unterschätzt werden«, sagt Christian Fronczak vom Bundesverband der Verbraucherzentralen. Bei den in Deutschland angebotenen Kundenkarten gebe es flächendeckende Verstöße gegen den Datenschutz, heißt es in einem Gutachten des Unabhängigen Landeszentrums für Datenschutz Schleswig-Holstein aus dem Jahr 2003, und das ist bis heute nicht besser geworden. Datenschützer kritisieren unter anderem, dass mit den Kundenkarten mehr Daten erhoben werden als notwendig. Auf diese Weise ließen sich detaillierte Kundenprofile erstellen, mit denen Kunden gezielt beworben werden können. Die Zahl der abgefragten Daten ist seit der Einführung der Kundenkarten immer größer geworden, aber kaum ein Karteninhaber stört sich daran, dass die Karten eine Überwachung seiner Einkaufs- und Konsumgewohnheiten ermöglichen – erst recht, wenn Firmen aus verschiedenen Sparten eine gemeinsame Kundenkarte herausgeben und eine gemeinsame Datenbank führen. Sogar ein Bewegungsprofil kann bei häufiger Benutzung einer Kundenkarte angelegt werden. Für Firmen sind diese Daten so wertvoll, weil sie eine aufwendige Marktforschung ersetzen.

Aber ist es wirklich problematisch, wenn ein Unternehmen weiß, dass ein Kunde Haarshampoo, Mehl und Wein gekauft hat? Den meisten Leuten ist Datenschutz egal, nach dem Motto »Ich habe nichts zu verheimlichen«. Doch das ist eine naive Vorstellung, oft reicht die Phantasie der Betroffenen nicht weit genug. Kauft etwa ein Kunde jede Woche Schnaps, könnte das von Dritten als Alkoholproblem gewertet werden. Prinzipiell denkbar wäre beispielsweise, dass sich der Arbeitgeber Zugang zu den Daten verschafft und aus ihnen seine Konsequenzen zieht.

Dass eine solche Auswertung durch Dritte keineswegs reine Theorie ist, belegt ein Beispiel aus der Schweiz: Dort sind alle Kunden einer Supermarktkette, die mit ihrer Kundenkarte ein bestimmtes Werkzeug gekauft hatten, von den

Behörden überprüft worden, weil dieses Werkzeug im Zusammenhang mit einer Brandstiftung stand.

Und auch sonst bleiben die erhobenen Daten keineswegs nur bei dem Supermarkt, der die Kundenkarte ausstellt. Formulierungen in den Geschäftsbedingungen der Firmen sind häufig irreführend. So schreibt beispielsweise eine große Handelskette, dass Daten grundsätzlich nicht an unberechtigte Dritte weitergegeben würden. Verschwiegen wird dabei, dass es »berechtigte« Dritte gibt, nämlich diejenigen, die die Adressen kaufen.

Bei vielen Anbietern fehlt sogar jede Information darüber, was mit den Daten passiert. Die Verbraucherzentralen kämpfen zur Zeit vor Gericht dafür, dass eine gängige Praxis untersagt wird: Bisher muss der Verbraucher bei Anträgen für Kundenkarten häufig selbst aktiv werden, um die Weitergabe seiner Daten zu verhindern. Kreuzt er das entsprechende Kästchen nicht an, gibt er automatisch seine Zustimmung zum Datenhandel.

Scherz oder Schmerz? Das Treueherz

Treueherzen von Kaiser's und Tengelmann werden jetzt schon bei Ebay gehandelt, hundert Stück für 11 Euro. Man fragt sich, woher die alle kommen, und ob es sich das wirklich lohnt, 11 Euro zu zahlen, damit man mit den so erworbenen Treueherzen und 8,99 Zuzahlung zwei »Burgunder Pokale« kaufen kann.

Ebay-Angebot:
»100 Treueherzen von Kaiser's/Tengelmann. Schon einge-

klebt. Für Nachtmann – Julia Paola Gläser. Einzulösen bis spätestens 22.03.2008 – Sie sparen bei Einlösung der Rabattmarken bis zu 81 % – Folgende Artikel erhalten Sie alle für 6,99 bzw. 8,99 Euro beim Einlösen des Treueheftes: Burgunder Pokal 2 Stück (ohne Treueheft 36,00 Euro) – Rotwein-Magnum-Gläser 2 Stück (ohne Treueheft 34,00 Euro) – Weißwein-Pokal 2 Stück (ohne Treueheft 32,00 Euro) – Sektkelch 2 Stück (ohne Treueheft 30,00 Euro) – Biertulpe 2 Stück (ohne Treueheft 36,00 Euro) – Wasserglas 2 Stück (ohne Treueheft 25,00 Euro) und zum Schluss Dekantier-Karaffe statt 43,00 Euro beim Einlösen des Treueheftes nur 8,99 Euro. Geliefert werden 2 Hefte bzw. 2 Blätter mit jeweils 50 Treueherzen pro Transaktion. Keine Versandkosten innerhalb von Deutschland! Kosten für Sonderversand wie Einschreiben usw. trägt der Käufer. Um die Portokosten nicht in die Höhe zu treiben, behalte ich mir vor, nicht das komplette Heft, sondern nur das Blatt mit den eingeklebten Rabattmarken zu versenden.«

Mann, muss das ganze Heft schwer sein! Wahrscheinlich in altdeutscher Eiche mit Messingrücken gebunden!
Eine unglaubliche Rechenleistung jedoch ist es allemal, dem interessierten Kunden eine Preisersparnis von 81 Prozent vorzugaukeln! Aber Wert und Preis sind ja bekanntlicherweise nicht dasselbe. Doch ganz unter uns: Man braucht sowieso keine »Burgunder Pokale«, man findet nur das Schnäppchen toll, und wenn es eine Fußbadewanne mit Unterwasserbeleuchtung gegeben hätte, wäre die auch ins Fadenkreuz der Begehrlichkeit gerückt. Ach, natürlich: Auch Ebay gehört zum Grauen des Alltags!

Jeder Anbieter hat sein eigenes Punktesystem, nachzulesen in den Allgemeinen Geschäftsbedingungen, über das der Verbraucher jedoch nicht immer gut informiert ist. In einer Studie haben die Uni Münster und die Frankfurter Strategieberatung Ogilvy Brains festgestellt, dass zwar mehr als 90 Prozent aller Verbraucher inzwischen mindestens eine Kundenkarte besitzen, allerdings nur 30 Prozent regelmäßig eine nutzen, weil die Angebote so wenig attraktiv seien. Nur knapp die Hälfte wisse über die Leistungen ihrer Karte Bescheid. Kein Wunder: Die Basisversion gibt es in der Regel umsonst, und in dem schnell entstehenden Kartendickicht in der Brieftasche noch den Überblick über Bonuskonten, Pin-Nummern und die verschiedenen Belohnungssysteme zu behalten ist schwer. Zumal die Unternehmen, auch wenn sie ein und demselben Kartensystem wie Payback oder Happy Digits angehören, unterschiedlich belohnen.

Umgekehrt kennen Unternehmen ihre Kunden sehr genau. Familienstand, Form der Beschäftigung, monatliches Einkommen – all das muss etwa angeben, wer eine Payback-Karte mit Zahlfunktion beantragt, die auch Ratenzahlungen möglich macht. Das ist aus Bankensicht verständlich, aber damit wird der Verbraucher auch zum »gläsernen Kunden«, wie Verbraucher- und Datenschützer monieren.

Angst vor dem gläsernen Menschen? Nein, wieso denn auch! Schließlich haben wir uns doch nichts zuschulden kommen lassen, haben nichts zu verbergen, zahlen pünktlich unsere Steuern und parken höchstens einmal im Jahr im Halteverbot. Dann kann doch auch jeder alles über uns wissen.

Fragt sich nur, warum nicht mehr Menschen einfach ein

großes Türschild kaufen und zum Beispiel daraufschreiben: »Hermann Meyer, geboren am 3. Januar 1967, Raucher, Steuerberater, meine erste Frau, mit der ich die gemeinsame Tochter Anne habe, hat mich gerade verlassen, und ich wohne nun mit der sechzehn Jahre jüngeren, leicht alkoholabhängigen zweiten Frau zusammen.«

Das würden Sie nicht tun? Dann sollten Sie auch nicht so leichtfertig mit personenbezogenen Daten um sich werfen. Denn nichts ist leichter, als aus ein paar scheinbar harmlosen Informationen ein Profil zusammenzustellen. BND, Großhandelsketten und Internetkriminelle sind Meister in solchem »Profiling«. Die »Big Brother Awards« der letzten Jahre sprechen da Bände.

»Und die unglücklichen Gewinner sind …« – Die Big Brother Awards

Die »Big Brother Awards« sind Oscars für Datenpiraten und Schnüffler, die für grobe Missachtung der Privatsphäre und einen beispiellos unfairen Umgang mit Kunden und Angestellten verliehen werden. Die Preise sollen auf die Datenschutzproblematik aufmerksam machen und negative Entwicklungen aufzeigen. Der Name dieser Auszeichnung ist eine Anspielung auf die Überwachungsinstanz »Big Brother« in George Orwells düsterer Gesellschaftsutopie *1984*. (Natürlich hat sich auch die gleichnamige TV-Serie daher den Namen geborgt, jedoch noch nie den Big Brother Award gewonnen. Sie steht jedoch auf der ewigen Liste der peinlichsten TV-Veranstaltungen.) Ins Leben gerufen wurden die »Big Brother Awards«

1998 von Privacy International, einer international tätigen Menschenrechtsorganisation, die sich als Hüterin der Privatsphäre der Bürger versteht. Die Preise wurden erstmals 1998 in Großbritannien verliehen, 1999 zum ersten Mal in Österreich und seit dem Jahr 2000 auch in Deutschland und in der Schweiz. Und das sind die deutschen Highlights der letzten Jahre:

2004

Regionalpreis: Der Rektor der Universität Paderborn, Prof. Dr. rer. nat. Nikolaus Risch, erhielt den Regionalpreis der Big Brother Awards, weil Hörsäle und Rechnerräume mit Videokameras überwacht wurden.

Gesundheit und Soziales: Bundesgesundheitsministerin Ulla Schmidt erhielt den Big Brother Award in der Kategorie »Gesundheit und Soziales« für das Modernisierungsgesetz der gesetzlichen Krankenversicherung. Durch die versichertenbezogene Datenverarbeitung war es zu einer massiven Verschlechterung des Datenschutzes für Patienten gekommen. Diese datenschutzrechtlichen Risiken hätten durch die Verwendung moderner und datenschutzfreundlicher Technik einschließlich der Pseudonymisierung vermieden werden können, sind jedoch nicht berücksichtigt worden.

Wirtschaft und Verbraucherschutz: Die Tchibo direct GmbH beteuert in ihren Prospekten und im Internet: »Alle persönlichen Daten werden vertraulich behandelt.« Tatsächlich aber wurden angereicherte Adressen der Tchibo-direct-Kundinnen und -Kunden über die Arvarto/AZ direct auf dem Adressenmarkt angeboten.

Behörden und Verwaltung: Die Bundesagentur für Arbeit erhielt den Big Brother Award in der Kategorie »Behörden und Verwaltung« wegen a) der inquisitorischen Fragebögen zu ALG 2, b) der Unwilligkeit, die Fragebögen vor 2005 datenschutzgerecht zu überarbeiten, sowie c) der vermuteten Zugriffsmöglichkeit auf die Daten der Arbeitsuchenden (»Kunden« ist ein Euphemismus) von sämtlichen Arbeitsagenturen aus bundesweit.
Technik: Eine in den Farbkopierern der Canon Deutschland GmbH gespeicherte Kennnummer (Identifikationsnummer) wird unsichtbar auf allen Kopien mit ausgegeben. Da jeder Kopierer eine individuelle Barcodekennung hat, lässt sich die Herkunft einer Kopie ermitteln. Wird als Funktion verkauft, die das Fälschen von Banknoten, Schecks etc. unterbinden soll.
Arbeitswelt: Dafür, dass die Lidl Stiftung & Co. KG zum Preisträger in dieser Kategorie gekürt wurde, gibt es eine Vielzahl von Gründen. Besonders auszeichnungswürdig erschien der Jury die heimliche Videoüberwachung in einigen deutschen Filialen des Discounters und dass menstruierende Mitarbeiterinnen in Filialen in Tschechien zum Tragen eines Stirnbands verpflichtet wurden, damit sie die Toilette auch außerhalb der Pausen aufsuchen durften.

2005
Lifetime: Otto Schily, ehemaliger Bundesminister des Inneren, erhielt den Preis aktuell für die undemokratische Einführung des biometrischen Reisepasses, dessen Technik unausgereift und unsicher ist und der zu einer erkennungsdienstlichen Behandlung der gesamten Bevölkerung

führt. Darüber hinaus wurde mit dem Preis auch sein »Lebenswerk« gewürdigt: der Ausbau des deutschen und europäischen Überwachungssystems auf Kosten der Bürger- und Freiheitsrechte und Schilys hartnäckige Bemühungen um die Aushöhlung des Datenschutzes unter dem Deckmantel von Sicherheit und Terrorbekämpfung.

Wirtschaft: Der Preisträger, die Saatgut-Treuhandverwaltungs-GmbH, hatte sich qualifiziert durch Datensammlung über Bauern; Verklagen von mehreren tausend auskunftsunwilligen Landwirten; Beschaffung der Kundendaten von Genossenschaften und verdeckte Testeinkäufe bei Bauern. Die Bauern wurden von der Saatgut Treuhand verdächtigt, Kartoffeln oder andere Feldfrüchte aus ihrer eigenen Ernte zur Aussaat im nächsten Jahr zu verwenden. Die Daten wurden gesammelt für den Aufbau einer zentralen Kontrollstruktur zum Eintreiben der sogenannten Nachbaugebühren im Dienste der Saatgutindustrie.

Behörden und Verwaltung: Für die Zerschlagung der Datenschutzaufsicht in Niedersachsen wurde die Landesregierung Niedersachsen ausgezeichnet. Die Aufsicht über den Datenschutz in der Wirtschaft sollte ab 1.1.2006 dem niedersächsischen Innenministerium zugeordnet werden. Dies konterkarierte das von der EU-Kommision gegen Deutschland eingeleitete Vertragsverletzungsverfahren wegen Missachtung der EU-Datenschutzrichtlinie, die eine völlige Unabhängigkeit der Datenschutzaufsicht fordert.

Kommunikation: Für die großflächige Fahndung nach Zeugen (die wie Verdächtige behandelt wurden) mittels

Handyortung wurde der Generalstaatsanwalt des Landes Schleswig-Holstein, Erhard Rex, ausgezeichnet. Es handelte sich um die erste Funkzellen-Massenabfrage – Mobilfunkunternehmen wurden zur Herausgabe sämtlicher Verbindungsdaten einer Region gezwungen. Die Einsicht in die zugehörigen Akten wurde den Datenschützern des Landes Schleswig-Holstein, die den Fall prüfen wollten, verweigert.

Technik: Der Big Brother Award 2005 in der Kategorie Technik ging in Sachen Videoüberwachung an verschiedene Richter und zahlreiche Organisationen, die sich als eifrige Überwachungsfetischisten ausgezeichnet hatten und für die schleichende Degradierung von Menschen zu überwachten Objekten und die Verharmlosung der Folgen von flächendeckender Überwachung verantwortlich waren.

Verbraucherschutz: Für die inquisitorischen Fragenbögen, die bei der Bestellung von WM-Tickets ausgefüllt werden mussten, für die geplante Weitergabe der Adressen an die FIFA und deren Sponsoren und für die Nutzung von RFID-Schnüffelchips in den WM-Tickets und damit den Versuch, eine Kontrolltechnik salonfähig zu machen zum Nutzen eines WM-Sponsors (RFID-Hersteller Philips), wurde das WM-Organisationskomitee des Deutschen Fußball-Bunds prämiert.

Politik: Preisträger: der Innenminister des Landes Hessen, Volker Bouffier. Für das »präventive« Orten und Abhören von Mobiltelefonen; für die DNA-Analyse bei Kindern unter vierzehn Jahren, die eine Straftat begangen haben und deren zukünftige Strafverfolgung damit ermöglicht werden sollte; für die Befugnis der hessischen Polizei, Kfz-Kennzeichen auch ohne Straftatverdacht zu scannen, und für den Einsatz von Videoüberwachung bei Personenkontrollen.

Regionalpreis: Ausgezeichnet wurden die Grundschule Ennigloh bei Bünde sowie die Volksbank Bad Oeynhausen Herford eG und die Sparkasse Herford für die Weitergabe der Namen von Schulanfängern an die genannten Geldinstitute zum Zwecke der Werbung (»Startkonto«) ohne Einwilligung der Eltern.

2006

Wirtschaft: Society for Worldwide Interbank Financial Telecommunication (SWIFT). Über sein US-amerikanisches Operation-Center stellte SWIFT-Europa seit fast fünf Jahren den US-Behörden die Daten internationaler Banktransaktionen zur Verfügung. Dabei wurden nicht nur Daten weitergegeben, bei denen Konten in den USA betroffen waren, sondern zur Datensicherung spiegelte SWIFT auch seine innereuropäischen Daten auf die Server von SWIFT-USA.

Technik: Philips GmbH. Für die Vorgabe, dass CD-Brenner ihre Seriennummer auf den Rohling schreiben und damit eine Rückverfolgbarkeit von Datenträgern zum Brenner ermöglichen. Begründet wird dies mit der Notwendigkeit, Raubkopierer ermitteln zu wollen, obwohl es in Deutschland nicht strafbar ist, Musik-CDs oder Filme für den privaten Gebrauch zu brennen. Lediglich ein technisch wirksamer Kopierschutz darf nicht umgangen werden.

Verbraucherschutz: Gesamtverband der Deutschen Versicherungswirtschaft. Für die Warn- und Hinweisdateien, mit denen Versicherungen umfangreiche Daten von Millionen von Bürgerinnen und Bürgern austauschen – nach geheimgehaltenen Kriterien, ohne ausreichende rechtliche Grundlage und ohne Wissen der Betroffenen.

2007
Arbeitswelt: Novartis Pharma GmbH. Für die Bespitzelung ihrer Arbeitnehmerinnen und Arbeitnehmer und die damit verbundene Verletzung grundlegender Persönlichkeitsrechte.
Regionalpreis: Behörde für Bildung und Sport der Freien und Hansestadt Hamburg. Für die Einrichtung eines Schülerzentralregisters mit dem (Neben-)Zweck, ausländische Familien ohne Aufenthaltserlaubnis aufzuspüren.
Wirtschaft: Deutsche Bahn AG. Da sie systematisch anonymes Reisen mit den Mitteln des faktischen Zwangs unmöglich macht: Auflösen von Fahrkartenschaltern, Automaten ohne Bargeldannahme, personalisierter Kauf im Internet, Abfrage des Geburtsdatums und Zwangsabgabe eines Bildes bei Bahncards, flächendeckende Videoüberwachung und ein RFID-Chip in der Bahncard 100, ohne Kunden zu informieren, u. v. m.
Verbraucherschutz: Internationale Hotelketten in Deutschland – Marriott, Hyatt und Intercontinental (stellvertretend für viele weitere). Für die Erfassung und zentrale Speicherung äußerst persönlicher Daten ihrer Gäste ohne deren Wissen. Dazu gehören Trink- und Essgewohnheiten, Pay-TV-Nutzung, Allergien, alle privaten und beruf-

lichen Kontaktadressen, Kreditkartendaten, Sonderwünsche und Beschwerden – alles wird festgehalten.
Technik: PTV Planung Transport Verkehr AG. Für ihr System zur individuellen Berechnung der Kfz-Versicherung mittels eines sogenannten »Pay as you drive«-Systems, also einem Gerät, das Fahrtroute und Fahrverhalten aufzeichnet und an die Versicherung meldet.
Politik: Bundesfinanzminister Peer Steinbrück. Für die Einführung einer lebenslangen Steuer-Identifikationsnummer (Steuer-ID) für alle Einwohnerinnen und Einwohner der Bundesrepublik Deutschland.

7. Service? Welcher Service?

Witze über Telekom und Bahn AG, insbesondere über ihre Hotlines, sind witzlos. Zum einen soll man keinen schlagen, auf den sowieso schon alle einprügeln, zum anderen muss man den beiden Top-Losern in Deutschland zugestehen, dass sie auch die größte Kundschaft haben. Ergo auch die größtmögliche Nörgelmasse. Also werden Sie hier keine Witze finden über Telekom und Bahn, ebenso wenig wie über Helmut Kohl, Trabbis und Blondinen, über Ostfriesen oder Edmund Stoiber.

Die offensichtliche Kundenfeindlichkeit hierzulande darf man allerdings schon geißeln. Schon 1997 bescheinigte der japanische Unternehmensberater Minoru Tominaga den Deutschen ein Problem mit den Kunden. In Japan ist der Kunde weder König noch Kaiser – er ist ein Gast. Und wenn Gäste nicht freundlich behandelt werden, fragen sie sich, warum sie nochmals einer Einladung folgen sollten. »Kunden bestimmen über Leben und Tod eines Unternehmens«, sagt Tominaga, und da hat er recht. Nur die meisten Deutschen scheinen das noch nicht kapiert zu haben. Sie wissen nichts von ihrer Macht. Wären sie mehrheitlich wie meine Mutter, hätte sich die Servicewüste Deutschland schon längst in eine blühende Landschaft verwandelt. (Sorry, ich wollte doch keine Kohlwitze machen.)

Aber die Sicht auf deutsche Probleme ist erhellend. Tominaga zufolge gibt es zu viel Reglementierung: fast 10 000 Weisungen und Einzelbestimmungen und 30 000 DIN-Normen. Das enge die Dienstleister ein und zwinge sie dazu, mehr Zeit mit der Verwaltung von Kunden zu verschwenden, als mit den Kunden ins Gespräch zu kommen. »Was bekommt der Kunde für sein Geld?«, fragt Tominaga. »Er ist hier zufrieden oder unzufrieden und dort auch. Die Dienstleistungen werden immer austauschbarer. Und so bekommt man das, was man erwartet hat. (Oft nichts besonders Gutes.) Der Kunde hat keinen besonderen Anlass, über eine Firma zu reden – weder gut noch schlecht. Den meisten Unternehmen reicht das völlig. Sie denken sich: Wir haben kaum Reklamationen. Was also sollen wir verbessern? Und warum?«

Die neue Freiheit ist die neue Abhängigkeit

An den Tankstellen gibt es keine Tankwarte mehr, man muss alles selber machen – und man macht bestimmt einiges falsch. Egal, echte Männer wussten schon immer, wie man den Ölstand prüft, Kühlwasser nachfüllt und die Scheibenwischer wechselt. Und auch wenn sie sich manchmal nicht ganz sicher sind, welches Hochleistungsöl in ihre Maschine gehört, befinden sie sich damit in bester Gemeinschaft mit dem Tankstellenpersonal – das hat nämlich auch keine Ahnung.

In Italien dagegen ist die Welt noch in Ordnung, aber die meisten Deutschen können das nicht so recht genießen. Sie sind schon zu lange entwöhnt von persönlicher Anteilnahme und Zuwendung eines aufmerksamen »Dienstleisters«. Wie schrecklich ist es, wenn ein Wildfremder die Scheiben putzt, sich nach dem Ölstand erkundigt und den Reifendruck kontrolliert. Die Frage, die den meisten groß ins Gesicht geschrieben steht, ist: »Ist das alles inklusive, oder muss ich dem Kerl ein Trinkgeld geben? Und wenn ja, wie viel?«

Es scheint eine alte deutsche Krankheit zu sein, dass man sich nicht dem spontanen Gefühl überlässt, sondern genau wissen muss, »wie man es macht«. Aus dieser verspannten Gefühlslage heraus ist leicht erklärlich, warum wir oft zu viel, zu wenig oder gar nichts geben, wenn es angemessen wäre – oder selbst dann noch etwas geben, wenn es völlig indiskutabel ist. Eine unverschämte Bedienung kriegt Trinkgeld? Das würde niemand sonst auf der Welt machen. Das berühmte Klozehnerl legt man nur hin, wenn man es hat. Und wenn die Toilette schmutzig war, legt man es selbst dann nicht hin, wenn man es hat.

Der elektronische Kunde

Das große »E« vor Substantiven lädt sie geheimnisvoll mit Modernität auf, mit schnittiger Trendyness und Internationalität. Der E-Service ist zwar unklar, aber schick, der E-Commerce teuer und unsicher, aber es geht nicht ohne ihn, wenn man nicht mit einem Hartz-IV-Empfänger verwechselt werden will. »E-Healthservice« klingt doch viel schicker als »Krankenkassenbonusheft«, und mit unserer Chipcard, auf der chronische Krankheiten, Blutgruppe, Allergien und Operationen gespeichert sind, können wir bei der Apotheke locker einchecken, unsere Medikamente auslesen lassen und gleich mit der Karte zahlen.

E-Shopping ist auch so eine coole Sache. Man geht einfach durch den Supermarkt, wirft dieses und jenes in den Wagen und spaziert am Ende einfach durch den Ausgang – keine Kassiererin, keine Schlange, keine quäkenden Kinder an den typischen Süßwarenfallen in der Bezahlgasse. Das ist E-Shopping. An allen Artikeln haftet nämlich ein RFID-Chip (»Radio Frequency Identification«, ein Verfahren zur automatischen Identifizierung mittels elektromagnetischer Wellen). Dieser Chip gibt einen Code an das Lesegerät ab, nach dem das System den Einkauf abrechnet. Wenn Sie vorher ein »Self Scanning« mit dem »Personal Shopping Assistant« durchgeführt haben, das System also Sie und Ihre Bankverbindung erkannt hat, können Sie nach dem Einkauf einfach gehen.

Die vielen kleinen Transponder an den Waren, die aktiv (Sender) oder passiv (nur auf Signale reflektierend) sein können, signalisieren dem zentralen Abrechnungscomputer, was im Lager fehlt, wo gerade welche Verfallsdaten ablaufen und wer was gekauft hat. Zwar verwahren sich die Entwickler dieser Technik noch dagegen, aber natürlich kann man aus den so gewonnenen Daten auch ein hübsches Kundenprofil zusammensetzen. Und die Vorstellung, dass man überflüssige Kassiererinnen dann ja als Kundenbetreuer einsetzen könnte, ist so zynisch, dass sich jeder Kommentar erübrigt.

Sicherheit und Bequemlichkeit?

Die Pressestellen der Firmen, die RFID-Technologien entwickeln, wissen natürlich um das Misstrauen der Bürger. Überwachung? Datensammlung? Ach was, das alles dient doch nur unserer Sicherheit und Bequemlichkeit! Als Beispiele führen sie enorme Verbesserungen an: Das Einchecken an Skipisten geht schneller, Trainingsgeräte in Fitnessstudios stellen sich automatisch auf den Benutzer ein, man »zahlt«

in Kneipen, Bussen und Bahnen mit seiner Funkkarte, und wenn Fifi einen RFID-Chip trägt, kann man ihn im Tierheim leichter identifizieren. Ich aber meine: Dadurch werden die Leute nur fauler und vergesslicher – und sicherer wird das Leben sowieso niemals. Das darf man getrost als festen Grundsatz verinnerlichen.

8. McStaat oder McSchool? Die McDonaldisierung nimmt zu

Der amerikanische Soziologieprofessor George Ritzer hat eine ziemlich radikale Meinung von Shopping-Malls, Kreditkartenunternehmen und Fastfoodläden, die immer wieder dieselbe Form und Struktur aufweisen und kaum Unterscheidungsmerkmale zeigen, wo immer sie weltweit auch auftauchen: Sie sind für ihn das »Nichts«, eine »zentral erdachte und kontrollierte soziale Form, die vergleichsweise frei von spezifischem Inhalt ist«. Und nur was zentral erdacht und kontrolliert wird, ist einfach zu globalisieren. Das »Etwas« dagegen sind mit tatsächlichen Inhalten gefüllte Formen – Spezialitätenrestaurants, Familienunternehmen, Tante-Emma-Läden und Bankfilialen mit persönlicher Beratung. Vier Typen des »Nichts« gibt es nach Ritzer: Nicht-Orte, Nicht-Dinge, Nicht-Personen und Nicht-Dienste.

Ritzer zufolge führen die Globalisierung und der damit einhergehende soziale Wandel nicht nur zu einem Konflikt zwischen dem Globalen und dem Lokalen; in seinem Buch *Die Globalisierung des Nichts* stellt er die These auf, dass Globalisierung nur Einheitlichkeit verbreiten kann. Globales Wachstum braucht Homogenität. George Ritzer führt dafür einen neuen Begriff ein und bezeichnet dieses Phänomen als »Grobalisierung« (von *growth* = »Wachstum«), das außer dem Wachstum selbst keinen Zweck hat und auf kein Ziel hinausläuft. Reiner Kapitalismus um seiner selbst willen kann eben nur ein »Nichts« produzieren.

Damit schließt Ritzer an den von ihm in den neunziger

Jahren geprägten Begriff der »McDonaldisierung« an, der ihn zu einem der exponiertesten Vertreter der These von der globalen Vereinheitlichung machte. Unsere Gesellschaft werde zunehmend durchrationalisiert und auf schnelles, effizientes Funktionieren getrimmt, sagt er. Damit gleicht die gesellschaftliche Entwicklung zunehmend der Organisation eines Fastfoodrestaurants. Unterschiedlichkeit muss zugunsten von Normierung und Standardisierung weichen. McDonald's, Nike, Disneyland und Starbucks sind die Ikonen der vereinheitlichten Warenwelt. Und die zwei Buchstaben, die man seiner Serviceleistung voranstellt, verdeutlichen exakt, was der Hintergrund der Namenswahl ist, ob es sich um »McPaper« handelt, »McDoctors«, »McClean« oder »McComputer«.

Man sieht am Beispiel von McClean, wie scharf alle möglichen Dienstleister auf diesen schicken, globalen Namen sind: Nicht nur eine Toilettenkette, auch eine Autowaschfirma und ein Anti-Drogenprojekt schmücken sich mit diesem Namen. Und wenn man den Werbetext der McClean-»Hygienecenter« liest, weiß man, dass auch sie nach den vier Grundpfeilern der McDonaldisierung organisiert sind: Effizienz, Kalkulierbarkeit, Vorhersagbarkeit und Kontrolle. Und dass man mit dieser Geschäftsidee überall auf der Welt Kapital finden wird – stupid global money.

Die McDonaldisierung

Während Max Weber, einer der Gründerväter der Soziologie, noch die Bürokratie als Modell zur Darstellung einer sich schnell verändernden Wirklichkeit verwendete, sieht George Ritzer im Fastfoodrestaurant das der heutigen Entwicklung am ehesten entsprechende Vorbild. Ritzer charakterisiert die McDonaldisierung anhand von vier Hauptaspekten:

- *Effizienz:* die optimale Methode, eine Aufgabe zu lösen,
- *Kalkulierbarkeit:* wichtig sind die Zahlen, nicht der subjektive Geschmack,
- *Voraussagbarkeit:* vereinheitlichte und gleichförmige Dienstleistungen,
- *Kontrolle:* vereinheitlichte und gleichförmige Mitarbeiter.

Wer diese vier Kategorien beachtet, kann für jede Dienstleistung die optimale Strategie finden, die zwar funktionieren wird, aber trotzdem zu schädlichen und irrationalen Ergebnissen führen kann: Das Essen wird zwar schnell und immer in derselben Qualität serviert, führt aber zu einseitiger Ernährung und Übergewicht. Vorschläge und Wünsche von Kunden werden nicht angenommen, weil sie nicht in die Struktur passen. Regionale Eigenheiten werden nicht wahrgenommen und somit verdrängt. Eine McDonaldisierung ist heute schon in Behörden, in Arztpraxen, Hotels und in Sportstätten zu beobachten. Ritzer zufolge dominieren die Prinzipien der Führung eines Fastfoodrestaurants immer mehr unterschiedliche Bereiche der amerikanischen Gesellschaft – und nach und nach auch der restlichen Welt.

McPiss – die Freiheit nehm ich mir!

Stimmt schon, früher waren die öffentlichen Toiletten oft ganz schön versifft, aber dagegen konnte man sich elegant wehren: Man legte der selig vor den Eingängen zu Frauen- und Männerklo dämmernden Klofrau demonstrativ nichts in die Untertasse, auf die zum Anlocken ein paar Euromünzen geklebt waren. Manchmal war sogar eine 2-Euro-Münze dabei. Lächerlich! Also ob jemand auf einen solchen Trick reinfallen würde. Wie ich auf die Idee komme, dass die Münzen festgeklebt waren? Ganz einfach. Nach dem Besuch einer äußerst gepflegten Toilette wollte ich einmal zahlen, hatte jedoch nur einen 5-Euro-Schein dabei. Das war mir die Hygiene dann doch nicht wert. Also gedachte ich, die 3 Euro 50, die in der Schale lagen, einzustecken und dafür meinen Schein hinzulegen. Ich musste feststellen, dass die Geldstücke allesamt festgeklebt waren. So kam ich mit der Klofrau ins Gespräch, die mir den Schein freundlicherweise wechselte. Nein, das Geld, das sich während ihrer Schicht in der Untertasse ansammelte, durfte sie beileibe nicht behalten. Sie arbeite auf einer dubiosen 5-Euro-die-Stunde-aber-nix-der-Steuer-sagen-Basis, und jeweils zum Schichtwechsel tauchte ein schweigsamer Mann im Trainingsanzug auf, ließ sich die Einnahmen (im Schnitt 80 bis 100 Euro) aushändigen und gab ihr dafür 40 Euro.

Aus dieser mafiosen Umklammerung befreite sich das deutsche Raststättennetz, indem es die kostenpflichtige Notdurft komplett outsourcte. Eine Firma – nennen wir sie McPiss – baute eine Klokette auf, in deren Filialen man nach einem Münzeinwurf und dem Durchschreiten eines Drehkreuzes Zugang zum Hygiene-Eldorado bekommt. Die Toilette als Erlebnispark!

Es lässt sich grundsätzlich nicht viel gegen eine solche globalisierte Toilettenkultur sagen, höchstens, dass das Wildpinkeln (natürlich fast ausschließlich unter Männern) an Raststätten seitdem deutlich zugenommen hat. Andererseits überlegen es sich ältere Autofahrer mit Prostataproblemen zweimal, ob sie wirklich mit dem Auto von Saarbrücken nach Passau fahren. Etwa zwölf Hygienestopps à 1 Euro sind einzuplanen, wenn man seine Blase korrekt entleeren will. Vielleicht ist es auch wieder nur eine Verschwörungstheorie – aber könnte es nicht sein, dass die McPiss-Kette von der Bahn gesponsert wird?

Das Geschäftsprinzip des globalen Klos

»McClean ist die saubere, sichere und komfortable öffentliche Toilette mit integriertem Shop für Hygieneartikel des täglichen Bedarfs. McClean-Hygienecenter werden von speziell geschultem Personal geführt, das während der Öffnungszeiten konstant vor Ort präsent ist. Für die Benützung der McClean-Hygienecenter wird ein Eintrittspreis verlangt, der je nach Dienstleistung unterschiedlich hoch ist. McClean-Hygienecenter verfügen über ein einheitliches Corporate Design und sind auf der ganzen Welt zu Hause.

Das Konzept McClean basiert auf »öffentlichen und betreuten WC-Anlagen«. Je nach Standort reichen die Dienstleistungen von der kleineren Unisexanlage bis zu den getrennten Einrichtungen für Damen und Herren. In diesen Systemen wird die flächenbezogene Markendarstellung in einem Zusammenspiel von Architektur, Einrichtung und Service perfekt optimiert. McClean-Franchisenehmer erhalten die idealen Voraussetzungen, eine starke und bekannte Marke zur Steigerung ihres Umsatzes einzusetzen.«

Noch wehrt sich Europa gegen die letzte Konsequenz der McDonaldisierung, und allein die Tatsache, dass wir hier eine immense Menge an alten Kirchen haben, wird uns für einige Zeit noch vor McChurch bewahren. In den USA sind Drive-in-Kirchen nichts Besonderes mehr, und sie werden gerne im Rahmen eines sonntäglichen Familienausflugs angefahren – als spirituelles zweites Frühstück sozusagen. McChurch ist auch nicht so langweilig wie eine traditionelle Kirche, dazu besser geheizt, mit weicheren Sitzplätzen und einer atemberaubenden Akustik. Vor allem haben McChurch-Kirchen, die fast immer auch selbständige Religionen sind und ihren eigenen McGod haben, neben der bestechenden Businessidee »Unterhaltung – Gemeinschaftserlebnis – Freisprechen von Schuld – Spirituelles Erlebnis« den Vorteil, dass sie im Franchisesystem mit geringem Kapitalaufwand in jeder Stadt schnell zu eröffnen sind. Wichtig sind vor allem Parkplätze, eine gute Lage (weiße Mittelschicht = hohes Spendenaufkommen) und ein hoher Unterhaltungswert. Dazu braucht eine McChurch Geschenkshops, Cafés, Kinderbetreuung und vielfältige Angebote sportlicher und kultureller Art. Natürlich gibt es auch so etwas wie Gottesdienste, aber die kommen eher als Sketche und Musicals daher.

Die McChurches sind im Vergleich zu den alten Religionen so etwas wie die Privatsender im Vergleich zu den öffentlich-rechtlichen. Das trifft es sogar ziemlich genau, denn auch beim Beten müssen sich die einen über Spenden und Werbeeinnahmen finanzieren, während die anderen mit festen Einnahmen rechnen können. Und das Programm ist auch nicht unbedingt besser.

Den meisten traditionellen Institutionen wird man irgendwann einmal das »Mc« anbieten, und nachdem es sich als prima Geschäftsidee eingeführt hat, spricht doch nichts dagegen, unsere Kinder in die McSchool zu schicken (natürlich erst, nachdem sie die McVorschool hinter sich haben), sich nachmittags im McMuseum zu treffen oder bei McFit normierten Muskelaufbau zu betreiben.

9. »Einen Hazelnut-Iced-White-Vanilla-Coffee, aber bitte to go!« – Coffee-to-go und andere Peinlichkeiten

In den wilden sechziger Jahren fuhr man nach Amsterdam, um in einem »Coffeeshop« unbehindert zu kiffen, und das geht – habe ich mir sagen lassen – dort sogar heute noch. Amsterdam muss ein schlimmes Pflaster für Starbucks sein, denn dort ist die Invasion des Kaffeeglobalisierers erstmals ins Stocken geraten. Politisch völlig unkorrektes Volk, diese Niederländer, die ausgerechnet ein derart kuscheliges Wort wie »Coffeeshop« mit schmutzigen Drogen in Verbindung bringen.

Für alle, die es noch nicht wissen: Der Coffeeshop ist die Weiterentwicklung der Tchibo- und Eduscho-Stehcafés, die noch vor zwanzig Jahren als Kommunikationszentren für BWL-Studenten, Hausfrauen und Rentner galten, die stumm und verbissen an braunen Plastiktischen Kaffee tranken. Es gab drei Sorten Kaffee, es gab Porzellangeschirr, Milchkännchen und Zuckerstreuer. Traurig war es schon irgendwie, aber man musste ja nicht dort wohnen.

Heutzutage kann man in den Filialen der beiden Großkafferöster zwar auch noch Kaffee kaufen, das Hauptgeschäft wird jedoch mit Stirnlampen aus Fernost, lustigen Frühstücksbrettchen, Bademänteln, Skiunterwäsche und Messersets gemacht. Seinen Kaffee trinkt man heute woanders. Panta rhei, alles fließt, vor allem im Kaffeebusiness.

Will man noch etwas weiter zurückgreifen (und für einen Reporter des Alltagsgrauens ist das ein besonderer Genuss), muss man auf die Vorläufer der Stehkaffeetankstellen verweisen: die guten alten Plüschcafés. Damen mit duftigen, hellblauen Haaren, Torten mit einer Fettstufe, die jeden Gorgonzola blass aussehen ließ, verbeulte Kännchen aus Hotelsilber, Bedienungen in Rüschenschürzen, deren Bordüren den Papieruntersetzern der Kaffeetassen nachempfunden waren – alles wirkte irgendwie handgeklöppelt und schlaftablettig. Der Geräuschpegel lag nie über dem eines elektrischen Rasierapparats, und die Geschwindigkeit, mit der serviert wurde, war auf das Tempo abgestimmt, mit dem man die Kuchengabel zum Mund führte. Es kam niemals zu hektischen Bewegungen. In Wien können solche Cafés noch besichtigt werden. (Ganz Wien ist nämlich ein Kaffeehausmuseum, in dem sich die Darsteller in historischen Kostümen an historischem Backwerk delektieren und dazu aus einer geradezu unverschämt breiten Palette verschiedener Kaffeespezialitäten auswählen.)

Ich schlage diesen kleinen geschichtlichen Bogen nur deshalb, damit die aktuelle Kaffeeseligkeit umso klarer und grausamer ausgeleuchtet wird. Zuerst hat sich das Tempo dramatisch gesteigert. In einem modernen Kaffeeoutlet namens »Coffeeshop« gibt es keine Bedienung (»Fräulein!« – »Komme gleich!« respektive: »Kollegin kommt gleich!«), die sofort kommt, nachdem sie das Telefongespräch mit ihrem Freund erledigt hat und der Lack auf den Fingernägeln ordentlich getrocknet ist – so viel Zeit hat heute niemand mehr! Im Coffeeshop stellt man sich vor die Theke und bestellt: »Einen Hazelnut-Iced-White-Vanilla-Coffee, aber bitte to go!« Natürlich gibt es auch ganz einfach Heißgetränke (bis auf Kaffee!) wie Cappuccino und die berühmte Latte, aber auch verwegene Kompositionen wie »Caramel Macciato«, »Caffè Mocha«, »Caffè Americano«, »French Press«, »Caramel Frapuccino« oder »Iced White Caffè Mocha«.

Und natürlich gibt es hier auch keine rückständigen Porzellantassen (daraus haben schließlich die Chinesen schon vor dreitausend Jahren ihren Tee geschlürft), kein Hotelsilber, keinen Würfelzucker in der Klappdeckeldose mit Würfelzuckerzange ... Hallo! Wir leben nicht im Biedermeiermuseum, sondern im 21. Jahrhundert! Zucker in Tütchen, Süßstoff einzeln verblistert, ein Einwegplastikstäbchen zum Umrühren, wenn einem die eigenen Finger zu unhygienisch sind. Aber das Allerwichtigste: Der Kaffee kommt in einem schönen Plastikbecher (mit Werbeaufdruck), darauf ein Deckel, durch dessen gelochte Mitte man einen Strohhalm stecken kann. Coffee to go! Zahlen und tschüs. Weil es anachronistisch ist, sich beim Kaffeetrinken hinzusetzen, und es ist außerdem ungesund. Ja! Vorbei die Zeit, als man glaubte, bedächtiges Essen und Trinken wäre gesund. Eine amerikanische Studie, in Auftrag gegeben von einem Coffee-Global-Player, hat gezeigt, dass der Körper Kaffee besser verträgt, wenn sich der Mensch dabei bewegt.

Kaffee und Kuchen

K&K steht nicht nur für Kaffee und Kuchen, sondern auch für die österreichische Donaumonarchie, die Karl IV. 1918 an die Wand fuhr. K&K ist also ein Doppelsymbol für Loser, Ewiggestrige, für Leute, die »Schlagobers« sagen und nicht »whipped cream«, wie es sich gehört. K&K ist längst passé.

Kaffeetrinken hat in der globalisierten Welt einen höchst symbolhaften Charakter angenommen. Nein, ich meine nicht die sogenannte zweite Türkeninvasion! Wer in Manhattan Ende des 20. Jahrhunderts mit einem dampfenden Pappbecher ins Office kam, signalisierte damit, dass er ein »Frontman« war, dass er hipp war und up to date und dass er arbeitete, bis er umfiel. Schließlich kombinierte er deutlich sichtbar sein Frühstück mit dem Weg ins Büro. Good guy!

Und eines Tages stand auch ich zum ersten Mal in einem Coffeeshop.

Meine Großmutter, die eine begeisterte Kaffeetrinkerin, -zubereiterin und -klatschbesucherin war, erscheint mir zwar nicht so regelmäßig wie mein Großvater (der in letzter Zeit immer öfter nach Mitternacht zur Begutachtung der sexuellen Ausschweifungen bei Privatsendern auftaucht, inzwischen sogar begleitet von seinem kompletten ehemaligen Lehrerkollegium), aber anlässlich meines ersten Besuchs bei Starbucks* blieb ihr wohl nichts anderes übrig. Sie musste sich materialisieren.

»Bub, so trinkt man doch keinen Kaffee! Davon kriegst du nur Bauchweh.«

»Ach, Großmutter. Du bist – und wer will dir das schon verübeln – nicht auf dem Laufenden. Man trinkt heute seinen Kaffee eben durchaus so. Das ist *convenience.*«

»Das ist gar kein Kaffee?«

»Großmutter! *(freundliche Herablassung in der Stimme, mildes Lächeln mit 1,5 Prozent Fettschaum auf der Oberlippe)* ›Convenience‹ ist englisch und bedeutet ›Bequemlichkeit‹.«

»Die Engländer haben noch nie was von Kaffee verstanden. Die trinken doch nur Tee.«

»Meinetwegen. Coffee-to-go kommt auch aus Amerika.«

---

* Zu Starbucks: Um keine Klagen zu provozieren, müssen natürlich auch die restlichen Coffee-Convenience-Global-Players genannt werden. Hiermit sei also vermeldet, dass auch die Plörre von Balzac, Lavazza, Segafredo, Einstein und World Coffee voll im Trend liegt.

»Amerika!« Meine Großmutter schlug die Hände über dem Kopf zusammen. Aber weil sie ein Geist ist, wurde keiner meiner den Kaffee durch Strohhalme ziehenden Nachbarn davon gestört. »Die haben doch überhaupt keinen Geschmack. Bub! Denk doch nur daran, was die mit Schweinerippchen machen: Sie legen sie in Coca-Cola und Honig ein und grillen sie dann. Und mein eigener Enkel …«

Es klang sehr enttäuscht. Und obwohl ich zugeben muss, dass meine schönsten Kaffeehausbesuche mit meiner Großmutter stattgefunden hatten, erwachte in mir der Widerspruchsgeist. Ewig kann man doch nicht dem Gestern verhaftet bleiben, die Historie verklären und das Hohelied der verlorenen Zeit singen.

»Wir leben nun mal heute, da geht alles etwas schneller und rationeller. Multitasking! Timemanagement! Man kann inzwischen mehr als nur entweder Kaffee trinken oder spazieren gehen. Heute kann man Kaffee trinken, dabei spazieren gehen und sogar noch telefonieren. Funktioniert alles wunderbar!«

»Das ist nichts Neues«, sagte sie altklug. »Das hat man schon von Napoleon gesagt. Der konnte auch drei Dinge gleichzeitig. Und? Hat es ihm was genützt?«

»Oma! Wenn Napoleon vor zweihundert Jahren schon ein Handy gehabt hätte, wäre ihm der Schnitzer mit Wellington nicht passiert.«

»Ach was, es ist einfach ungezogen, auf der Straße zu essen und zu trinken, noch dazu mitten unter anderen Menschen. So haben wir deine Mutter erzogen, und auch du wirst …«

An dieser Stelle brach ich die Unterhaltung ab. Unter anderem auch deshalb, weil mein Caffe-latte-to-go so ein schreckliches Geräusch von sich gegeben hatte. Dieses ordinäre Schlürfschmatzrülpsgeräusch, das entsteht, wenn plötzlich durch den Strohhalm nur noch Schaum angezogen wird. Das laute und peinliche Ende jedes Coffee-to-go.

Na gut, ein wenig nachdenklich haben mich die Anwürfe meiner verstorbenen Großmutter doch gemacht. Vor allem der Peinlichkeitsfaktor ist es, der verhindert hat, dass aus mir ein wandernder Kaffeetrinker wurde. Denn es ist schon schlimm genug, wenn man in der Innenstadt auf Leute trifft, die für irgendwelche Firmen Werbung laufen und auf ihren T-Shirts riesengroß die Marke spazieren tragen, ohne dafür bezahlt zu werden. Also laufe ich auch nicht für eine Kaffeeblitzbude Reklame. Obwohl – und das zeigt wieder, dass jeder Graus gleich den nächsten gebiert – es ausgerechnet bei Tchibo Coffee-to-go-Becher gibt, die sich »personalisieren« lassen. In den Zwischenraum zwischen zwei ineinandersteckenden durchsichtigen Plastikbechern schiebt man einen Kartonstreifen, den man selbst gestalten kann. Da lassen sich Kinderzeichnungen ebenso einschieben wie Pin-up-Fotos, »lustige« Sprüche oder ein Stück Tapete.

Schreck, lass nach! Es gibt also tatsächlich Menschen, die jeden Tag in einen Coffeeshop marschieren und sich ihren personalisierten Coffee-to-go-Becher auffüllen lassen. Hat was von der Trinkgarnitur für Kleinkinder oder der bruchfesten Schnabeltasse für die ältere Generation. Schlimm.

Aber wichtig ist nicht nur, wie man seinen Kaffee stilmäßig aufrecht im 21. Jahrhundert trinkt, genauso wichtig ist, wie man ihn zubereitet – wenn gerade mal kein Coffeeshop in der Nähe ist. Leute, die sich Filterkaffee aufbrühen (vielleicht sogar noch mit diesen weißen Keramikaufsätzen und dem Melitta-Papierfilter) sind out. Out, out, out! Platzverweis.

Danach kommen die ewig zu-spät-dranenen (upps! Neue deutsche Rechtschreibung?) Altlinken und SPDler mit der

Aluminium-Cafetiera, die sie natürlich nicht in Deutschland, sondern in einer dieser rei–zen–den Ferramenta (Eisenwarenläden) in Lucca oder Pisa erstanden haben. Sie wissen schon, diese kleinen Herdvulkane, die immer seitlich Dampf ausspucken und Kaffee an die Wand spritzen.

In der höchsten Klasse angekommen, lässt man vollautomatisch Kaffee kochen – und damit ist der Kulturkampf eröffnet. Schließlich kann man schon seit über zehn Jahren in jedem Männermagazin den Schlagabtausch der Kaffeemaschinen miterleben: La Cimbali gegen Saeco, Gaggia gegen Carimali, Bonamat gegen Faema, Lavazza gegen Severin. Und natürlich kommt aus all diesen Hightech-Maschinen längst kein Kaffee mehr, nur noch Espresso.

Wenn Sie mit einem richtigen Espressionisten reden, wird Ihnen schnell der Kopf schwirren von all den Geheimnissen der »Percolatoren« und »Neapolitaner«, dem Vorteil der Siebträger mit Bajonettverschluss oder Feststellungen wie jener, dass man mit einem Vollautomaten nie perfekten Kaffee bekommt und dass nichts über eine Kolbenmaschine geht. Und überhaupt: die Crema! Ah, die Crema! Da wird der Deutsche zum Italiener, wozu er, jedenfalls als Süddeutscher, schon immer eine große Neigung gehabt hat. Ob das damit zusammenhängt, dass Venedig einmal bayrisch war, oder ob es so gut zur neureichen Lodenschickeria zwischen München und dem Chiemsee passt – wer weiß? Jedenfalls geben unabhängig von der Jahreszeit immer kräftig durchgebräunte (die Crema!) Damen im Landhauslook nebst Lederhosengatten in jeder Osteria die besseren Italiener. Sie wissen, wann ein Wein korkt, sie haben das *vitello tonnato* immer schon irgendwo besser gegessen, sie erkennen auch die beste Crema – und sie rüffeln jeden italienischen Ober sofort, wenn er sich bei der Grappabestellung vertut. »Eine Grappe, Luitschi, gell! Des hoast *die* Grappe, net *der* Grappa. Mir samma ja net in Niederbayern.«

»Ja, claro, dottoressa«, sagt Luigi und saust davon. An der Theke erzählt er seinem Kollegen, dass da wieder mal so eine Tante sitzt, die ihm Italienisch beibringen will. Dabei haben seine Vorfahren in der ersten Pizzeriainvasion 1965 schließlich beschlossen, ein Pidgin-Italienisch zu entwickeln, das die Eingeborenen nicht überfordert. Aber heutzutage sind die Deutschen öfter in Italien, als er sich das selber leisten kann.

Zurück zum Kaffee. Die einhellige Meinung aller Profis ist, dass eine wirklich gute Kaffeemaschine groß sein muss, teuer, ständig in Betrieb und dass sie in der Stunde mindestens hundert Portionen raushauen sollte, um im Training zu bleiben – und den Verbrauch haben nicht mal Boris Becker oder Dieter Bohlen. Und bei denen stehen wahre Rolls-Royce-Kaffemaschinen.

Die Kaffeemafia hat schließlich gemerkt, dass die Kaffeetrinker das auch gemerkt haben, und hat reagiert. Im Jahr 2003 hat der niederländische *(sic!)* Röster Douwe Egberts den Kaffeepad auf den Markt gebracht, ein kleines Portionsgefäß, gefüllt mit Kaffeepulver der verschiedensten Geschmacksrichtungen. Weil damals der Kaffeeumsatz etwas im Keller war, freuten sich die Kaffeesäcke, als sie hörten, mit Pads sei die Rendite dreimal so hoch wie beim normalen Kaffee. Der Trick ist nicht ganz neu (alter Kapitalismustrick Nummer 4: Billige Hardware, teure Software oder Auch Geräte wollen gut gefüttert sein), denn die Kaffeemaschine ist vergleichsweise billig, nimmt aber nur Kaffee an, der vom selben Hersteller geliefert wird. Mit den kleinen bunten Pads mit den siebenundachtzigtausend verschiedenen Geschmacksrichtungen (Hazelnut, French Vanilla, Arabica, Mocca Mountain, Brazil Blend, Kenya Strong, Dolce Gusto Macchiato, Robusta Rabiato ...) macht der Röster richtig Asche. Ein Pfund Kaffee aus Spezialpads kommt fast viermal so teuer wie bei der herkömmlichen Zubereitung, so die Rechnung deutscher Verbraucherschützer.

Top-Tasteless-Five

Schön an der Globalisierung ist unter anderem, dass sich Kunst und guter Geschmack schneller über den Globus verteilen als früher – weitaus schrecklicher ist allerdings, dass sich Geschmacklosigkeiten, Blödheit, Ignoranz und ästhetisches Grauen ebenso schnell verbreiten. Dies ist die aktuelle Liste des Grauens, Stand: 3. Quartal 2008:

1. Platz: Mit einem Kleinkind im dreirädrigen Kinderwagen joggen und dabei Coffee-to-go trinken.
2. Platz: Bei der Rollerblade-Night mitfahren.
3. Platz: Vor einer Kneipe unter einem Heizpilz stehen und rauchen.
4. Platz: Paris-Hilton-Dosen-Prosecco trinken.
5. Platz: Bei einer Nachmittagstalkshow im Publikum sitzen.

10. Der Baumarkt ist das Schuhgeschäft für den Mann

Wenn Frauen »Windowshopping« machen oder durch die Läden von Manolo Blahnik und Salvatore Ferragamo streifen, sitzen die Männer währenddessen in Straßencafés und lesen Zeitung. Das war schon immer so, jedenfalls seit es Straßencafés und Schuhgeschäfte gibt; wahrscheinlich ist es gottgewollt, auf jeden Fall ein Naturgesetz, so wie der erste Hauptsatz der Thermodynamik. Männer verziehen bei der Anfrage ihrer Partnerin, ob man nicht gemeinsam ein Schuhgeschäft besuchen möchte, reflexartig das Gesicht, rollen mit den Augen und stöhnen: »Schuhe kaufen? Aber ganz bestimmt ohne mich!«

Schuhgeschäfte sind für Männer der Inbegriff des Tussihaften, sie kommen gleich nach Trockenblumensträußen und selbstgebackenen Türschildern aus Salzteig – und wahrscheinlich haben die Autoren von Al Bundys *Eine schrecklich nette Familie* dem Hausherrn deshalb einen solch lächerlichen und entwürdigenden Job in die Rolle geschrieben. Schuhverkäufer! Es gibt nach einer von mir schnell durchgeführten (und höchstwahrscheinlich wissenschaftlich nicht absolut sauberen) Untersuchung keinen Beruf für Männer, der noch weiter unten auf der Skala peinlicher Berufe steht als Schuhverkäufer. Die Berufe, die gleich danach kommen, sind männliche Politesse (es gibt nicht einmal einen Namen für diesen lächerlichen Beruf, wahrscheinlich genügt es, dass man in der Schule Petze gewesen ist oder wenigstens zweiter Klassensprecher), Florist und Innendekorateur.

Woher diese tiefe, inzwischen wahrscheinlich schon in der DNA abgelegte Abneigung gegen den Beruf des Schuhverkäufers stammt, lässt sich mit etwas Wald-und-Wiesen-Psychologie leicht erklären:

1. Männer knien nicht gerne vor Frauen; das erinnert sie fatal an das Ritual des Heiratsantrags.
2. Männer haben Angst, von Freunden oder Kollegen dabei beobachtet zu werden, wie sie fremden Frauen Schuhe an- und wieder ausziehen. Man könnte nämlich auf den Gedanken kommen, sie seien Fußfetischisten.
3. Männer assoziieren bei dem Signalwort »Schuhverkäufer« sofort das Märchen vom Aschenputtel, eine typische Mädchenschmonzette, bei der ein verwirrter Mann auf der Suche nach der Partnerin eines vorzeitig gestörten One-Night-Stands allen möglichen Frauen einen Schuh anprobiert, bis er diejenige welche endlich gefunden hat – und sie vor Erschöpfung heiratet. Märchen sind grausam.

Daher erklärt sich die Gleichung: Männer + Schuhgeschäfte = geht nicht.

Aber nun können aufgeklärte Frauen kontern, und zwar mit »Baumarktschlurfer«! Tatsächlich stellt der Baumarkthype, der in den letzten Jahren explosionsartig zugenommen hat, eine monströse Bewegung dar, so wie es die Freikörperkultur oder die Wandervögel einmal waren. Heute inspiriert der Baumarktstar Tim Taylor aus *Hör mal, wer da hämmert,* der TV-Soap für den Schlagbohrmann, eine ganze Pilgerbewegung. Oder die beiden als kanadische Holzfäller verkleideten Bodybuilder, die allabendlich auf einem Shoppingsender wunderbar rot und blau lackierte Schlagbohrmaschinen mit Revolver(!)wechselfutter vorstellen und sich unter munterem

Geplauder durch Betonwände, Tischplatten und Gullydeckel bohren und fräsen. Dabei kann man inzwischen auch in jedem Baumakt fernsehen, all die Anleitungen, Beispielvideos und Werbespots laufen in einer Endlosschleife auf Flatscreens über der »Schraubentheke« und im »Heißklebecenter«. Vorbei die Zeit, als ein professioneller Showhandwerker die Kombizange mit achtundzwanzig Zusatzfunktionen (inklusive Dosenöffner und Kompass) an seinem kleinen Stand vorführte und mit untrüglichem Gespür immer gerade den anquatschte, der sich am wenigsten wehren konnte. Den, zu dem auch jeder Punk »Hasmaneuro?« sagt.

Das ist das Baumarktphänomen: Es wird nicht mehr selbst gebaut, nur noch selbst geguckt. »Watch it yourself« statt »Do it yourself« lautet die Devise. Es gibt Sendungen, in denen Menschen anderen Menschen die Wohnungen umgestalten, verschlimmbessern, eigentlich eine bitterböse Form der Realsatire, aber am Schluss müssen alle ganz glücklich in die Kamera grinsen und beteuern, dass ihnen das neue Schlafzimmer mit den Pappmachépalmen, der Unterwasserbeleuchtung im Wasserbett und dem handgebatikten Monsterleguan an der Zimmerdecke viel besser gefällt als ihre alte Schnarchbude. »Und es ist so kreativ!«, sagt die Frau im rosa-hellblau gestreiften Stretchpyjama üblicherweise, während der Mann mit eisern zusammengebissenen Zähnen ausprobiert, ob das Nachtkästchen aus einer bemalten Apfelsinenkiste auch tatsächlich einen Kasten Bier aushält.

Amateure, olé!

Während die einen im Fernsehen bauen, kochen die anderen. Das Ergebnis ist dasselbe: Die Leute glotzen ständig auf schwafelnde, schwitzende Männer mit Papiertüten auf den Köpfen, nur dass die bei den Kochsendungen nicht mit dem Farbroller die Decke vollkleistern, sondern mit riesigen Messern Ingwer, Knoblauch und Koriander im Flamencotakt kleinhacken, dazu von Fett als perfektem Geschmacksträger und karamellisiertem Zucker als Gaumenkitzel quatschen. Man sollte meinen, in Deutschland wäre der Gourmetwahn ausgebrochen, aber die Realität sieht anders aus. Soweit diese Kochsendungen (ach, wie ich Clemens Wilmenrod vermisse, den ersten Fernsehkoch überhaupt, der seinen überbackenen Blumenkohl »Die schöne Melusine« nannte und noch mit Maggi würzte!) am Nachmittag laufen, freuen sich Arbeitslose darüber, dass andere Arbeit haben, und schauen interessiert zu. Weil sie sich von Hartz IV aber die Zutaten für ein »Carpaccio vom Loup de mer auf Zanderschaum an Krebsmousse« nicht leisten können, essen sie dazu Dosenravioli und ersetzen den Crémant durch ein Bier in schlichter Weißblechummantelung.

Die Kochsendungen am Abend – vorzugsweise Johannes B. Kerners *Kerner kocht,* besser bekannt als »Viele Köche verderben den Brei« – werden eher von zahlungskräftigeren Zuschauern verfolgt. Aber auch die kochen nicht besser, öfter oder ausgefallener, seitdem die Kochsendungsinflation wütet – sie sehen nur gerne anderen Menschen beim Arbeiten zu.

Dafür, dass man in Deutschland gerne Amateuren zusieht, ganz »normalen« Familien, gibt es bestimmt ein paar einleuchtende Gründe. Nachdem ich keine soziologische Abhandlung schreibe, sondern pure und unverstellte Prosa des Alltagsgrauens, darf ich von statistischen Hochrechnungen und den ewigen Wenns und Abers absehen und ganz einfach die Wahrheit sagen:

1. Es gibt keine Familien mehr, die sich als Familien fühlen. Also schaut man sich mit Vorliebe Familien im Fernsehen an, die Familien spielen – und dabei gewaltig auf die Nase fallen. Ob in der Lindenstraße, der Neverending Story deutscher SPD-Lebenshilfe, oder bei der Heavymetal-Familie um Ozzy Osbourne.
2. Man will endlich auf jemanden herabsehen können. Und was ist besser zur Aufrichtung des eigenen Selbstwertgefühls geeignet als eine therapeutische Stunde im Nachrichten-aus-dem-wahren-Leben-Programm von Pro7/Sat1/RTL2 und Co., wenn sich vor johlendem Publikum ein Humangespenst nach dem anderen versammelt, brav hingesetzt in einer Stuhlreihe, und man gemeinsam über Alltagsthemen wie Nacktputzen, Fremdgehen, Penispiercing und unvermittelten Harndrang diskutiert. Warum eigentlich nie über verbale Inkontinenz?

Die Schere zwischen Angehörigen des geistigen Präkariats und gefühlten Intellektuellen öffnet sich immer weiter. Die einen tummeln sich bei unsäglichen Talkshows am Nachmittag, rufen bei 9Live an oder ordern ihre bioenergetische Bettwäsche bei einem Shoppingkanal – die anderen haben nur noch Arte, 3Sat, Phoenix, CNN und ein paar ausgesuchte französische und polnische Sender auf der Fernbedienung …

11. »Alle unsere Plätze sind momentan belegt« – Von Callcentern, Warteschleifen und dem Knopf im Ohr

Vor zweitausend Jahren lief man noch »von Pontius zu Pilatus«, seit 1876 kann man telefonieren. Das hat das sinnlose Herumirren stark befördert. 1936 nahm der Münchner Komiker Karl Valentin eine unvergessliche Szene auf, die bis heute ein Synonym für das Grauen geblieben ist, das aus dem Telefonhörer kommen kann. In Valentins Sketch versucht ein gewisser Buchbinder Wanninger am Telefon bei der Baufirma Meisel & Compagnie in Erfahrung zu bringen, ob er die Rechnung separat schicken oder seinen gefertigten Büchern gleich beilegen soll. Eine einfache Frage, aber heute wie vor siebzig Jahren schwer zu beantworten. Damals wurde der immer mehr genervte Buchbinder so lange im Haus weiterverbunden, bis er schließlich – pünktlich zum Büroschluss – die Nachricht erhielt, dass er zwar die richtige Abteilung erreicht hätte, aber morgen wieder anrufen sollte. Damals konnte man sich noch mit »Saubande, dreckade!« Luft machen; heute helfen angesichts einer süßlichen Computerstimme auch Beschimpfungen nichts.

Telefone sind nämlich nur noch im Nebenerwerb damit beschäftigt, eine Verbindung zwischen Privatleuten zum Austausch von Plaudereien herzustellen. Seitdem man erkannt hat, dass sich mit Anrufen haufenweise Geld verdienen lässt, ist das Telefon selbst zum Profitcenter geworden.

Die Urform und gleichzeitig armseligste Art, neben den Gesprächsgebühren mit einem Telefon Geld zu verdienen, war vor vierzig Jahren die Telefonauskunft. Damals hieß es auch noch »Post« und nicht stolz »Telekom«, es saßen achtzig Frauen und ein Mann in einem abgedunkelten Riesenraum an der Münchner Hackerbrücke und starrten in flimmernde Mikrofichegeräte. Der eine Mann war abwechselnd mein Freund Richard und ich. Und wir hatten damals auch keine »Headsets«, sondern schwere Kopfhörer auf, an denen ein Mikro befestigt war, stabile Profigeräte, wie sie heute nur noch die Einweiser auf Flugzeugträgern verwenden. Man gab nur Leuten Auskunft, die zu dumm waren, ein Telefonbuch zu benutzen, man war nicht freundlich, man gab auch nur eine Nummer bekannt und nicht zwei.

Eiserne Regel: Auskunft ist eine Autoritätsposition!

Heute sind wir weiter, weil wir nämlich im Informations- und Kommunikationszeitalter leben. Man kann sich aussuchen, welche Auskunft man fragen will, man kann sich siebenunddreißig Nummern hintereinander geben lassen, kann nach Straßen, Hausnummern und Vornamen suchen lassen (in den nächsten Jahren auch nach sexuellen Vorlieben und ob der jeweilige Gesprächspartner vorbestraft ist), man kann sich die Nummer als SMS aufs Handy schicken lassen – und man kann gewaltig dafür blechen. Telefonieren ist zum sechstwichtigsten Geschäft weltweit geworden, nach Finanztarnaktionen (sorry: ...transaktionen), Waffen, Energie, Drogen und Prostitution. Gehen Sie durch eine beliebige Großstadt, und Sie werden sehen, dass zumindest jeder zweite (in Rom und Tokio jeder) Jugendliche und jeder vierte Erwachsene ein Handy am Ohr hat. Es ist enorm, wie der Druck zugenommen hat, sich untereinander auszutauschen. Klar, wenn man es statistisch betrachtet, ist es ganz logisch: Überbevölkerung. Je mehr Menschen auf der Welt leben, umso mehr reden auch miteinander. Wir kennen immer mehr

Leute. Und wir müssen immer mehr dringende Themen miteinander besprechen. Der klassische Dialog auf der Via Appia geht so: »Nein, Mama, ich bin pünktlich ... Nein, ich komme ohne Carola ... Doch, sie liebt deine Pasta, aber sie ... Nein, sie ist nicht zu dünn ... Ja, ich bin pünktlich ... Natürlich, wie immer, ohne Mozzarella, aber mit Pinienkernen ... Ja, Mama, ich liebe dich auch ... Bis gleich!«

Sie haben recht, das ist kein Dialog, aber Sie können sich den Rest ja denken.

Inzwischen hält sich kaum noch jemand (der auf sich hält) ein Handy ans Ohr; die meisten haben Earsets, winzige Knopfohrhörer und ein Mikrofon am Mundwinkel. Anfangs war ich oft schockiert, als mir diese laut mit sich selbst sprechenden Menschen sogar in Augsburg oder Ingolstadt entgegenkamen – bis ich merkte: Sie telefonieren ja nur. Wie beruhigend. Sie reden laut und erzählen jedermann im Umkreis von fünfzig Metern von ihrer geglückten Darmspiegelung oder von ihrem Wertpapierdepot.

Dazu fällt mir eine Initiative aus New York ein. Dort sind laut mit sich selbst sprechende Menschen auf den Straßen etwas völlig Normales. Durchgeknallte Amerikaner eben, Meltingpot-Freaks, Trinker, Späthippies, LSD-Langzeitgeschädigte. Rudy Giuliani hatte sie einfach übersehen. Er war zu sehr damit beschäftigt, Bettler und Obdachlose aus der Stadt zu jagen. Aber Touristen – vornehmlich Europäer – sind von solchen einsamen, laut brabbelnden Menschen sehr irritiert. Deshalb gibt es jetzt die Initiative »one and one«: Speziell ausgebildete Streetworker fangen immer zwei solche Lautsprecher ein und hängen sie mittels eines bewährten Armbands (Handschellen) aneinander, damit sie fürderhin gemeinsam durch die Stadt gehen und den Anschein erwecken, sie wären ins Gespräch vertiefte Paare. Stimmt nicht?

Ist aber genial! Ich empfehle das in Deutschland für alle Earset-Telefonierer. Würde das Stadtbild enorm verbessern.

Warten mit Wagners Walküren

Deutschland ist das Land der Listen, weil wir uns so unsicher sind, ob wir etwas wirklich gut finden können / sollen / dürfen oder doch nicht. Deshalb die *Spiegel*-Bestsellerliste, die Hitliste der saubersten Badeseen Bayerns, die besten Filme aller Zeiten, die TV-Top-Ten, die schönsten Songs der achtziger Jahre und so weiter ohne Ende und ohne Gnade. Aber niemand kennt die Abramowitsch-Liste. Na gut, ich kenne sie und ein paar wirklich wichtige Menschen auch noch. In der Abramowitsch-Liste stehen die besten Warteschleifenmusikstücke, gestaffelt nach ihrem »hold value«, also der Stärke ihrer magnetischen Kraft für den Wartenden am Telefon.

Sind Sie vertraut mit der Warteschlangenmusikproblematik? Wahrscheinlich kaum. Sie sind auch nur ein ignoranter Konsument, wie ich annehme, vielleicht sogar ein aufmüpfiger. Der berühmte Take aus Vivaldis *Vier Jahreszeiten* (»Frühling«) sollte Ihnen von der Telekom her bekannt sein, die DAK nimmt gerne Bach (meist etwas Getragenes aus den Goldberg-Variationen), die Lufthansa natürlich Händels *Air* und die SPD ein Thema aus der Dreigroschenoper. Aber wirkliche Brüller sind das alle nicht, holdtechnisch gesehen. Am besten funktionieren immer noch Mozart, die Bee Gees und Schumann. Rimsky-Korsakows *Hummelflug* dagegen ist der absolute Horrortrip bei Warteschleifenmusik. Die Leute drehen durch. Geht nur bei Warteschleifen von Tattoo-Studios oder Karateschulen.

Manche Kundenhotlines wie die der Bahn oder der Telekom setzen Musik gnadenlos als psychologische Waffe ein: Entweder du legst auf – oder du hast wirklich gute Nerven. Wer Angst hat, den nächsten freien Platz zu verpassen, quält sich durch Endlosschleifen von Punk-Rap-Klingelton-Marschmusik-Heavy-Metal-Beerdigungschorälen und presst den Hörer ans Ohr, damit wenigstens dieser Schmerz schlimmer ist als die Musik.

Perfekte Warteschleifenmusik

Unternehmen	*Interpret*	*Titel*
Weight Watchers	Udo Jürgens	*Aber bitte mit Sahne!*
Altenheim	De Randfichten	*Lebt denn der alte Holzmichel noch?*
BDI	Beatles	*Eight Days a Week*
Deutsche Bank	Abba	*Money, Money, Money*
Bahn AG	Christian Anders	*Es fährt ein Zug nach nirgendwo*
Fleurop	Nana Mouskouri	*Weiße Rosen aus Athen*

Hören Sie doch mal vor dem Piepton!

Ein besonderes Grauen sind Anrufbeantworter und die Begrüßungstexte, die man von ihnen zu hören bekommt. Die gute Nachricht zuerst: Es gibt die perfekte Lösung. Stellen Sie einfach die Werkseinstellung 1 ein, bei der eine Frauenstimme mit völlig unpersönlicher Stimmfärbung deklamiert: »Dies ist ein Anrufbeantworter. Sprechen Sie bitte die Nachricht, die Sie dem Anzurufenden übermitteln wollen, nach dem folgenden Pfeifton laut und deutlich auf das Band und vergessen Sie Ihren Namen, Ihre Telefonnummer und das Datum des Anrufs nicht.«

Besser kann man es selber auch nicht machen.

Das jedoch glauben (nach einer Forsa-Umfrage, die ich selbst erhoben habe) jedoch nur 12 Prozent aller Deutschen. Der Rest nimmt eigene Anrufbeantwortertexte auf – das Grauen des Alltags in Potenz.

Etwa solche:

»Hier spricht die Kundendienstbetreuung von Microsoft Deutschland GmbH. Unsere neunundneunzig Annahmeplätze sowie die Anschlüsse der internen Firmenseelsorge sind zur Zeit alle von weinenden Anrufern belegt. Bitte sprechen Sie Ihren Kummer nach dem Pfeifton auf Band, wir lachen dann später darüber.«

»Guten Tag, sollten Sie keine Anrufbeantworter mögen, so legen Sie auf und schreiben mir einen Brief – vielen Dank!«

»Hallo, wir sitzen gerade in der Badewanne, wenn das Wasser kalt ist, rufen wir gern zurück.«

»Hallo ... Fang doch schon mal an zu reden, wenn's mich interessiert, heb ich auch ab.«

»Hallo, bitte hinterlasst die guten Nachrichten nach dem Signalton und die schlechten nach dem Auflegen.«

»Bitte hinterlassen Sie nach der Nachricht einen Pfeifton. Danke.«

»Schneeflöckchen, Weißröckchen,
wer ruft bei mir an,
wir sind nicht zu Hause,
drum gehn wir nicht ran.«

»Es ist niemand zu Hause,
drum spreche ich zu dir,
guten Morgen, guten Abend, guten Tag.
Verrate deinen Namen und deine Nummer mir,
ohne Lügen, ohne Zauder, ohne Zag.
Doch wenn ein Bösewicht
was Ungezognes spricht,
dann schalte ich mich ab und meld den Anruf nicht.«

»Hallo. Hier spricht der Kühlschrank. Der Anrufbeantworter ist leider mit dem Toaster durchgebrannt. Aber schreiben Sie doch einfach eine Nachricht auf einen kleinen gelben Zettel und kleben Sie ihn an meine Tür!«

Bei Ebay wird so ziemlich alles versteigert, inzwischen auch schon Anrufbeantwortersprüche:

»15 Promi-Ansagen, u. a. Peter Steiner (Milka-Opa),
Helmut Kohl, Papst, Peter Alexander, Boris Becker,
Heinz Rühmann, Helge Schneider – 10 Profi-Ansagen –
5 Geräuschkulissen zur Ansagenuntermalung.
Gebrauchter Zustand.«

Ziemlich schlimm ist das Angebot der folgenden Zusammenstellung, die ein »lustiger Stimmenimitator« eingesprochen hat. Ach, wie schrecklich zu sehen, dass Willy Brandt auch solche Denkmäler gesetzt bekommt – noch dazu falsch geschrieben! Da kann man nur sagen: Free Willy!

»Total lustige Anrufbeantworterstimmen: Udo Lindenberg, Hans Moser, Boris Becker, H. D. Genscher, Adolf Tegtmeier, Wum und Wendelin, Howard Carpendale, Didi Hallervorden, Rudi Carell, Willy Brand.«

Das Tagesmenü: Sprachgesteuerte Weiterschaltung

Wer sich über Hotlines beschwert, bei denen man lange warten muss, bis man endlich mit unfreundlichen und schlecht ausgebildeten Beratern sprechen darf, kann sich trösten: Er redet wenigstens noch mit Menschen. Das aktuelle Grauen sind sprachgesteuerte Hotlines. Und die funktionieren nach demselben Prinzip wie ein Labyrinth und haben auch denselben Sinn – man soll sich verlaufen! Sollten Sie es doch schaffen, wieder herauszukommen, sind Sie so froh, dass Sie darüber ganz vergessen, was Sie eigentlich wollten.

Und glauben Sie bloß nicht, Sie könnten das Spracherkennungsprogramm ärgern, indem Sie fünfstellige Zahlen rufen oder Beleidigungen. Sie werden auch niemals einen echten lebendigen Menschen an den Hörer bekommen, nicht einmal unter »Sonstiges«.

Gut, dass Karl Valentin das nicht mehr erlebt hat. Heute wäre ihm keine Pointe mehr eingefallen, weil ihm ernsthafte Unternehmer alle weggeschnappt hätten. Solange man noch mit einer Telefonistin sprechen kann, lässt man sich gerne von Abteilung zu Abteilung schicken, nein, vielleicht nicht gerne, aber es hat wenigstens den Charme des Menschlichen. Heute regiert der Makel des Unmenschlichen, und besonders dann, wenn man einen Telefonhörer in die Hand nimmt.

Sprachgesteuerte Weiterschaltung ist so ein Makel. Als wir damit begannen, uns vom Menschen zum dressierten Peiltongeber zu entwickeln, war die Technik noch schwerfällig. Wir mussten unsere Telefone von Impuls- auf Tonwahl umstellen und fühlten uns wie Astronauten, als wir, die Luft anhaltend. für »Ja« die 2 und für »Nein« die 8 drückten. Alles vorbei. Heute würde das schon feinmotorisch keiner mehr überreißen. Stattdessen meldet sich jetzt eine freundliche Stimme, die uns durch das Menü führt:

Amuse-Gueule: Der Willkommensgruß auf Kosten des Hauses (natürlich sind solche automatisierten Anrufe nicht ganz billig, wir müssen schließlich die Entwicklungskosten reinspielen!), ergänzt um eine grundsätzliche Werbebotschaft, eine stolze Erklärung, dass wir nun mit einer der innovativsten Techniken der Neuzeit in Berührung kommen, und die Aufforderung, ganz ruhig, entspannt und gleichzeitig hochkonzentriert zu bleiben. (Es ist kein Telefonsex!)

Vorspeise: Einweisung in die Menüsteuerung. Hinweis, dass wir jederzeit, falls wir uns mal versprechen (und das darf man wörtlich verstehen, als Versprechen nämlich: wir werden uns bestimmt versprechen!), ganz schnell wieder ins Hauptmenü zurückkehren können. Nun folgen die Optionen, aber wir sollen bitte abwarten, bis wir alle gehört haben (die Zeit läuft! Bis zu 3 Euro die Minute!): »Wenn Sie eine spezielle Frage zur Software haben, drücken Sie die Eins. Wenn Sie Probleme mit der Installation haben, drücken Sie die Zwei. Sollten Sie ein Update zu einem unserer Produkte benötigen, drücken Sie die Drei ...« Und so weiter, aber Sie können sicher sein, dass niemals die Option »Wenn Sie Fragen zu Ihrer letzten Abrechnung haben ...« auftauchen wird. Ein weiteres Murphy-Gesetz: »Die Frage, die du stellen willst, hat keine Nummer.« Nun können Sie sich das Hauptmenü noch einmal anhören oder einfach die Ziffer drücken, die Ihnen spontan als die logischste erscheint. Es wird die falsche sein.

Hauptgericht: Sie treffen auf eine weitere wesenlose Stimme, die Sie zwar beschimpfen, mit der Sie aber nicht reden können und die Ihnen sehr, sehr langsam erklärt, dass Sie hier leider falsch sind. Dummerweise haben Sie aber vergessen, wie Sie wieder zurück ins Hauptmenü kommen. Es heißt also: *entweder* die Nerven verlieren und den Hörer auflegen *oder* warten und zahlen *oder* irgendeine Ziffer drücken und erkennen, dass Murphy immer noch recht hat.

Nachspeise: Wieder zum Hauptmenü gelangt, merken Sie, dass es eine Option gibt (wahrscheinlich wird sie beim ersten Durchgang grundsätzlich nicht angesagt), die sich »persönliche Beratung« nennt. Persönliche Beratung? Das soll doch wohl heißen: ein menschliches Wesen?! Ja, die Ziffer wird sofort lemmingsmäßig gedrückt – mit aller Kraft. Und das ist falsch.

Die Rechnung bitte: Denn nun sind Sie in der Warteschleife gefangen. Es tutet, vielleicht sogar unterbrochen von der Ansage (die vom Internationalen Komitee gegen Folter und für Menschenrechte auch am Telefon geächtet ist): »Bitte haben Sie etwas Geduld. Der nächste freie Platz ist für Sie reserviert.« Wenn Sie hier angekommen sind, haben Sie die Pforte zum dritten Inferno durchschritten: »Lasst, die ihr eintretet, alle Hoffnung fahren!«, sagte Dante Alighieri in seiner *Göttlichen Komödie,* ohne jemals auch nur die Ahnung von einer sprachgesteuerten Weiterschaltung gehabt zu haben. Der Mann hatte zwar Phantasie – aber nicht genug. Auch Sartre war ein armer Wicht, obwohl er es doch ahnen hätte können. »Die Hölle sind die anderen«? Ganz falsch! Die Hölle sind Telekommunikationsinnovatoren.

Hotlines und die Hilflosigkeit der Helfer

Kennen Sie den Unterschied zwischen einem Callcenter und einer Hotline? Natürlich nicht. Kennt keiner. Beides ist englisch und sagt nicht viel mehr aus, als dass es etwas mit Telefon und mörderischem Stress zu tun hat.

Ob »heißer Draht« oder »Rufzentrale«, es gibt schlimme und ganz schlimme Callcenter. Kommt drauf an, worauf sie sich spezialisiert haben. Die einfachste Unterscheidung ist, ob man als Telefonist nur angerufen wird oder selbst anruft. Erstere sind passive Callcenter (»inbound« genannt), die nur angerufen werden und im besten Fall Hilfe, Information oder Auskunft geben können, Callcenter, bei denen man sich beschweren, etwas bestellen oder Störungen melden kann. Die anderen, bei denen die Agenten uns anrufen (»outbound«), sind die gefährlicheren. Im beschönigenden Neudeutsch nennt sich das »Marktkontakte telefonisch aktiv herstellen«. Statt »Telefonverkauf« heißt es »operative Form des Direktmarketings«. In Wirklichkeit handelt es sich um virtuelle Klinkenputzer, die sich als Markt- oder Meinungsforscher tarnen, als Glücksfeen oder hilfreiche Geister. Sie rufen auch nicht immer die an, die sie anrufen dürfen. Aber obwohl solche »cold calls« (Anrufe ohne Anforderung des Kunden) in Deutschland verboten sind, ist es nicht so leicht, das den telefonischen Nervensägen nachzuweisen. Die Inbound-Center verdienen, je länger der Kunde in der Leitung bleibt, die Outbound-Center, indem sie ihren »Kunden« etwas Überflüssiges zu überhöhten Preisen aufschwatzen.

Die Branche boomt: Im Jahr 2007 arbeiteten in Deutschland rund vierhunderttausend Menschen in Callcentern und erledigten etwa zwanzig Millionen Anrufe – täglich!

Angestellte von Callcentern bekommen traditionell wenig Geld, dafür aber schicke Namen: In der untersten Crew heißt man »Callcenter Agent« (der gemeine Telefonist), darüber kommen die »Callcenter Teammanager« (die Trainer und Disziplinierer) und darüber die »Callcenter Supervisors« (die Steuerzentrale).

Ein Callcenter ist nie gemütlich, aber immer effektiv. Sonst wird es geschlossen. Die Mitarbeiter sitzen in Großraumbüros vor Computerbildschirmen, haben Headsets auf den Köpfen und die Quote im Genick.

Callcenter wandern ebenso schnell und gerne in Billiglohnländer ab wie andere Sparten im Globalisierungsrausch. Man versetzt sie gerne in den ländlichen Raum oder in die Nähe von Universitäten. Multinationale Konzerne decken von Irland, Belgien und den Niederlanden aus den gesamten europäischen Markt ab – inzwischen liebäugeln sie mit Rumänien und Bulgarien. Später soll die Ukraine drankommen.

Die meisten Hotlines kosten was. Eine Störungsmeldung (Tarif Ende 2007) bei der Telekom kostet 1,24 Euro in der Minute, bei Rückruf sogar 1,79 Euro. Die Bahnauskunft nimmt 1,80 Euro die Minute. Vodafone (nein, die Firma sponsert weder den Autor noch den Verlag) betreibt dagegen eine Gratishotline.

Die typische Lose-lose-Situation – Frust an beiden Enden der Strippe

Wer schon einmal in einem Callcenter gearbeitet hat, kann nachvollziehen, wie es zu unfreundlichen, hektischen und uneffektiven Unterhaltungen kommt. Es liegt eigentlich in der Natur der Sache. Die meisten kleinen und mittleren Callcenter sind improvisierte Schnellschussbuden, in die außer Kaffeeautomaten, einem Computernetzwerk, Headsets und einer gebrauchten Büroeinrichtung wenig investiert wird. Wer sich in der Branche über Wasser halten will (es droht Outsourcing in Billiglohnländer!), muss kreativ sein und alles andere als zimperlich.

Natürlich arbeitet so ein Callcenter nicht nur für einen Kunden, oft sind es bis zu zwanzig verschiedene Dienste, die ein einzelner Agent zu bewältigen hat. Auf seinem Display erkennt er bei jedem Anruf, wen der Kunde als Gesprächspartner erwartet. Der eine will Tintenpatronen bestellen, der andere ein Abo kündigen, der Nächste eine Adressänderung melden, der Nächste beschwert sich ... und das alles muss der durchschnittliche Callcenter-Agent bewältigen. Der Druck, die Anrufer schnell abzufertigen, lässt eine freundliche und ausführliche Beratung kaum zu, außerdem ist die Schulung meist miserabel. Wird der Anrufer lästig oder stellt zu viele Fragen, drückt ihn der Agent einfach weg, das heißt, er wirft ihn aus der Leitung. Bei einem Rückruf ist es sehr unwahrscheinlich, dass er denselben Agenten wieder am Telefon hat – und wer hat sich schon den Namen gemerkt? (Noch dazu, wenn der Name nicht stimmt.)

Im Jahr 2007 sah das Leben in einem durchschnittlichen Callcenter so aus: Anfänger haben einen Achtstundentag mit kleinen Pausen zum Rauchen und für den Gang zur Toilette. Der »Supervisor« schurigelt seine Schäfchen mit Methode, treibt zu aggressivem Verhalten an, schürt das Konkurrenzverhalten und kann jedes Gespräch mithören. Nachtschichten werden oft nur von einer einzigen Person bestritten, noch dazu ohne Nachtzuschlag. Der Tarif beträgt 7,67 Euro pro Stunde.
Tagsüber ist der Lohn abhängig vom Callvolumen, das heißt, wenn alles glattgeht und man jeden Kunden in der vorgesehenen Zeit abfertigen kann, erreicht man zwanzig Anrufe in der Stunde. Das ist die Mindestanforderung. Aber man muss nicht Murphylogie studiert haben, um zu wissen, dass es nie ganz glattgeht. Schafft der Callcenter Agent also mal nur neunzehn Anrufe in der Stunde, wird er von seinen fürstlichen 7,67 Euro (brutto) auf 6 Euro herabgestuft.

Ein Callcenter ist zuallererst ein Profitcenter, es verdient mehr, je länger der Kunde in der Leitung bleibt. Also können es sich nur ganz große Firmen leisten, kompetente Leute an die Hotline zu setzen. Denn nur bei großen Firmen kann man davon ausgehen, dass oft genug genügend viele Leute anrufen. Die zweite Stufe sind kleinere Firmen, die trotzdem einen guten Service bieten wollen, ihr Personal trainieren, aber auch dezent darauf hinweisen, dass man ruhig etwas länger in der Leitung bleiben sollte.

Und schließlich die Firmen, die entweder zu klein sind, um sich einen anständigen Service leisten zu können, oder so schlechte Produkte in den Handel bringen, dass die Servicehotline rund um die Uhr zu tun hat.

Denn es ist eine Milchmädchenrechnung, die man schon mit einem Hauptschulabschluss lösen kann: Je billiger das Produkt, umso schlechter der Service. Sie glauben doch nicht im Ernst, dass man bei einem Billigprodukt eine in verständlichem Deutsch geschriebene Gebrauchsanleitung und eine kompetente Hotline mitgeliefert bekommt.

Wer das glaubt, hat eine sehr naive Vorstellung vom Geiz-ist-geil-Kapitalismus. Früher sagten Menschen, die nicht gerade wohlhabend waren: »Etwas Billiges können wir uns nicht leisten.« Denn ein billiges Paar Schuhe kann zwar hübsch aussehen, aber wenn es dreimal schneller kaputt ist als ein Paar, das das Doppelte kostet … Und so dachten früher auch die Herrschaften, die mehr Geld zur Verfügung hatten. Geiz war niemals geil, dumm war er allemal.

Geiz ist übrigens immer noch eine Todsünde, auch wenn das die meisten Kunden nicht davon abhält, die einschlägigen »Outlets« zu bestürmen. Christen dürften bei Geilgeizern eigentlich ebenso wenig einkaufen wie Muslime bei Jacques' Weindepot. Im Alten Testament heißt es, dass ein »geiziges Auge die Seele austrocknet«.

Trotzdem ist »Geiz ist geil!« zum Motto einer schlagkräftigen Konsumkampagne geworden, vielleicht sogar zum Lebensgefühl einer ganzen Generation. Dabei ist das Thema nicht neu: Schon Charles Dickens ließ seinen Mr. Scrooge zu Weihnachten einsam und von Geiz zerfressen in all seinem Luxus schmoren, während draußen die Armen einigermaßen glücklich waren – angeblich das Lieblingsmärchen des kleinen Karl Marx. Später wurde aus Mr. Scrooge die Comicfigur Dagobert Duck, der schrullige, aber harmlose Entenhausener Kapitalist, der gerne mit einem Kopfsprung in seinen Geldspeicher eintaucht und sich die Taler nur so auf den Kopf prasseln lässt. Das waren noch die heilen Zeiten vor dem Turbokapitalismus und der neuen Heuschreckenplage. Heute sind die Dagoberts die Helden. Dabei hat Geiz nichts mit Sparsamkeit zu tun. Schotten und Schwaben sind also voll rehabilitiert.

Wahrhaft Geizige leiden unter ihrem Geiz, sie sind traurige Gestalten, die durch ihre »giftige Leidenschaft« das soziale Umfeld zerstören. Im Mittelalter, als es noch keine Sozialversicherung oder ähnliche Strukturen gab, waren Bedürftige auf die Freigebigkeit ihrer Familien oder fremder Mitmenschen angewiesen. Geiz war unchristlich, Mildtätigkeit eine Tugend. Schließlich hatte die Kirche ja ein Interesse daran, dass die Armen von der Bevölkerung unterstützt wurden, damit sie nicht der Kirche selbst zur Last fielen. Heute warnen Soziologen und Politiker: »Eine Gesellschaft der Geizigen kann nicht eine einzige Generation überleben.«

Todsünden richten sich immer gegen die Sünder, das ist der Unterschied zu anderen Sünden, so groß und schrecklich sie auch sein mögen. Psychologisch gesehen ist eine solche Sünde eine Selbstverstümmelung. Kurz gesagt: Der Geizige verarmt innerlich.

Bin ich vielleicht zu ernsthaft geworden? Das war nicht meine Absicht. Aber man sollte doch weder mit ernsten Tönen noch mit Heiterkeit geizen.

Cold Calls und Hot Lines

Die Menschheitsgeschichte ist eine Geschichte der Kommunikation. Nach den ersten Gebärden und Grunzlauten entwickelten sich Sprachen, verfeinerten sich immer mehr (auf diesem Planeten gibt es Sprachen mit sieben Fällen und dreizehn Zeiten!), zerwuselten in Tausende von Dialekten und überstanden ein paar Rechtschreibreformen. Aber immerhin konnte man sich vor zweitausend Jahren auf diesem Planeten auf ziemlich hohem Niveau unterhalten, fast auf jedem Kontinent. Man konnte sich auf dem Forum Romanum treffen und über eine Abstimmung diskutieren oder ein Komplott schmieden, man konnte sich auf Aztekenpyramiden darüber streiten, ob man dem Opfer bei lebendigem Leibe das Herz herausreißen sollte oder erst nach Betäubung. Es sprachen fast nur Menschen miteinander, die sich etwas zu sagen hatten und auch einen gewissen Sinn darin sahen, sich anzusprechen. Es war dagegen völlig ausgeschlossen, dass ein Fremder einfach ein Haus betrat und den Bewohnern mitteilte, sie hätten in einem Gewinnspiel (an dem sie gar nicht teilgenommen hatten) den ersten Preis gewonnen. Erst nachdem das Telefon erfunden worden war, mittels dessen man sich nicht mehr in die Augen sehen musste, wenn man miteinander sprach (eine enorme Erleichterung für Trickbetrüger), konnte der Siegeszug des Marketings beginnen.

Hotlines heißen so, weil die Leitungen, die zu ihnen führen, schnell zu glühen beginnen – aufgeheizt durch den Ärger der Anrufer. Wer eine x-beliebige Hotline anruft, etwa um zu erfragen, warum der Drucker plötzlich das Papier zu einer Ziehharmonika faltet, bevor er es auswirft, oder wie man bitte, bitte die Spülmaschine abstellen kann, wenn der Wahlknopf abgebrochen ist, der muss gute Nerven haben. Obwohl das gerade in solchen Situationen naturgemäß nicht der Fall ist. Wenn Sie das nächste Mal eine Hotline anrufen, trinken Sie vorher ein Glas Wodka und machen Sie eine halbe Stunde autogenes Training. Beherzigen Sie außerdem die folgenden drei Grundregeln:

1. Eine Hotline ist weder heiß noch schnell, auch wenn sie einen dynamischen Namen führt. Sie brauchen Geld und Geduld. Und Nerven. Denn anders als früher, als der telefonische Kundendienst entweder besetzt war oder man bis zur psychischen Erschöpfung einem Freizeichen lauschte, gebärden sich die modernen Hotlines frisch und lebendig. Sie werden sofort eine sympathische, meist weibliche Stimme hören, die Ihnen bestätigt, bei der richtigen Firma angerufen zu haben, Sie herzlichst begrüßt und Ihnen versichert, dass der nächste freie Spezialist für amoklaufende Drucker oder abgebrochene Spülmaschinenknöpfe in Kürze zu Ihrer Verfügung steht. Danach vertreibt Ihnen genial zu einer Endlosschleife verkürzte Musik die Wartezeit. Johann Sebastian Bach hat ganz wunderbare Kompositionen hervorgebracht, aber wenn man immer wieder dieselben sechzehn Takte aus den Brandenburgischen Konzerten hört, gespielt auf einem Kinderxylophon, und wenn einem die schlampige Anschlussstelle jedes Mal größere Schmerzen bereitet, dann ist auch Bach scheiße. Dieser Psychoterror, der schon vielen verzweifelten Anrufern einen Tinnitus beschert hat, ist die erste Hürde, die man bei einer Hotline zu überwinden hat. Wer nach zehn Minuten auflegt, hat entweder schlechte Nerven (damit ist er völlig hotlineuntauglich!), oder sein Problem kann so schwerwiegend nicht gewesen sein. Leute, die glauben, einfach etwas später anrufen zu können (wenn »weniger los ist«) und dann gleich dranzukommen, erliegen einer grundsätzlichen Fehleinschätzung, denn *die erste Regel* besagt: Es ist nie weniger los! Höchstens zu der Zeit zwischen 20 Uhr und 9.30 Uhr, wenn die Hotline nicht besetzt ist.
2. Menschen, die Hotlines anrufen, mögen vielleicht Phantasie haben, aber sie haben immer die falsche. Sie schließen

vielleicht die Augen, während Bach aus dem Hörer fiept, und stellen sich im obersten Stock des Drucker- respektive Spülmaschinenherstellers ein Großraumbüro vor, in dem Dutzende freundlicher Menschen sitzen, die ihre Produkte bis zur letzten Schraube kennen, alle schon mal im Außendienst gearbeitet haben und schon nach Ihren ersten fünf Worten sagen: »Ach, das ist der Unterbrechernippel ... Jetzt machen Sie Folgendes ...« Vergessen Sie es! *Die zweite Regel* besagt nämlich, dass die Hotline überhaupt nichts mit der Firma zu tun hat, die der Grund für die verzweifelten Anrufe ist – außer, dass diese Firma dafür zahlt, von solchen lästigen Anrufern verschont zu bleiben.

Das Großraumbüro muss auch nicht groß sein, und die Leute, die dort sitzen, können für Drucker, Spülmaschinen, Autozubehör, Spenden für Waisenkinder oder Versicherungen zuständig sein – obwohl sie von nichts davon etwas verstehen. Das Büro muss auch nicht in Deutschland sein, es kann sich in Tschechien, Rumänien oder sogar Indien befinden.

Sie meinen, das wäre ein bisschen weit hergeholt? Dann hören Sie gut zu: Ein amerikanischer TV-Reparaturschnelldienst hat in New York zwei Dutzend Teams im Einsatz, und jeder dieser mobilen Elektrotechniker wird von einem kleinen Büro in Nordindien aus gesteuert. Und das funktioniert so: Mrs. Webber stellt fest, dass ihr Fernseher keinen Mucks mehr von sich gibt. Wenn in den USA ein Fernsehgerät ausfällt, ist das ein akuter Notfall! Also ruft Mrs. Webber den Notdienst TV24 an, und am Telefon meldet sich ein freundlicher Mann namens Bob, der sich ihr Problem anhört und versichert, dass in spätestens einer halben Stunde das Reparaturteam bei ihr vor der Tür steht. Der nächste Wagen stünde gerade West Side, zwischen der

5. und 6. Avenue, und bei dem Verkehr ... Mrs. Webber bedankt sich bei dem freundlichen Mann, dessen Englisch deutlich besser ist als ihres – und tatsächlich steht eine halbe Stunde später der Mann von TV24 vor der Tür.
Was Mrs. Webber nicht weiß, ist, dass sie mit einem Inder namens Anand gesprochen hat, einem zweiundzwanzigjährigen Informatikstudenten, der viermal die Woche Telefondienst für TV24 macht. Er spricht ein nahezu akzentfreies Amerikanisch, und wenn er das Büro in Gurgaon, einem Vorort von Neu-Delhi, betritt, verwandelt er sich in Bob. Er setzt sein Headset auf und sieht auf dem Computerschirm eine Karte von Manhattan, auf der die aktuellen Standorte aller TV24-Einsatzwagen als kleine grüne Zahlen leuchten. Bob ist online mit dem Firmencomputer und nimmt auch die Anrufe über Internet entgegen.
Und warum macht es sich TV24 so schwer? Sie ahnen es schon: Es ist billiger. Seit Anfang der neunziger Jahre ist in Indien eine IT-Industrie aus dem Boden geschossen, die den sparsamen Westfirmen alles abnimmt, was nur geht – man kann via Indien Bestellungen abwickeln, Anfragen und Beschwerden loswerden, Hilfe bekommen und so ziemlich alles kaufen, was legal ist. Und man hat es dabei mit engagierten jungen Menschen zu tun, die perfekt Englisch sprechen. Die ITeS-Branche (IT-enabled services) saugt immer mehr Arbeitsplätze ins Land, so dass das amerikanische Marktforschungsinstitut Forrester Research schon voraussagt, bis 2015 würden über 3 Millionen Jobs nach Indien abwandern.

3. Die *dritte* Regel besagt, dass es immer noch schlimmer geht – egal, wer die Hotline wo betreibt, und das hängt ganz einfach mit dem Preis der Produkte zusammen, für die eine Hotline zuständig ist. Wer einen DVD-Player für

19,99 Euro kauft, kann nicht im Ernst annehmen, dass in diesem Preis auch noch eine aufmerksame und kundige Beratung eingeschlossen ist.

Outsourcing global

Aber nicht nur Callcenter operieren von Indien aus. Viele Amerikaner lassen sich inzwischen durch persönliche Sekretäre ihr Leben planen, buchen und erleichtern. Für etwa 30 Euro monatlich hilft das Personal – vornehmlich aus Indien – per billiger Internettelefonie in fast allen Lebenslagen. Wer eine Privatsekretärin sucht, findet sie ebenso wie Nachhilfe für die Kinder. Und wer kann sich schon einen Mathematikprofessor für seinen faulen Nachwuchs leisten? Noch dazu einen, der rund um die Uhr zur Verfügung steht? Und das für nur 99 Euro im Monat.

Noch funktioniert die globale Lebenshilfe online hauptsächlich für England, Australien und die USA, weil in Indien Englisch die zweite Landessprache ist. Doch es ist nur noch eine Frage der Zeit, bis auch unsere Kinder von indischen Lehrern lernen. Die New Yorker Agentur »Ask Sunday«, die schon heute Hunderte Amerikaner über ein indisches Callcenter betreuen lässt, plant, ihr Angebot auf andere Großstädte weltweit auszudehnen (http://asksunday.com).

Der Welthandel mit Organen, Drogen, Energie, Abfall und Umweltzertifikaten läuft längst auf vollen Touren – jetzt kommen Dienstleistungen wie Bildung, Organisation, Service und Beratung dazu. Welche Abhängigkeiten entstehen da? Werden wir zusammenbrechen, wenn der Service aus der »Dritten Welt« plötzlich streikt? Was passiert, wenn unsere »overseas helper« in den Ausstand treten?

Gute Unterhaltung dank Callcentern

Darf man mit Callcenter-Mitarbeitern böse Spielchen treiben? Schließlich sind es doch »arme Schweine, die einfach keinen anständigen Job bekommen haben«, so jedenfalls eine äußerst karitativ eingestellte Freundin. Ja, man darf – nein, man muss sogar! (Die bestehen darauf, Agenten genannt zu werden, also verdienen sie es nicht besser!) Zum einen können sich die wenigsten älteren Menschen dagegen wehren, wenn ihnen eines dieser kreglen, lebfrischen Agenturbubis ins Ohr schalmeit – zum anderen ist das die einzige Chance, diesen Neozynikern die Arbeit zu verleiden. Erinnern Sie sich doch an die *Bremer Stadtmusikanten* und den berühmten Dialog:

Katze: »Lasst uns gemeinsam nach Bremen gehen, etwas Besseres als den Tod finden wir allemal.«
Esel: »Wir könnten aber auch in einem Callcenter arbeiten.«
Katze: »Ich sagte: etwas Besseres als den Tod!«
Hund: »Typisch Esel!«
Hahn: »Du kannst auch eine Servicehotline für gefährdetes Schlachtvieh aufmachen!«

Kurz und gut, der Esel blieb, arbeitete in einem Callcenter und endete als Salami.

Ich habe mich schon als kleiner Junge gefreut, wenn die Zeugen Jehovas bei uns an der Tür klingelten und ich dabei sein durfte, wie mein Vater ihnen so lange die Bibel auf seine Art auslegte und sie nervte, bis sie flohen. Grundausbildung. Heute kommen keine Sektenvertreter mehr an die Haustür, aber man lernt am Telefon jede Menge ähnlicher Überzeugungstäter kennen. Und natürlich kann man sich ärgern, aber man kann es auch genießen. Meine Mutter zum Beispiel lässt solche Telefonverkäufer immer sehr lange reden, ermuntert sie zu näheren Erklärungen, wenn ihnen die Puste ausgeht – aber sie selbst hält sich eisern zurück. Nein, ein Bankkonto habe sie nicht, ja, das ist ungewöhnlich, und die Adresse würde sie lieber für sich behalten, aber sie könne mit einem einwandfreien Rezept für gedeckten Apfelkuchen dienen …

Meine Mutter gewinnt immer am Telefon, und ihre gute Laune ist unübersehbar. Wenn sie mit diesem seligen Lächeln die Haustür öffnet, weiß ich genau: Da war gerade ein Callcenter am Apparat.

Ich habe deshalb genetisch beste Voraussetzungen für solche Telefonate, und ich genieße sie. Fast ein ganzes Jahr hat mich eine Callcenter-Mitarbeiterin begleitet, die mir ein vierzehnbändiges Lexikon des internationalen Films verkaufen wollte. Schon das erste Gespräch muss für sie herrlich gewesen sein. Endlich hatte sie einen an der Strippe, der nicht mault, nicht fragt, woher zum Teufel sie die Nummer hat, beim Angebot eines Filmlexikons für 299 Euro keinen Lachkrampf bekommt und nicht den Hörer auf die Gabel knallt. Ich war sehr interessiert. Ich signalisierte ihr, dass es in meiner kleinen Agentur sogar eine Mitarbeiterin gibt, die ausschließlich für Film zuständig ist – und für die das ein unverzichtbares Werk sei. Die Callcenter-Agentin war glücklich. Sie wärmte mir geradezu das Herz durch den Hörer, so gute Laune hatte sie. Die Provision war wahrscheinlich beachtlich. Ich plauderte mit ihr, wir tauschten gemeinsame Lieblingsfilme und Schauspielernamen aus – bis sie schließlich doch etwas ungeduldig wurde. »Ach, wie dumm, die Mitarbeiterin ist nicht da. Sie kommt nur immer mittwochs. Aber Sie können gerne nächsten Mittwoch ... ja, um diese Zeit. Gerne. War sehr nett!«

Ich hatte sie am Haken. Sie rief am nächsten Mittwoch an, und am darauffolgenden – und schätzungsweise 40 weitere Mittwoche, und ich nahm diesen Wochentermin als Herausforderung für meine Kreativität und als Übung und Freude, als Gemütsauffrischung und Wiedergutmachung für erlittenes Leid älterer Damen, die in der Hoffnung, ihr verloren geglaubter Sohn riefe aus Kanada an, aus dem Keller ans Telefon stolpern und dabei den Herzschrittmacher an den Rand seiner Belastbarkeit bringen.

Natürlich war die Mitarbeiterin die ersten Wochen immer gerade nicht da, mal eben in die Mittagspause gegangen, dann den Wagen zum TÜV gefahren, eine überraschende gynäkologische Untersuchung (»... irgendwas mit den Eileitern, davon verstehen wir Männer ja nichts, aber sagen Sie, wie hat Ihnen denn der neue Film von den Coen-Brüdern gefallen?«) – es wurde jedes Mal eine nette Unterhaltung. Ich hatte einen dieser kleinen gelben Post-its am Telefon kleben, mit der Aufschrift: »Mittwoch, Filmlexikon! Frau Elbers; meine Filmredakteurin heißt Leiermann!«

Irgendwie war mir der Termin ans Herz gewachsen. Es riefen zwar zwischendurch auch andere Damen und Herren an (die fragte ich manchmal unwirsch, woher sie denn die Nummer der Schlafbereitschaft 13 hätten – oder was ihnen einfalle, jetzt gerade mitten unter der Kommunion zu stören!), doch meine Frau Elbers war mir die Liebste. Aber, Sie ahnen es wahrscheinlich, die Beziehung ging auseinander. Die letzten Male vor dem großen Finale waren wir schon recht intim miteinander, das heißt, sie erzählte mir, dass die Headsets ziemlich alt und ungepflegt seien, dass eine der

Rollen an ihrem Stuhl schrecklich quietsche, der Chef ein Leuteschinder sei – und sie diese Woche noch keinen einzigen fetten Fisch gefangen hatte. Ein fetter Fisch war die Bestellung eines Filmlexikons. Das Ende war dann sehr unglücklich. Nach den üblichen Plaudereien fragte sie mich nach Frau ... und entschuldigte sich, weil sie den Namen vergessen hatte. Ich schaute auf mein Telefon, aber irgendjemand hatte tatsächlich den gelben Zettel weggeschmissen, und ich wusste nicht mehr, wie meine eigene Filmredakteurin hieß. Das war der Moment, in dem sie misstrauisch wurde. Ich lachte nervös, »Na, so was, jetzt fällt er mir selber nicht mehr ein ...«, aber das schwere Schnaufen am anderen Ende der Leitung ließ sich damit nicht beruhigen. Da setzte ich alles auf eine Karte und sagte: »Haben Sie ein Glück! Heute ist sie da. Ich hole sie mal an den Apparat.«

Und schon war meine Callcenter-Bekannte glücklich.

Ich stand auf, stapfte zur Tür, ging in die Küche, machte mir einen Espresso, blätterte etwas in der Zeitung und kam wieder zurück. Sie war noch dran. Braves Mädchen. »Schade«, sagte ich, »jetzt ist sie gerade gefahren. Ich hab ihr noch aus dem Fenster hinterhergerufen, aber gegenüber ist eine Baustelle, ein unglaublicher Lärm, da hat sie's wohl nicht gehört. Es wird nämlich gerade eine neue ...«

Sie hatte aufgelegt. Ich wollte ihr noch erzählen, dass eine neue Squashhalle gebaut wird und dass ich mir mal vor ein paar Jahren den Squashschläger derart ans Schienbein gehauen hatte, dass es ... Egal, sie hat nie wieder angerufen.

Mein hochverehrter Kollege Günter Wallraff hat sich in Callcentern umgesehen (leider hat er nie bei mir angerufen) und das Grauen des Alltags von der anderen Seite aus miterlebt. Er hat für Lottogemeinschaften akquiriert und Gaststätten überteuerte Jugendschutzbestimmungen angeboten.

Ich bleibe lieber auf meiner Seite des Grauens, aber was ich von seinen Kollegen erfahren habe, ist fast immer dasselbe: miese Arbeitsbedingungen, wenig Geld, Scheißstimmung, Gruppendruck. Die Chefs dieser modernen Drückerkolonnen sind allesamt smarte Typen mit einer Geschäftsidee. Das ist so ein schönes Wort: »Geschäftsidee«. Man hat nichts anzubieten, aber eine Idee. Etwa die, die Jugendschutzbestimmung (die man kostenlos aus dem Internet herunterladen und sich ausdrucken kann) auf Pappe aufgezogen und in einem Ikea-Rahmen für 69 Euro zu verkloppen. Am liebsten an ausländische Kneipenwirte, die der deutschen Sprache nicht so ganz mächtig sind und denen gegenüber man als offizielle Stelle auftreten kann.

Kommt man mal an den Falschen, öffnet sich der Notfallschirm:

1. Nummer unterdrücken.
2. Immer falschen Namen angeben.
3. Schnell wieder auflegen.

Na, das klingt doch nach ehrenwerter Arbeit und nach einer anständigen Geschäftsidee. Skrupel? Im Callcenter?! Das passt ja zusammen wie Stromausfall zum OP. Ein Klassenkamerad meines jüngsten Sohnes, den ich recherchemäßig befragte, klärte mich auf: »Du musst der Oma ein Abo aufhängen und darfst nicht daran denken, ob sie das auch bezahlen kann. Wenn man heutzutage kein Arschloch ist, kriegt man keinen Fuß auf den Boden. Is' halt so. Wenn ich's nicht mache, macht's ein anderer!«

Das sind jede Menge starke Statements aus dem Grundkurs Philosophie für Arschlöcher, da hat er recht. Das Schlimme ist nur, dass sich solche Sprüche wahrscheinlich in den

Köpfen der Jugendlichen als Lebensweisheiten verfestigen und sich eine Bewegung von unterbezahlten Turbokapitalisten gründet. Wer für 8 Euro die Stunde Omas ein Abo für Autotuning aufdrückt und der festen Meinung ist, dass ihm als Firmenwagen eigentlich ein Porsche Carrera zusteht, hat ein schweres Realitätsproblem.

»Sie haben gewonnen!« – Die Parole des 21. Jahrhunderts

Anfänger unter den Callcenter-Agenten beruhigen ihr Gewissen damit, dass sie den Menschen am Telefon ja nur Glück und Freude bescheren. Etwa das kostenlose Probeabo einer Tageszeitung. Und weil sie schon wissen, dass Menschen immer misstrauisch sind, wenn man ihnen etwas schenkt, labern sie sie stakkatomäßig nieder.

Dass Deutsche sich ungern etwas schenken lassen, hat Tradition. Wir haben in den späten sechziger Jahren gerne soziologisch-psychologische Tests gemacht, um uns von diesen Deutschen abzusetzen – etwa Passanten die übriggebliebenen Stücke einer Lauchquiche angeboten. »Ein Geschenk. Kostet nichts! Verpflichtet Sie zu nichts! Mann, seien Sie doch locker! Ist schon nicht vergiftet!« Wir fühlten uns prima. Wir wollten so gerne lässige Franzosen sein, hüftschwingende Jamaikaner oder wenigstens grantige Wiener. Aber die gesellschaftliche Entwicklung hat uns gezeigt, dass der Standard des misstrauischen Deutschen heute mehr denn je gefragt ist. Nehmen Sie bloß kein Geschenk an! Denken Sie an das Trojanische Pferd, an Schneewittchens vergifteten Apfel und an Hotelgutscheine, die Ihnen eine nette Stimme am Telefon offeriert.

Besonders geschickt ist es, wenn man gar nicht erst versucht, jemanden anzurufen, sondern die Menschen dazu bringt, selber im Callcenter anzurufen. Denn wer aktiv wird, bleibt länger in der Leitung – und man kann ihm leichter etwas aufschwätzen. Auch dafür haben die kreativen Kleinkriminellen aus der Callcenter-Branche ein lustiges Geschäftsmodell entwickelt. Mein Sohn zum Beispiel erhielt eine SMS mit folgendem Wortlaut auf sein Handy:

»Im Rahmen einer Promotion-Aktion wurde ein Hotelgutschein für Sie hinterlegt. Weitere Infos unter 0203/XXXX XXX von 9 bis 22 Uhr.«

Er zeigte mir die Nachricht, weil ich ja gerade »so 'n Negativding über Medien und so« schriebe.

»Ah, toll. Gut mitgedacht«, sagte ich. »Und was hättest du gemacht, wenn du nicht für mich recherchieren würdest?«

»Gelöscht natürlich. Ich ruf doch nicht irgendeine Nummer an. Bin doch nicht hohl!«

»Wieso nicht? Wär doch toll, könntest du dir mit Larry eine nette Nacht im Hotel machen.«

Er sah mich an, als hätte ich gerade einen epileptischen Anfall und würde mich am Boden krümmen – so eine Mischung aus Ekel und Mitleid in den Augen.

»Geht's noch? Die hängen mir doch nur ein Gespräch auf, wollen irgendeinen Scheiß verkaufen … also wirklich!«

Er war empört über meine Naivität. Aber als ich meinte, für eine saubere Recherche müsse man auch offensichtlichen Unsinn ausprobieren, gab er mir die Nummer. Und ich rief meine Glücksfee an.

Es meldete sich eine überaus freundliche Frau von der Firma SK Marketing.

»Hallo, ich rufe wegen meines Gewinns an.«

»Das ist ja schön«, sagte die Frau. »Ich gratuliere herzlich. Sie kennen wahrscheinlich unser Lottosystem.«

»Nein«, sagte ich. »Und es interessiert mich auch nicht sonderlich. Ich spiele nämlich nicht Lotto.«

»Noch nicht! Aber das kann sich schnell ändern. Und dazu möchte ich Ihnen gratulieren. Sie sind nämlich zusammen mit neunundfünfzig anderen Personen für einen Super-Systemtipp ausgewählt worden. Wenn Sie an unserem Gruppensystem teilnehmen, tippt die Lotto-Tipp GmbH für Sie …«

»Moment mal«, unterbrach ich sie. »Sie wollen mir doch nicht etwa ein Lottosystem verkaufen! Ich wollte nur meinen Gewinn haben.«

»Dieser Gewinn ist nur für Mitspieler unserer Tippgemeinschaft reserviert. Wenn Sie einen Schein kaufen, erhalten Sie als Dankeschön einen Hotelgutschein. Dürfte ich jetzt um Ihren Namen bitten?«

»Den werden Sie doch wohl kennen, schließlich haben Sie mir eine SMS geschickt.«

»Nur der Kontrolle halber«, sagte die Dame mit sanfter Stimme, aber ich konnte ganz gut hören, dass sie log.

»Ich heiße Günter Beckstein und bin bayrischer Ministerpräsident …«

Die nette Dame schwieg eine Weile. »Ich glaube, Sie wollen mich behumsen«, sagte sie.

»Dann sind wir ja schon zwei«, sagte ich und legte auf.

Das Höchste für einen Callcenter-Agenten ist es, eine Bestellung und eine gültige Bankverbindung zu ergattern. Damit lässt sich viel machen. Nichts Kriminelles, nein, Gott bewahre, aber die Adresse allein ist Gold wert. Wertvolle Adressen werden weiterverkauft, damit kann man wuchern, das sind offene Haustüren, die Umsatz versprechen – so wie die alten Gaunerzinken an Gartenzäunen, die Hausierern anzeigten, ob hier leichtgläubige Menschen wohnen und ob mit dieser Familie ein Geschäft zu machen ist.

Die Kontaktadressen, die man von Outbound-Callcentern aus kontaktiert (vor allem ab Ende 2008, denn die Gesetzgebung wird immer schärfer), sind allesamt »ordentliche«, das heißt, die Telefonnummern stammen von Menschen, die bei Gewinnspielen nicht angekreuzt haben, dass sie die Weitergabe ihrer Adresse verbieten. Oder die vergessen haben, es anzukreuzen oder es schlicht nicht gelesen haben. Denn meistens ist der entsprechende Passus im Gewinnspiel so klein gedruckt, dass es schon eines Rasterelektronenmikroskops bedürfte, den Text zu entziffern. Die geschwätzigen Agenten handeln nicht nur mit Lottoscheinen, Kosmetika, Lexika und Handy-Verträgen, sie dealen mit Geldanlagen, Versicherungsverträgen und Hedgefonds. Aber was sie auch immer anbieten: Es ist zu teuer. Neunhunderttausend unaufgeforderte Anrufe, schätzt der Bundesverband der Verbraucherzentralen, werden täglich von Callcentern aus geführt. Und in 95 Prozent der Fälle fühlen sich die Verbraucher belästigt.

Trotzdem kann man ein paar Tipps geben:

Vor allem sollten Sie niemals ein Geschäft am Telefon abschließen. Das kann man als erste Faustregel für potentielle Callcenter-Opfer empfehlen. Faustregel Nummer zwei: Versuchen Sie nicht, Ihre Nummer löschen zu lassen. Das wird kein Callcenter-Agent tun, so nett Sie ihn auch darum bitten. Faustregel Nummer drei: Beschimpfen Sie die Herrschaften nicht und drohen Sie nicht mit Ihrem Schwager, der bei der Staatsanwaltschaft ein ganz hohes Tier ist. Gerade solche Nummern werden sehr gerne weitergegeben. Denn Callcenter-Agenten stehen im ständigen Konkurrenzkampf, und nichts freut sie mehr, als wenn ein Kollege auf einen solchen Streithansel trifft, bei dem er keinen Abschluss macht und der ihm nur die Zeit stiehlt. Werden Sie zum Zen-Buddhisten: Sehen Sie die Callcenter-Agenten einfach als naturgegebene Prüfungen an – so etwas zwischen Sommerhagel und Stechmückenplage. Mit denen diskutieren Sie auch nicht.

Anforderungsprofil eines Callcenter-Agenten

Offiziell: Man sollte redegewandt sein, perfekt die deutsche Grammatik beherrschen, Teamgeist mitbringen und gut Ruhe bewahren können, vor allen Dingen in Stresssituationen.
Inoffiziell: Man sollte das Auftreten eines Straßenhändlers haben, die gut geschmierte Rhetorik eines Parteisekretärs, ellenbogenstark sein, die Konkurrenz mit allen Mitteln ausschalten können, dabei immer cool und durch nichts zu beeindrucken sein.

Callcenter und Telefonmarketing

Es kommen keine Vertreter mehr an die Haustür – das ist die gute Nachricht. Die schlechte ist, dass sie nun plötzlich in unseren Wohnzimmern auftauchen. Auch an einem gemütlichen Samstagmorgen. Einem Staubsaugervertreter hätten wir gar nicht erst die Tür geöffnet, aber ahnen Sie einmal, wer sich hinter der Anzeige auf Ihrem Telefondisplay versteckt: Unbekannter Anrufer. Das könnte jeder sein, vielleicht sogar jemand ganz Wichtiges.

»Guten Morgen, wir führen eine Umfrage im Auftrag des *Brsllbrsll*-Instituts durch.« Ausgerechnet bei der Nennung des Namens schludern die Leute so oft. Na, wahrscheinlich haben sie Forsa oder Allensbach gemeint. Wenn wir nicht sofort auflegen, haben sie uns schon am Haken. Ein gewiefter Callcenter-Agent lässt Leine, lockt, schmeichelt und zieht – so wie ein guter Fliegenfischer. Und je mehr wir ihm deutlich machen wollen, dass diese Belästigung an einem Sonntagvormittag eine ziemliche Unverschämtheit bedeutet, umso mehr wird er uns in ein Gespräch verwickeln. Er wird uns ein kleines Geschenk für unsere Mitarbeit anbieten, er wird untertänig fragen, ob er uns »gratis und völlig unverbindlich« probehalber das europäische Wassersparmagazin zuschicken darf, ob wir mit unserem DSL-Anbieter zufrieden sind, mit unserer Bank, mit unseren Kindern ...

Wenn man an einem solchen Sonntagvormittag nicht aufpasst, kann man sich leicht für die nächsten zehn Jahre verschulden. Und wenn der Verbaltsunami endlich über uns hinweggebraust ist, wir den Hörer immer noch fest auf die Gabel pressen und uns fragen, was um alles in der Welt das gerade eben war – dann lautet die Antwort: Das war Marketing. Modernes Marketing.

Sie glauben zu wissen, was Marketing bedeutet? Aber Sie werden sich wundern, welche Bandbreite ein gewieftes Marketingunternehmen heutzutage bietet. Früher waren es Straßenverkäufer, Ausrufer, der Billige Jakob und Hausierer, die die Waren zum POS brachten (für den Fall, dass Sie tatsächlich noch nicht wissen, was »POS« bedeutet, können Sie es im Glossar ab S. 258 nachlesen). Heute unterscheidet der Profi »Ambush-Marketing«, »Dialog-Marketing«, »Direktmarketing, »E-Mail-Marketing, »Ethno-Marketing«, »Event-Marketing«, »Gendermarketing«, »Guerilla-Marketing«, »Health-Marketing«, »Internet-Marketing«, »Kulturmarketing«, »Messe-Marketing«, »Meta-Marketing, »Mikromarketing, »Mobile-Marketing«, »Open-Source-Marketing«, »Permission-Marketing«, »POS-Marketing«, »Sportmarketing«, »Standortmarketing« und »Viral-Marketing«. Was das alles bedeuten soll? Das ist einfach hübsches Wortgeklingel, das auf eines hinausläuft: Die Leute sollen den Scheiß kaufen! Jetzt! Sofort!!!

Cold Calls

Cold Calls, also keine ausdrücklich erwünschten und autorisierten Anrufe, sind in Deutschland verboten. Das macht vielen Callcenter-Betreibern jedoch nichts aus. Früher wurde tatsächlich noch mit Telefonnummern gehandelt (sogar in verschiedenen Güteklassen, so wie bei den Eiern: Telefonnummern mit Adresse, Beruf und geschätztem Einkommen – Güteklasse AA, Telefonnummern mit Adresse – Güteklasse A, Telefonnummer mit Erlaubnis anzurufen – Güteklasse B, und schließlich irgendwelche Nummern, oft aus dem Zufallsgenerator), inzwischen übernimmt ein selbstregulierendes Datennetzwerk die Arbeit, ungültige Nummern werden automatisch gelöscht, bei einem Fisch an der Angel trägt der Agent nebenbei die wichtigsten Daten in eine Bildschirmmaske ein – Geschlecht, Name, Alter, Interessen ... so viel er nur herausbekommen kann. Die Krone der Befragung wäre eine gültige Bankverbindung, aber das passiert nicht oft.

Folgenden erstaunlichen Dialog hörte ich vor kurzem mit, als ich einer Anruferin barsch mitteilte (ich habe

auch mal schlechte Laune), dass sie gerade einen unerlaubten Anruf gemacht hätte, dass ich wissen wolle, woher sie die Nummer habe, und sie mir sofort ihren Supervisor geben solle.
Sie: »Herr Meerkatz, kommen Sie bitte mal.«
Er: »Was ist denn?«
Sie: »Da will Sie einer sprechen!«
Er: »Was?«
Sie: »Ja, er will wissen, woher wir die Nummer haben.«
Er: »Das wissen Sie doch! Der Com-puuu-ter!«
Sie: »Aber der ist hartnäckig. Ich glaube, das ist ein Journalist.«
Er: »Legen Sie auf.«
Sie: »Was?«
Er: »Auflegen, hab ich gesagt – sofort!«

12. Urban Legends – Es geht eine Lüge auf Reisen

Eine große Gruppe unter den im Internet verbreiteten Falschmeldungen sind die »Urban Legends« (Großstadtmärchen, Wandersagen, Gerüchte). Hier wird der größte und amüsanteste Unfug verzapft. Die Bandbreite der weitererzählten Geschichten reicht von Gesundheitswarnungen aller Art (zum Beispiel vor bestimmten, angeblich krebserregenden Lebensmitteln oder Kosmetika) über Warnungen vor bestimmten Tricks von Betrügern (die es in der Praxis nicht gibt) bis zu Horrorgeschichten darüber, was der Nichte des Friseurs des Bekannten einer entfernten Verwandten aus Dingsda »selber passiert« sein soll. Da gibt es angebliche Terrorwarnungen, Tipps, wie man sich vorgeblich teure Handys vom Hersteller schenken lassen kann, Horrorstorys von Rattenurin auf Getränkedosen und Kindesentführungen in Supermärkten. Der klassische Text »Ich kenne einen, dessen Schwester zu einem Friseur geht, dem genau das passiert ist!« soll beweisen, dass es sich dabei ganz, ganz bestimmt um die Wahrheit handelt. Solche modernen Wandersagen hat der Volkskundler Rolf Wilhelm Brednich schon seit 1990 in mehreren Büchern auf amüsante Weise verarbeitet, aber seit es das Internet gibt, breiten sich solche Fakes und Hoaxes in geradezu steppenbrandmäßiger Geschwindigkeit aus.

Das Internet ist ein großartiges Informationsmedium – aber Sie sollten nicht alles glauben, was Sie irgendwo im World Wide Web lesen. Das Netz ist eine beliebte Tummelwiese für Verschwörungstheoretiker, Weltuntergangsprediger und sonstige Schwätzer. Und der größte Unfug verbreitet sich natürlich am schnellsten weiter!

Hier zwei besonders schöne (oder schaurige) Beispiele des Internetgrauens:

Abgenadelt in der Disko: Im November 2000 kursierten E-Mails im Netz, die vor dem Besuch bestimmter Münchner Diskotheken warnten. Die vermeintlich hilfreichen Betrüger machten naiven Diskobesuchern weis, hier laufe man Gefahr, auf der Tanzfläche unbemerkt mit Nadeln gestochen zu werden, die mit Aidsviren präpariert seien. Dann bekäme man einen Zettel auf den Rücken geklebt, auf denen »Willkommen im Club« stünde. Im März 2002 wanderten diese Warnungen durch Österreich, besonders betroffen waren Diskotheken einer bestimmten Kette, die dadurch massive Einnahmeverluste erlitt. Urban Legends als kapitalistisches Kampfinstrument? Eigentlich eine zutiefst einleuchtende Idee.

Bill Gates als Weihnachtsmann: Der Guru des Computerzeitalters, Milliardär und Gutmensch, Monopolist und Kopf eines mächtigen Softwarekonzerns – Bill Gates ist für Legenden und Verschwörungstheorien eine perfekte Projektionsleinwand. Über ihn und seine Firma Microsoft gibt es jede Menge charmanter Falschmeldungen. Etwa die, dass Gates jedem, der eine bestimmte E-Mail weiterleitet, 1000 Dollar schenkt. Wie man so etwas glauben kann? Ganz einfach, dazu gibt es eine andere Falschmeldung, nach der Microsoft ein System entwickelt haben soll, das jede weitergeleitete Mail registrieren könne, das »Microsoft E-Mail Tracking System«. Und weil man das gerade teste, gäbe es als Belohnung fürs Mitmachen 1000 Dollar. Bill Gates hat ja schließlich genug Geld. Es beweist sich im Kleinen: Gier schaltet das Hirn aus.

Im gleichen Stil flattern immer wieder Urban Legends in unsere elektronischen Postfächer: Nike verschenkt Sportartikel, wenn man eine bestimmte E-Mail an Freunde weiterleitet – Disney World spendiert für jede Antwort auf eine Mail eine Reise nach Disney World – Nokia verschenkt ein fabrikneues Handy, wenn man nur ein paar Werbemails weiterleitet …

Wer hinter solchen Mails steckt, kann man nur ahnen. Wer allerdings etwas kriminelle Phantasie hat, wird zu erstaunlichen Ergebnissen kommen. Zum Beispiel könnte man sich überlegen, wer wohl hinter dieser Mailingaktion steckt: Vor einiger Zeit wurden E-Mails unter dem Absender der Firma Microsoft Deutschland verschickt. Angeblich hätte man Raubkopien von Windowsprogrammen auf dem jeweiligen Rechner entdeckt. Wenn der Betroffene sich innerhalb einer Woche melde, würde man von einer Strafverfolgung absehen. Offiziell hat die Firma niemals solche E-Mails verschickt. Wie viele Leute sich jedoch bei Microsoft gemeldet haben, ist nicht bekanntgeworden.

Telefonhysterie

Handys sind eine gefährliche Spezies, und gefährdet sind natürlich alle, die mit den kleinen Biestern umgehen. Vielleicht stimmt es ja, dass die Dauerstrahlung langsam das Hirn verdampfen lässt, aber wenigstens merken die mobilen Dauerquassler nichts davon. Denn der Text, den sie – vorzugsweise in Cafés, Zugabteilen und in Fußgängerzonen – in die Luft sprechen, ist fast immer inhaltsleer und überflüssig. Ausnahmen bestätigen die Regel. Es könnte nämlich sein, dass ein Handyteilnehmer gerade einen anderen vor einem gemeinen Anschlag auf sein Handtelefon warnt:

»Weißt du? Total die Falle ... Jaaa, sag ich doch! Schaust du Display ... wenn da verpasster Anruf steht und so ’ne 137er-Nummer, und du rufst zurück ... bist du ver-loren! TOT!! Du kannst nicht mehr auflegen, konkret! Die halten deine Nummer und zocken dich ab ...«

Na, und so weiter. Warnungen unter Freunden sind immer ehrenwert. Obwohl in diesem Fall natürlich völliger Blödsinn. Im Januar 2003 tauchten solche Warnungen auf und fraßen sich wie hungrige Motten durch die Hirne junger Handybesitzer. Wenn man eine bestimmte Nummer zurückrufe, gerate man in eine Falle: Die Verbindung würde bis zu einer Stunde gehalten, und man könne sie nicht selbst beenden.

Das Offenhalten einer Verbindung ist für keinen der beiden Teilnehmer möglich – wenn einer von beiden auflegt, ist die Verbindung getrennt.

Voll verseucht: Vor Tampons und Kebab wird gewarnt

Einer anonymen Warnmail zufolge sind bestimmte Tampons angeblich mit Dioxin und Asbest verseucht worden, um die Blutungen und damit dann auch die Verkaufszahlen zu verstärken. Wenn einmal eine solche moderne Wandersage im Internet aufgetaucht ist, wird sie sofort in Hunderten von

Foren diskutiert, in Suchmaschinen angezeigt und gewinnt so nach und nach an Realität. Man kann richtig zusehen, wie sich ein Gerücht nach und nach zu Wissen verfestigt. Der Ansatz, dass der Industrie nichts mehr heilig ist, ist natürlich zynisch. Einerseits. Andererseits muss man sagen, dass ein paar Fälle – etwa die in China zum Tode Verurteilten, die vom chinesischen Staat zu Organspendern ernannt worden sind – besser Gerüchte geblieben wären. Jedenfalls hat die Stiftung Warentest alle Tampons getestet und Entwarnung gegeben. Nun warte ich auf ein neues Kettenmail, das mich davor warnt, dass die Stiftung Warentest eine Tarnorganisation von Procter & Gamble ist.

Mindestens ebenso ekelhaft (und bestimmt von keinem Kapitalismusgegner entworfen) ist der Vorwurf, das traditionelle türkische Döner Kebab wäre eine Heimstatt für Wurmeier. Ein sehr unappetitliches Foto des angeblichen Wurms wird gleich mitgeliefert. Dazu lautet der aufrüttelnde Text: »Eine Studie im November 2001 der deutschen Lebensmittelkontrolle hat bei Qualitätsüberprüfungen festgestellt, dass in jedem 10. Kebab, aus dem Proben entnommen wurden, Wurmeier zu finden sind. Diese Eier und entstehenden Larven sind gegen Magensäure resistent!!!«

Da fragt man sich natürlich auch: Wem nützt es? Die klassische Suche nach dem Motiv lernt jeder Kriminaler im ersten Semester. Sicher soll da kein kleiner Dönerimbiss gemobbt werden, schon eher zielt es auf eine Volksgruppe, die sich vorzugsweise von Döner Kebab ernährt – also auf Berliner Punks!

Nein, im Ernst, noch nie hatte es ein einzelner Hohlkopf so leicht, eine große Masse unschuldiger, unbeteiligter und harmloser Menschen aufzuregen, in Panik zu versetzen oder gar zu aggressiven Handlungen aufzuwiegeln. Ein frustrierter Student bastelt ein Computervirus und schickt es um die Welt. Hunderttausende von Rechnern stürzen ab, Server werden lahmgelegt. Und alles bloß, weil Menschen auf die drei Worte »I love you« so lemminghaft reagieren, dass sie unbedingt wissen wollen, was denn da wohl dahintersteckt. Bodenlose Dummheit trifft auf schlichte Naivität – nein, das ist ja eigentlich die Besetzungsliste für Big Brother.

13. Das Internet des Grauens – Kettenbriefe, Hoaxes und Pyramidenspiele

Große Dramen – auf der Bühne wie in der Weltgeschichte – haben eines gemeinsam: Sie fangen alle ganz harmlos an. Der Trojanische Krieg etwa entzündete sich am Raub eines hübschen Mädchens, ein damals durchaus üblicher Spaß, der Große Brand von London dagegen entzündete sich in einer Backstube in der Pudding Lane, in der ein nachlässiger Bäcker vergessen hatte, das Feuer im Ofen zu löschen. Falls Sie nun glauben, die Ansichtskartenaktion zur Mehrung der Briefmarkenbestände meines alten Schulfreundes Tassilo aus dem Jahr 1958 sei mit Weltkriegen und ähnlichen Katastrophen nicht zu vergleichen, will ich Sie eines Besseren belehren. Schließlich hat sie eine weltbewegende Bewegung hervorgebracht – den Kettenbrief.

Damals sammelte jeder Junge Briefmarken, aber wer weder über Verwandte im Ausland noch ein anständiges Taschengeld verfügte, hatte nur eine sehr bescheidene Sammlung. Mein Freund Tassilo hatte weder Verwandte im Ausland noch ein anständiges Taschengeld, aber er hatte Ideen. »Ich werde eine Ansichtskartenaktion starten«, sagte er mit düsterem Blick in sein Album, das außer einem Dutzend Zwanzigpfennigbriefmarken und einer angerissenen Sonderbriefmarke nicht viel zu bieten hatte. »Damit ist das Buch im Nu voll!«

»Du spinnst! Was soll das sein, eine Ansichtskartenaktion?«

»Ich werde zehn Freunden – dir auch – eine Ansichtskarte schicken und sie bitten, wiederum an andere zehn Ansichtskarten zu schicken, und die müssen wieder an zehn Freunde Karten schicken ... und so weiter.«

»Na toll«, sagte ich. »Und damit kriegst du dein Album voll?«

Tassilo zwinkerte mir zu. Er hatte zwar die ärmlichste Briefmarkensammlung, aber er war der Klassenbeste in Mathe. »Es gibt eine Zusatzregel: Auf jeder Karte gibt es eine Liste mit Adressen. Jeder der Kartenschreiber schickt zuallererst eine Karte an mich, dann erst an die anderen zehn – und das muss jeder machen, der bei diesem Spiel mitmacht. Dafür darf er seinen Namen auch auf die Liste setzen und kriegt später auch Karten. Aber ich kriege die meisten!«

Dieses »Spiel« funktionierte perfekt. Tassilo bekam fast zwölftausend Karten (ich immerhin zwei Dutzend) und hatte am Schluss fünf prallvolle Briefmarkenalben. Aber da beschlossen wir alle, dass Briefmarkensammeln ab sofort kindisch sei, und fingen an zu rauchen.

Trotzdem war diese Initialzündung verantwortlich für eine verheerende Entwicklung, deren Ende nicht abzusehen ist. Ein wichtiger Schritt auf dem Weg zur globalen Verkettung war eine Postkartenaktion, die 1988 für den neunjährigen Craig Shergold gestartet wurde. Der kleine Junge war an einem Gehirntumor erkrankt und hatte nur einen einzigen Wunsch: Er wollte einen Eintrag im Guinness-Buch der Rekorde haben. Seine Eltern kamen auf die Idee, eine Kettenaktion mit Postkarten und Genesungswünschen für ihn zu starten, und tatsächlich hatte der kleine Craig 1990 über 16 Millionen Karten erhalten. Er bekam seinen Eintrag – aber die Kartenflut war nicht mehr zu stoppen. 1991 waren es schon über 33 Millionen, und 1997 wurde angeblich die Zahl von 250 Millionen erreicht. Craig Shergold ist längst genesen (der Tumor wurde im März 1991 entfernt) und ist mit seiner Familie zu einer geheimen Adresse umgezogen. Die Post, die immer noch in Massen ankommt, wird automatisch an ein Recyclingcenter weitergeleitet.

Anscheinend inspirierte diese Geschichte bereits in den frühen neunziger Jahren die ersten E-Mail-Kettenbriefe, auch wenn der Vater aller Kettenbriefe natürlich mein Schulfreund Tassilo bleibt.

Jede Kettenmail – und mag sie noch so dämlich sein – hat sich irgendjemand einmal ausgedacht und geschrieben. Dieser ebenso einfache wie logische Schluss sollte uns zu denken geben. Was hat er sich wohl dabei gedacht? Zu 90 Prozent versucht man damit nach funktionierenden E-Mail-Adressen zu fischen und sie für eigene Zwecke zu verwenden oder zu verkaufen. Die restlichen 10 Prozent teilen sich auf in durchgeknallte Weltverbesserer, Eso-Spinner, Scherzbolde und mafios organisierte Betrüger. Also alles Menschen, auf deren Bekanntschaft man gerne verzichten kann. Umkehrschluss: Der Absender einer Kettenmail verabschiedet sich mit seiner Nachricht gerade von Ihnen.

Grundsätzlich kann man Kettenmails in vier Gefahrenklassen einteilen: Humor, Betrug, Esoterik und Überschätzung. Die erste (die harmloseste und gleichzeitig dämlichste) ist die Weiterentwicklung des nächtlichen Klingelns an fremden Haustüren. Schließlich muss ja aus diesen Kindern etwas werden. Und was wird aus ihnen? Früher haben sie lustige Faxe verschickt, heute verfassen und verschicken sie solche oder ähnliche Kettenmails:

»Hallöchen! ☺ Heute schon auf einer Bananenschale ausgerutscht? (grins!) oder etwas auf das Frühstücksbrötchen geschmiert was NUR SO AUSSAH wie Nusscreme?! ☹ Bad days are over. ☺ Wünsch dir was!!!

> Nein, nicht so was, du altes Ferkel! (kicher) Damit dein Wunsch in Erfüllung geht, musst du diese lustige Mail ☺ sofort an alle aus deiner Buddylist schicken. Tu es jetzt! GLEICH!
> Wenn du die Kette unterbrichst, werden sich hunderte von frustrierten Telekommitarbeitern vor deiner Tür versammeln und so lange läuten, bis dein DSL zusammenbricht, und du wirst keine Pornoseiten mehr besuchen können.«

Diese »lustigen« Kettenmails, die man sich auch als Surrogat einer *Mainz-wie-es-singt-und-lacht*-Übertragung vorstellen kann, lassen nur eine Frage auftauchen: Ist unter meinen Freunden und Bekannten tatsächlich jemand, der mir einen solchen Mist weiterschickt?! Oder »forwardet«, wie der schicke Fachbegriff lautet. Die Option »Forward« oder »Weiterleiten«, die bei jedem E-Mail-Programm nur einen harmlosen Mausklick entfernt ist, stellt eine große Gefahr dar. Man kann Freunde verlieren, wenn man ihnen zur Unzeit das Falsche schickt. Wenn mir jemand einen solchen Käse schickt, streiche ich ihn einfach aus meiner Adressliste.

In der zweiten Klasse schrecklicher Kettenmails finden sich die hinterlistigen Geldforderungen, die Bettelbriefe und Jammereien, die bei Gutmenschen virtuos die richtigen Knöpfchen drücken. Lügen war schon immer ein probates Mittel zum Geldverdienen; das Internet hat es den Sozialbetrügern noch leichter gemacht. Schreckliche Schicksale tauchen da plötzlich am heimischen Rechner auf, tragische Tiefen menschlicher Existenz tun sich auf. All diese Geschichten haben eine Gemeinsamkeit: Sie sind erstunken und erlogen. Zum Beispiel diese:

»Danke, dass Du Dir die Zeit nimmst, diesen Brief zu lesen. Ich möchte Dir die Geschichte des kleinen Ronald Harris erzählen, der seit seiner Geburt an beidseitiger Mykosvaliszenz leidet. Nachdem er in einem Sauerstoffzelt leben muss und nur abgekochte Früchte zu sich nehmen kann, ereilte ihn vor kurzem der nächste Schicksalsschlag – man diagnostizierte bei ihm eine schnell fortschreitende Ocialpriodeformation, die zur Erblindung führt, wenn der kleine Ronald nicht innerhalb der nächsten Wochen eine computergesteuerte Mikrospezialoperation in Florida bekommt. Für die Reise und die OP-Kosten versuchen wir auf diesem Wege das fehlende Geld aufzutreiben. Wenn nur jeder der Menschen auf meiner Mail-Liste einen Euro spendet und diese Mail an 20 seiner Adressen weiterschickt, könnten wir in einer Woche das Geld zusammenhaben. Denk bitte daran, dass Du mit einer kleinen menschlichen Geste einen kleinen Jungen glücklich machst. Danke für Deine Aufmerksamkeit. Spendenkonto …«

Mykosvaliszenz klingt wirklich schlimm. Nur ist die Krankheit in keinem Medizinbuch verzeichnet.

In der Computerbranche haben solche Mails einen treffenden Namen: *charity hoax* oder Tränendrüsenmails. Eigentlich sind sie nichts anderes als »soziale Viren«, die epidemieartig Tausende hilfsbereiter Menschen befallen. Naive Humanisten sind ihnen schutzlos ausgeliefert, denn das Besondere daran ist: Man kann Gutes tun, ohne sich aus dem Drehstuhl zu bewegen. Man kann helfen, ohne etwas zu leisten; ein Mausklick genügt. Ein gefälschter E-Mail-Hilfsaufruf zum Knochenmarkspenden wird spontan an über drei Millionen User weitergegeben, aber kein einziger lässt sich daraufhin bei einer der vierzig Stammzellenspenderdateien in Deutschland als Knochenmarkspender registrieren.

In Klasse drei der Kettenbriefvarianten findet man die esoterischen Spinner. Besonders entsetzt über seine E-Mail-Bekanntschaften darf man sein, wenn man eine dieser globalen Licht-Spirit-Wunder-Herz-Schmerz-alles-wird-gut-(und-wer-nicht-mitmacht-ist-des-Teufels-)Kettenmails bekommt. Zum Beispiel die Einladung zum Lichtkreis:

> »Willkommen im Lichtkreis!
> Dieser Brief existiert seit 1767. Er wurde seitdem über eine Million mal abgeschrieben und wanderte durch die ganze Welt. Das mag unglaublich klingen, aber der Lichtkreis ist eine alte und heilige Institution, die die geheime Energie aller erleuchteten Menschen auf diesem Planeten vereint, um das Gute im Kampf gegen die dunkle Kraft zu stärken. Seit einem Jahr existiert der Brief auch im Internet, und du bist von einer dir bekannten Seele ausgewählt worden, Mitglied im Lichtkreis zu werden.
> Schicke diesen Brief innerhalb der nächsten 24 Stunden an 20 Menschen weiter, die du gut kennst und liebst, und ein großer Wunsch, den du schon lange hegst, wird in Erfüllung gehen.
> Beispiel 1: Geoffry F., 32 Jahre alt, Fernfahrer aus Dallas, USA, hat den Brief am 2. Oktober 2005 an 20 Freunde weitergeschickt und schon am nächsten Tag fand er in einem Schnellimbiss eine Aktentasche mit einem Bündel Staatsobligationen. Als er die Tasche bei ihrem Besitzer ablieferte, bekam er einen Finderlohn, von dem er seine Schulden auf einen Schlag bezahlen konnte.
> Beispiel 2: Helga S. litt seit über zehn Jahren an Mukoviszidose. Eine Woche, nachdem sie den Brief an ihre

besten Freunde weitergeleitet hatte, konnte sie wieder scharf sehen und war außerdem von einer Schuppenflechte geheilt.
Aber unterbrich die Kette nicht! Es ist einigen Menschen schon Schlimmes widerfahren, die das getan haben.
Beispiel 1: Joey C. aus Canberra hatte die Mail nicht weitergeleitet und wurde einen Monat später beim Surfen von einer Riesenwelle an einen Felsen geschleudert, so dass er sich beide Beine brach.
Beispiel 2: Rebecca Y. aus Tel Aviv stellte sechs Wochen, nachdem sie diese Mail nicht weitergeleitet hatte, fest, dass sie ihr Mann betrog und mit ihrer besten Freundin zwei Kinder gezeugt hatte.
Also überlege gut, wie du mit diesem Brief umgehst – und möge der Lichtkreis immer bei dir sein!«

Ich finde diese durchgeknallten Esophantasien zwar höchst unterhaltsam, würde jedoch nie eine solche Mail weiterleiten. Kettenbriefe wie dieser haben im Laufe der Menschheitsgeschichte bestimmt schlimmer gewütet als das Norovirus und Ebola zusammen.

Gut gemeint und schlecht gemacht geht oft Arm in Arm. Die vierte Form grauenhafter Kettenmails sind die Weltretterbriefe, die vor Betroffenheit und Sozialromantik triefen und alle nach demselben System funktionieren: Wenn alle Chinesen gleichzeitig von einem ein Meter hohen Tisch springen würden, gäbe es in Mexiko ein Erdbeben. Schöne, wahre und nachdenkliche Texte wie der folgende bringen immer wieder Menschen dazu, betroffen in ihren Matetee zu weinen:

»Wäre die ganze Menschheit ein Dorf von 100 Einwohnern, vorausgesetzt wir reduzieren sie nach den Propor-

tionen der aktuellen Lebensbedingungen, würde die Welt so aussehen:
Im Dorf leben 57 Asiaten, 21 Europäer, 14 Amerikaner (Nord und Süd) und 8 Afrikaner.
52 Bewohner wären Frauen, 48 wären Männer.
30 Bewohner sind weiß, die restlichen 70 nicht.
30 Bewohner sind Christen, die restlichen 70 nicht.
89 sind Heterosexuelle und 11 sind Homosexuelle.
6 Personen besitzen 59% des gesamten Reichtums, und sie alle kommen aus den USA.
80 hätten keine ausreichenden Wohnverhältnisse, 70 wären Analphabeten, 50 wären unterernährt, eine Person würde sterben, zwei würden geboren, einer hätte einen PC, und nur einer hätte einen akademischen Abschluss.
Betrachte die Welt aus dieser Sicht, und dir wird klar, dass das Bedürfnis nach Zusammengehörigkeit, Verständnis, Akzeptanz und Bildung notwendig ist.
Falls Du diese Nachricht liest, bist Du doppelt gesegnet worden, denn: 1. Jemand hat an Dich gedacht und 2. Du gehörst nicht zu den 2 Milliarden Menschen, die nicht lesen können.
Und ... Du hast einen PC!
Denk darüber nach, und schicke diesen Brief an alle Adressen aus Deinem Adressbuch.«

Wenn ich das schon höre: »Denk darüber nach ...«, das hat zuletzt mein Religionslehrer zu mir gesagt, einen Tag bevor ich aus der Kirche ausgetreten bin. Doppelt gesegnet? Ich wäre lieber einfach gesegnet und würde zu der elitären Minderheit gehören, die niemals Spam und solche Kettenbriefe bekommt. Die Welt zu verbessern ist ein lohnendes Ziel, aber als allerletztes Mittel würde ich eine Kettenmail dafür einsetzen. Obwohl man natürlich auch versuchen könnte, die Kernschmelze in einem Atomkraftwerk mit einer Wasserpistole zu bekämpfen. Nein, ich höre schon: Wenn nur jeder von uns eine Wasserpistole in die Hand nehmen würde … Stoff für eine neue Kettenmail.

Beispiele für solchen politischen Kettenmailaktionismus sind etwa die Aufrufe »Talibans War On Women«, »Tankboykott« oder »Regenwald-Petition«. In den USA nennt man das auch »Armchair Activism« (Lehnstuhlaktivismus). Nein, solche sinnlosen E-Petitionen mögen sich für ehrenwerte Ziele einsetzen und gut gemeint sein, aber Kettenmails sind kein Medium, um seriöse Anliegen vorzubringen. Kettenbriefe ändern nichts. Und das Allerwichtigste ist: Niemand, der etwas ändern könnte, nimmt Kettenbriefe ernst oder auch nur zur Kenntnis.

Für alle, die es nicht lassen können: Der Petitionsausschuss des Deutschen Bundestags hat inzwischen eine Website für Online-Petitionen eingerichtet (http://www.bundestag.de/ausschuesse/a02/index.html). Sie wird von der schottischen Napier-Universität betrieben, die das System ursprünglich für das schottische Parlament entwickelt hat. Im Unterschied zu anderen Petitionswebsites werden die eingereichten Petitionen immerhin von den Politikern im Petitionsausschuss gelesen und möglicherweise auch behandelt.

Für jede Art von Kettenmails, ob sie lustig, betrügerisch, esoterisch oder weltverbesserisch sind, gilt: Man stirbt nicht, wenn man eine solche unverlangte Nachricht nicht weitergibt. Man sollte aber bedenken, dass man unter seinen Freunden oder Bekannten ein paar Dummköpfe hat, die sich nicht entblöden, solche Mails weiterzuschicken. Schlimmer wäre es nur noch, im Kreis von Pyramidenspielern aufgenommen zu werden.

Make Money Fast: Gewinner werfen die Schneebälle – Opfer liegen unter der Lawine

Das Pyramidenprinzip ist altbekannt. Und doch finden sich immer wieder Menschen mit krimineller Energie, die mit dieser schlichten mathematischen Exponentialreihe erfolgreich Geld machen. Das Prinzip ist immer dasselbe: Einer startet die Pyramide und schickt an zehn andere eine Nachricht (es kann jede beliebige andere Zahl sein, aber alles zwischen acht und zwölf hat sich als optimal herausgestellt). Diese zehn sollen die Nachricht wiederum an zehn andere aus ihrem Bekanntenkreis schicken – und so weiter. Man sieht, nach fünf Durchläufen hat der Initiator immerhin schon hunderttausend Menschen erreicht. Das geht natürlich in der Praxis nie so glatt wie in der Theorie, denn die Kette kann reißen (besonders leicht am Anfang), oder die Adressaten sind aus verschiedenen Gründen (Angst vor Viren, Übersättigung mit solchen Ketten) nicht mehr bereit, mitzuspielen. Doch solange kein Geld im Spiel ist, verdient eine solche Schneeballschlacht wenig Beachtung. Natürlich macht immer jemand einen kleinen Gewinn, die Telekom etwa oder ein Mobilnetzbetreiber, aber ein Schneeballsystem mit Kapital sieht anders aus.

Die schlichteste Form ist die, dass Sie dem Initiator eine bestimmte Summe überweisen, dafür auf seine Liste kommen, diese an andere weiterschicken und hoffen, dass Sie einmal ein Vielfaches Ihres Einsatzes zurückbekommen. Diese Hoffnung ist nur gerechtfertigt, wenn Sie zu den Schneeballwerfern der ersten Stunde gehören – und somit zu einem kriminellen Kreis. Denn obwohl in den letzten Jahren so hübsche Bezeichnungen wie »Herzkreise«, »Pilotenspiel«, »Trian«, »Perle im Internet«, »Schenkkreise«, »Lotusblüten-Kreise«, »Power Circle«, »Ellipsen-Kreise«, »Die Tafelrunde« gefunden wurden, sind das allesamt nur neue Namen für alte Hüte. Das deutsche Recht ist da eindeutig: Gewinnspiele, bei denen nach mathematischen Grundsätzen nur die ersten Mitspieler einen Gewinn erzielen können, während die Masse der später hinzukommenden Teilnehmer ihren Einsatz verlieren muss, und die auch darauf angelegt sind, verstoßen gegen die guten Sitten und sind deshalb nichtig (»sittenwidriges Rechtsgeschäft«, § 138 Abs. 1 BGB).

In der Praxis laufen solche Pyramidenspiele so ab: Sie werden aufgefordert, 1000 Euro an den Kopf der Pyramide (das ist einer die Initiatoren des Spiels) zu verschenken. Wurde er von insgesamt acht Spielern beschenkt, scheidet er aus und nimmt seine 8000 Euro mit. Die anderen Spieler rutschen jeweils einen Platz höher in der Pyramide, müssen aber auch neue Leute anwerben, damit die Pyramide eine feste Basis hat. Wer in ein schon funktionierendes Pyramidenspiel eintritt, kann nur verlieren und macht sich obendrein im Freundeskreis viele Feinde. Wenn acht Schlawiner ein solches Spiel beginnen und jeder von ihnen acht andere finden muss und so weiter, wären nach dem zehnten Durchlauf mehr Menschen an diesem Spiel beteiligt, als es auf der Welt gibt! Man sieht, Schwäche im Potenzrechnen kann ganz schnell in die Pleite führen.

Gier setzt das Gehirn matt

2004 versprachen ein Deutscher und zwei Österreicher bei einem »Kettenbriefspiel« über das Internet eine Verachtfachung des Kapitals innerhalb von vier Monaten. Etwa 4000 Mitspieler wurden um mehr als 8 Millionen Euro geprellt. Als Mindesteinsatz verlangte man 400 Euro und versprach Gewinnbeteiligungen von 1 Prozent pro Tag. Pro Tag! Das sind 365 Prozent im Jahr. Da hat die Gier wohl das Gehirn völlig lahmgelegt. Extrem gierige Teilnehmer zahlten tatsächlich bis zu 100 000 Euro ein.

Besonders perfide ist die Verquickung von finanziellen Verlockungen mit Emotionen, vorgespieltem sozialem Anspruch und esoterischem Geschwafel, wie es in – speziell auf weibliche Opfer ausgerichteten – »Herzkreisen« üblich ist. Hier verquicken sich feministische Solidarität, Träume von einer besseren, weiblichen Welt und scheinheilige Ermutigung aufs übelste. Der Sterntalertraum von der »magischen weiblichen Revolution« ist nur ein altes Pyramidenspiel im neuen zynischen Gewand.

Warum lässt sich unser logisches Denken so leicht austricksen? Warum siegt die Gier über das Gehirn? Das urdeutsche Wort »Schadenfreude« (für das die Amerikaner kein eigenes gefunden haben) scheint des Rätsels Lösung zu sein. Wenn wir wissen, dass jeder Erfolg bei einem solchen Pyramidenspiel mit dem hundertfachen Misserfolg anderer erkauft ist, bleibt nur eine Möglichkeit: Wir müssen glauben, dass wir und alle anderen Gewinner »die Guten« sind und alle Verlierer »die Bösen«. Natürlich sind sie nicht böse, aber sie stehen uns eben nicht so nahe, und das wäre ja auch logisch, denn sie sind ja nur die Bekannten der Bekannten unserer Bekannten.

Merkmale eines Pyramidenspiels nach dem Schneeballsystem

- Sie werden angeschrieben oder angemailt von einer Person, die wenigstens entfernt zu Ihrem Bekanntenkreis zu gehören scheint.
- Man gratuliert Ihnen zu der außergewöhnlichen Chance, an diesem »Spiel« teilnehmen zu dürfen.
- Um teilnehmen zu können, müssen Sie etwas investieren. Außerdem werden Sie aufgefordert, neue Leute für das System anzuwerben.
- Wenn Sie neue Mitspieler anwerben, erhalten Sie dafür eine Provision. Das lockende Ziel ist der ganz große Pot, und wie man den erreichen kann, ist von Spiel zu Spiel unterschiedlich.
- Bei manchen Pyramidenspielen werden auch Produkte verkauft, meist völlig nutzlose Dinge zu überhöhten Preisen. Mit diesen Produkten, die reine Alibifunktion haben, werden die Provisionen für das Anwerben neuer Mitglieder getarnt.
- Besonders tragisch sind sogenannte Informationsveranstaltungen, bei denen eine hochgradig manipulative Atmosphäre erzeugt wird. Menschen, die skeptisch auf die »Spielregeln« reagieren und kritische Fragen stellen, werden schnellstens entfernt, oft nur durch Sprüche wie: »Wer kein Millionär werden will, sollte jetzt besser gehen.« Dem Gruppendruck halten die wenigsten Widerständler stand.
- Das Scheitern bei einem Pyramidenspiel ist rechnerisch vorprogrammiert, es sei denn, man startet es

selbst oder gehört zum Eröffnungskreis. Die rechnerische Quote von Verlierern liegt bei mindestens 87,5 Prozent. Schlimmer noch als der finanzielle Verlust ist der emotionale und soziale, denn man wird zwangsläufig Freunde und Verwandte in das Spiel mit hineinziehen, ihr Vertrauen enttäuschen und sie ebenfalls einem finanziellen Verlust aussetzen.

Sie haben Post!

Was sind das für Betrüger, die sich nicht mal mehr die Mühe machen, anständiges Deutsch zu lernen, um wenigstens den Hauch einer Chance zu haben, eine Zahnarztwitwe oder einen ehemaligen Tennisprofi zur Investition von 200 000 Euro Schwarzgeld zu verlocken! Oder ist Onlinebetrug jetzt schon zum Kunstereignis geadelt worden? Es könnte allerdings auch sein, dass die Betrüger so doof wie ihre Opfer sind. Aber das würde der klassischen Physik widersprechen, denn zwei gleiche Massen ziehen sich nicht an, da passiert gar nix.

Wenn ich Mails von Unbekannten bekomme und das Anschreiben mit folgenden Zeilen beginnt, kann ich gar nicht besoffen genug sein, es ernst zu nehmen:

> »Verzicht Diese Anzeige wurde gesendet, um dich uber diese Firma zu informieren. Deine eigene Forschung tun, bevor Sie kaufen. Der Absender wurde EU11.245 fur diese Sendung ausgeglichen.«

Aber auch die Liebe kann via Daten-Postillion kommen und an die Firewall klopfen. Dann heißt es sie hereinlassen. Dazu meine momentane Lieblingsmail aus Russland:

»Hallo!!! Ich will dir uber mich erzahlen. Ich das einfache Russische die Frau. Mir 30 Jahre. Meinen Geburtstag den 11.01.1977. Ich lebe in Stadt Sankt Petersburg. Es ist eine zweite Stadt in Russland. Ich bin uberzeugt dass du meine Stadt weit. Ich lebe in einer Wohnung zusammen mit der Mutti und der Vater. Meine Mutti auf der staatlichen Rente. Mein Vater arbeitet im Eisenbahnbau. Es ist ein guter und friedlicher Beruf. Ich die einzige Tochter bei den Eltern. Ich habe den Bruder oder die Schwester nicht. Aber ich habe die Cousine und des Cousins. Ich arbeite in die Transportgesellschaft. Ich plane die Bewegung des Transportes und die Beforderung der grossen Ladungen nach ganzem Russland. Mir gefallt meine Arbeit. Aber leider bei mir das kleine Gehalt. Aber das Geld ist haupt-fur mich nicht. Fur mich das Wesentliche die Liebe und das Gluck. Ich will aufrichtig mit dir in seinen Briefen sein. Ich habe die Geheimnisse vor dir nicht. Ich sage dir dass ich die vorliegende Liebe suche. Das vorliegende Gluck. Ich suche das Bundnis der Liebe und des Gluckes. Viele Manner und die Frau suchen seine Liebe und das Gluck. Es ist sehr viel Leute in dieser Welt einsam. Viele Frauen und der Mann suchen seine Liebe im Internet. Viele finden das Gluck und die Liebe. Viele haben die Fehler und die Enttauschungen. Leider, ist viel es im Internet Betrug. Ich las daruber in der Zeitung. Es ist traurig. Ich werde aufrichtig mit dir und ich bitte dich, ehrlich auch zu sein. Die Ehrlichkeit und das Vertrauen sind fur die Liebe sehr wichtig. Es ist fur mich

und fur dich wichtig. Keine Spiele. Nur die ernsten Beziehungen. Ich glaube dass die Liebe am meisten wesentlich in der Welt ist.
Warum suche ich seinen Mann in Deutschland? Wahrscheinlich willst du daruber fragen. Fur die Liebe und das Gluck existiert der Hindernisse bei der Entfernung nicht. Meine Freundin beratete mir, nach dem Mann in Deutschland zu suchen. Wir sind von der Kindheit befreundet. Wir lernten in einer Schule. Unsere Eltern waren von den Familien befreundet. Meine Freundin lebt in Deutschland in diesen Moment. Die Stadt Baden-baden. Vor einigen Jahren konnte sie nicht nachdenken was in Deutschland zu leben wird. Aber jetzt es so. Sie ist zum normalen Leben zuruckgekehrt. Sie hat seine Liebe im Internet gefunden. Sie hat den deutschen Mann gefunden. Sie ist in Deutschland zu seinem Brautigam abgereist. Sie hat den deutschen Mann verheiratet. Sie sehr glucklich jetzt. Sie haben seine Firma. Das grosse Geld und das Business. Ich bin dass meine beste Freundin glucklich in diesen Moment sehr sehr froh. Sie hat mir angeboten, nach seiner Liebe im Internet zu suchen. In Deutschland. Ich glaube dass ich seinen Mann finden kann. Ich werde die Probleme fur das Leben in Deutschland nicht haben. Aber das Geld bin fur mich nicht wichtig. Ich weib dass das Wesentliche in das Leben die Liebe und der geliebte Mensch. Ich werde seinen Mann den glucklichsten Menschen in der Welt machen. Ich kann in Deutschland zu jeder Zeit ankommen. Ich habe das Visum. Der Mann meiner Freundin half, mein Visum zu machen.
Ich suche der gute und gute Mann. Der mich liebgewinnen kann. Und ich werde diesen Mann liebgewinnen.

Moglich es du? Ich werde seinen Mann glucklichst in der Welt machen. Ich glaube in die Liebe auf ganzes Leben. Ich bin uberzeugt dass ich seines Gluck und die Liebe finden werde. Nach welcher Frau suchst du? Welcher dein Traum? Jetzt ich vollkommen einsam. Ich habe etwas Freundinen. Aber ich habe den nahen Menschen nicht. Ich habe geliebt den Mann nicht. Ich versuchte, nach dem Mann in seinem Land zu suchen. Aber alle Manner wollen nur die Unterhaltung. Die Manner wollen nicht die ernsten Beziehungen haben. Ich hoffe mich dass du uber mich mehr erfuhrst. Ich werde uber mich mehr in jedem Brief erzahlen. Ich hoffe mich dass du uber dich mehr auch erzahlen wirst. Mir wird es sehr interessant sein, uber dich mehr zu erfahren. Ich will dich mehr nahe erfahren. Mir ist es sehr interessant. Ich werde deinen Brief warten. Dein Brief wird mich glucklich machen. Versprich, zu antworten! Ich werde deinen Brief warten. Ich bin obligatorisch werde antworten. Ich werde dir das Foto schicken und ich werde uber mich mehr erzahlen. Meinen personlich e-mail: mariaichich1@xxxxx.com

Kuss

Deine Maria«

Da hat sich jemand wenigstens noch Arbeit gemacht! Eigentlich wollte ich Maria sofort antworten und ihr zum guten Zustand der russischen Übersetzungsautomaten gratulieren, aber meine Frau mag solche Späße nicht. Sie Lektorin, viel Eifergesucht und dabei die deutsche Manne alle fest brav.

Na ja, ging eben nicht weiter mit Maria und mir. Aber schon tags darauf fand ich eine Mail, die es am Spamfilter vorbeigeschafft hatte und in meinen Posteingang gehuscht war. Und wenn es stimmt, was ich da lese, kann ich Maria ganz nebenbei eine kleine Wohnung in Baden-Baden finanzieren – natürlich nur so, völlig ohne Hintergedanken.

»Lieber Freund,
Ich vermute das diese E-Mail eine Überraschung für Sie□sein wird, aber es ist wahr.
Ich bin bei einer routinen Überprüfung in meiner Bank (Standard Bank □von Süd Afrika) wo ich arbeite, auf einem Konto gestoßen, was nicht in □anspruch genommen worden ist, wo derzeit $12,500,000 □(zwölfmillionenfünfhundert US Dollar) gutgeschrieben sind.
Dieses Konto gehörte Herrn Manfred Becker, der ein Kunde in unsere Bank □war, der leider verstorben ist. Herr Becker war ein gebürtiger Deutscher.
Damit es mir möglich ist dieses Geld $12,500,000 inanspruch zunehmen, □benötige ich die zusammenarbeit eines Ausländischen Partners wie Sie,□den ich als Verwandter und Erbe des verstorbenen Herrn□Becker vorstellen kann, damit wir das Geld inanspruch nehmen können.
Für diese Unterstützung erhalten Sie 30% der Erbschaftsumme und die restlichen 70% teile ich mir□mit meinen zwei Arbeitskollegen, die mich bei dieser Transaktion ebenfalls unterstützen.
Wenn Sie interessiert sind, können Sie mir bitte eine E-Mail schicken,□damit ich Ihnen mehr Details zukommen lassen kann.
Schicken Sie bitte Ihre Antwort auf diese E-Mail Adresse:□richyodogwu@xxxxx.com
Mit freundlichen Grüßen
RICHARD ODOGWU«

Mein alter Freund Manfred Becker, endlich höre ich etwas von ihm! Traurig, traurig, gestorben und begraben in fremder Erde, aber immerhin – 12,5 Millionen Dollar! Und dass Herr Odogwu ein zielstrebiger Bankangestellter ist, erschließt sich mir schon aus der Tatsache, dass er sich Richy nennt. Das Internet reduziert das Leben auf seine wahren Höhepunkte: russische Frauen, Viagra und anonyme Bankkonten, die zum Leerräumen einladen. Halt, es gibt ja auch noch Sicherheitsabfragen, die ebenfalls genauestens zu befolgen sind, vor allem, wenn sie so professionell daherkommen wie ein auf Butterbrotpapier geschriebener Erpresserbrief:

> »Sehr geehrte Kundin,□Sehr geehrter Kunde,
> □Die Sicherheitsabteilung unserer Bank hat beschlossen, ein neues Datenschutzssystem zu entwickeln. Da zur Zeit die Betrügereien mit den Bankkonten von unserem Kundschaften öfters geworden sind, sind wir gezwungen, eine zusätzliche Autorisation von dem Konten unserer Bankkunden vorzunehmen. Von unseren Spezialisten wurden sowohl die Protokolle der Informationsübertragung, als auch die Methoden der Kodierung der übertragenen Daten neu gestaltet. □□Auf Grund dessen, bitten wir unsere Kunden inständig, eine spezielle Form der zusätzlichen Autorisation auszufüllen
> Diese Schutzmaßnahmen wurden nur zur Sicherheit der Interessen unserer Kunden eingesetzt.
> Danke für Ihr Verständnis,
> Mit freundlichen Grüßen,
> Administration der Citibank AG«

Solche und ähnliche Mails finde ich pfundweise in meinem elektronischen Briefkasten. Wahrscheinlich geht es Ihnen nicht anders. Ich habe für solche Mails nun eine Standardantwort entwickelt, die Sie gerne nutzen dürfen:

> Sehr geehrte Damen und Herren,
> es freut mich sehr, dass Sie mir eine E-Mail geschrieben haben. Inhaltlich ist Ihre Nachricht durchaus plausibel, Syntax und Rechtschreibung dagegen geben Anlass zur Kritik. Sie verwechseln nicht nur ständig Dativ und Akkusativ, setzen die Kommata reichlich unverfroren und verwenden Wörter, die man seit 300 Jahren im deutschen Schriftverkehr nicht mehr antrifft, Sie lügen einfach schlecht. Sie brauchen Hilfe!
> Zufällig gehört es zu meinem Zuständigkeitsbereich, die deutsche Sprache in geschriebener Form zu formulieren, zu korrigieren, zu lektorieren und zu phantastischen Werbebotschaften aufzupolieren. Ich mache Ihnen deshalb folgendes Angebot: Ich entwerfe Ihre Werbebriefe in sauberem Deutsch und verbessere den Plot so, dass er etwas glaubhafter erscheint. Dafür verfüge ich über beste Voraussetzungen, weil ich schon einige Diätbücher geschrieben habe. Sie beteiligen mich im Gegenzug bei erfolgreichen Abschlüssen mit einer Provision in Höhe von 15 Prozent des Nettogewinns vor Steuern. Überweisen Sie die entsprechende Summe bitte auf das Stiftungskonto 68887364543 bei der XXXbank, Vaduz, Fürstentum Liechtenstein.
> Mit freundlichen Grüßen
> Ihr Robert Griesbeck

Übrigens, wenn Sie diese Vorlage benutzen, müssen Sie mich ebenfalls mit 15 Prozent beteiligen. Aber es lohnt sich trotzdem!

Ausgerechnet: Schwarzgeld aus Schwarzafrika!

Dass alles Böse im Internet aus Nigeria kommen soll, ist eine Wandersage, die sich nicht beweisen lässt. Sicher ist nur, dass dort eine Bande kreativer Internethacker sitzt, die den »Spaß« mit wild ins Ungewisse verschickten Nachrichten begonnen hat – das, was früher mal die Flaschenpost war.

Diese Bitt- und Lockbriefe kommen in vielerlei Variationen vor. Grundsätzlich ist es aber immer dasselbe Szenario. Man bekommt eine E-Mail aus Afrika mit einer Geschichte, die so unglaublich klingt, dass man sie eigentlich glauben müsste. Denn wer denkt sich einen solch hanebüchenen Unsinn aus, wenn er uns doch übers Ohr hauen will? – Profis tun das. Denn sie haben gelernt: Je unwahrscheinlicher die Story und je höher der vermeintliche Gewinn, umso wahrscheinlicher fallen die Menschen darauf herein. Gier setzt Großhirn matt.

Niemand glaubt es, wenn ein armer Junge aus Nigeria auf dem Schulcomputer einen Hilferuf per Mail abschickt und um 50 Dollar bittet, weil sonst seine Familie verhungert – doch ganz anders sieht es aus, wenn sich der Sohn eines gerade gestürzten Diktators meldet und von ein paar Millionen Dollar berichtet, die er zu einem vertrauenswürdigen Mittelsmann auf ein deutsches Konto transferieren möchte.

Aber auch wenn Sie die Witwe eines Schönheitschirurgen sind, sollten Sie kurz innehalten und überlegen, wie dieser Mensch an Ihre Mailadresse gekommen ist und was ihn bewegt haben könnte, ausgerechnet Ihnen sein Vermögen anzuvertrauen.

Natürlich gibt es dieses Geld nicht, und natürlich würde kein normaler Mensch auf ein unbekanntes Konto Millionen überweisen. Wenn sich der Empfänger der Mail auf dieses Geschäft einlässt, wird er erfahren, dass er eine Sicherheitsleistung erbringen muss. Zum Beispiel soll er ein paar Tausender Überweisungsprovision zahlen, Bestechungsgelder für die Bankangestellten oder sonstige Gratifikationen. Schließlich wird er dafür selbst bald im Geld schwimmen.

Aber es sind nicht nur Privatleute, die aus Gier ihr Gehirn ausschalten. Immer wieder fallen ausländische Firmen auf die Tricks nigerianischer Betrügerbanden rein. Mit fingierten Staatsaufträgen, gefälschten Schecks und Kontrakten werden auch europäische Unternehmen in die Falle gelockt – und haben praktisch keine Chance auf Rückerstattung, da die Beweisführung äußerst schwierig ist.

Obwohl die nigerianische Regierung eine nachhaltigere Verfolgung der Straftaten versprach, blieben alle Maßnahmen bislang erfolglos. Wahrscheinlich lässt sich die Polizei entweder einschüchtern oder bestechen. Das Kreativbüro der Nigeria-Hacker drehte den Spieß sogar um: Ein paar Witzbolde gaben sich per Mail als »Economic Recovery Task Force« aus, angeblich eine dem Präsidenten unterstellte Einsatztruppe gegen Computerkriminalität. Sie boten den Betrugsopfern an, ihnen bei der Schadensregulierung behilflich zu sein. Allerdings mussten die Geschädigten erfahren, dass sie zuerst ein paar finanzielle Vorleistungen zu erbringen hatten: Rechtsanwaltsgebühren, Informationshonorare und Ähnliches. Manche lernen es eben erst beim dritten Anlauf (eine Regel aus der Leichtathletik).

Für die Unternehmerschaft werden ständig neue Varianten entwickelt: Man bittet um Hilfe bei illegalen Finanztransaktionen, man bietet fingierte Staatsaufträge und gefälschte Erdölkontrakte an, versucht gefälschte Schecks und Akkreditive zu Geld zu machen und erschwindelt sich Einladungsschreiben und Flugtickets. Letzteres mag vordergründig nicht allzu schlimm erscheinen, aber mit solchen Dokumenten und Tickets werden besonders gerne Drogenkuriere auf die Reise geschickt.

Große Fischzüge im globalen Goldfischglas

»Phishing« ist das Kind von »Password« und »Fishing« – und mit Passwörtern fischt man Bankkonten leer. Oft genug bleibt der geschädigte Bankkunde auf dem Schaden sitzen, denn wer sich nicht ausreichend schützt, ist selbst schuld.

Die Fischer im Internet arbeiten mit modernstem Angelgerät. Ihre Köder sind virtuell nachgebaute Bankportale, gefälschte Nachrichten von Onlinebanking-Servern oder aktive Computerviren, und sie fischen nach Onlinebanking-Daten, nach Passwörtern, TAN- und PIN-Nummern. Wer die hergibt, hatte mal Geld auf dem Konto. Die Phisher überweisen das gesamte Guthaben an sogenannte Finanzagenten.

Solche Stellen werden übrigens gerne im Internet ausgeschrieben. Vielleicht haben auch Sie schon mal eine Mail bekommen, in der Ihnen eine lukrative Nebenbeschäftigung angeboten wurde: »Flexible, ehrliche Mitarbeiter zur Verstärkung unseres Teams gesucht – einzige Voraussetzung: ein Konto in Deutschland.« Die Stelle sollten Sie nicht annehmen, die Berufsbeschreibung lautet nämlich schlicht »Hehler«. Der »Finanzagent« hebt die Beute in bar ab, zieht seine Provision ab und überweist den Rest sofort ins Ausland. Der Fischer nimmt das gewaschene Geld in Empfang und freut sich. Wenn jemand Probleme bekommt, dann der »Finanzagent«.

Hat das Opfer grob fahrlässig gehandelt, bleibt es auf dem Schaden sitzen. Wird der »Finanzagent« erwischt – der oft selber nur ein argloses Opfer der Phisher ist, aber immerhin ziemlich doof –, handelt er sich möglicherweise eine Anklage wegen Geldwäsche ein.

Die Zeiten sind vorbei, in denen man sich einfach einen Computer kaufen und sofort ins Internet marschieren konnte. Onlinebanking-Teilnehmer müssen sich per Virenscanner schützen und diesen auch regelmäßig auf den neuesten Stand bringen, ansonsten handeln sie grob fahrlässig und verspielen damit im Schadensfall jede Chance auf Kulanz ihrer Bank. Der beste Schutz, zumindest vor herkömmlichen Phishing-Angriffen, sind aber immer noch der gesunde Menschenverstand und eine gute Portion Skepsis.

Neun Tipps für sichere Onlinekonten

- Installieren Sie regelmäßig aktuelle Sicherheits-Updates für Ihre Browser-Software.
- Setzen Sie aktuelle Antivirenprogramme und Firewalls ein.
- Überprüfen Sie das Sicherheitszertifikat der Website.
- Kontrollieren Sie, ob die Website gesichert ist, bevor Sie sensible Daten eingeben: Die URL sollte mit https:// und nicht nur mit http:// beginnen.
- Gehen Sie niemals über einen angebotenen Link zu der gewünschten Website, tippen Sie stattdessen lieber die entsprechende URL in den Browser ein.
- Öffnen Sie keine Mails von unbekannten Absendern und klicken Sie vor allem nie auf darin enthaltene Links.

- Bestätigen Sie niemals Kontonummern, Passwörter oder andere geheime Daten nach einer Mailaufforderung. Keine Bank der Welt würde das jemals von ihren Kunden verlangen.
- Rufen Sie Ihre Bank zurück, wenn Sie eine verdächtige Mail von ihr bekommen haben.
- Wenn Sie den Verdacht haben, gerade auf den Angriff eines Phishers hereingefallen zu sein, melden Sie sich sofort bei Ihrer Bank. Wer nicht fahrlässig gehandelt hat, bekommt den Schaden auch beglichen.

14. Das alltägliche Mediengrauen *oder* Am Weltasthmatag wird nicht gehustet!

Früher kam man mit ein paar Feiertagen aus, mit Ostern, Pfingsten, Weihnachten und Neujahr, dazu der 1. Mai, Erinnerungen an denkwürdige Siege oder Niederlagen des Landes, in dem man lebt, und ein paar private Einträge im Kalender – Geburtstage, Namenstage und der Hochzeitstag –, dann kamen Vatertag und Muttertag dazu, und schon bei diesen Tagen erwachte in vielen der Verdacht, dass sich Gedenken immer deutlicher mit Kommerz verband. Der Muttertag jedenfalls hieß bei uns zu Hause »Mon-Chéri-Fleurop-Tag«, aber meine Eltern waren auch ausgewiesene Konsumkritiker. Na gut, man gedachte eben ein paar gesellschaftlicher Großgruppen, musste schließlich die Kinder (20. September) mit einbeziehen, dann auch die Linkshänder (13. August) und endlich auch die Männer, die keine Väter sind. Die feiern nämlich jedes Jahr am 3. November ihren Tag. Frauentag? Alter Hut, den gibt es schon seit 1912; er wird jährlich am 8. März begangen, und in Italien wird er groß gefeiert. Hauptsächlich von Frauen. Die Männer geben einen Strauß Mimosen daheim ab, und damit hat es sich.

Man dachte, damit wäre die Gier der Gedenktage gestillt – schließlich muss es ja noch ein paar ganz normale Sonntage im Jahr geben. Aber nein, die Gedenktage scheinen ein Eigenleben zu führen. Sie gehören inzwischen schon zu einer gesellschaftlich relevanten Gruppe, die sich immer weiter ausbreitet und inzwischen fast den kompletten Kalender fest im Griff hat. Die Logik ist schlicht: Jede Gruppe, die keinen Gedenktag hat, ist automatisch diskriminiert. Also musste es einen Schwulen- und Lesbentag geben (okay, das ist einsichtig, außerdem klingt »Christopher Street Day« etwas forscher als »Tag zum Gedenken der homophilen Bevölkerungsanteile«. Der 17. 5. wird allgemein als Tag gegen Homophobie bezeichnet), ach, und die Kinder darf man nicht vergessen, auch die Alten nicht. Die Lehrer bekamen den 5. Oktober zugesprochen, die Prostituierten den 2. Juni und die Kranken den 11. Februar. Um das Ganze rund zu kriegen, wurde der 11. Juli zum Weltbevölkerungstag gekürt.

Jetzt konnte man sich aber beruhigt zurücklehnen und sich darauf freuen, endlich mal wieder einen ganz normalen Mittwoch oder Freitag zu verleben. Weit gefehlt! Die Lobbyisten entdeckten die Gedenktage und forderten sie vehement ein. Sie kürten einen Tag des deutschen Butterbrots (letzter Freitag im September), den Tag des Eies am 12. Oktober, den Weltmilchtag am 1. Juni und den Weltnichtrauchertag (31. Mai). Man sieht, die Zigarettenlobby ist eigentlich ganz arm dran. Zusammenfassend wurde der Weltverbrauchertag am 15. März kreiert. Und damit musste es gut sein.

Dachte man.

Aber da tauchten die Kranken auf, die sich diskriminiert fühlten, weil ihnen ein allgemeiner Krankentag (siehe oben, 11. Februar) zu undifferenziert erschien. Es wurden folgende Gedenktage gegründet: Der erste Dienstag im Jahr ist der Weltasthmatag, der 9. März der Weltnierentag, der 12. Mai der Tag des Chronischen Erschöpfungssyndroms (CFS), obwohl man ihn gut und gerne mit dem Weltlehrertag hätte zusammenlegen können, der 20. Mai wurde zum Deutschen Venentag, der 5. September der Deutsche Kopfschmerztag, der 23. September der Lungentag, der 24. September der Herztag. Jetzt gab es kein Halten mehr. Auf den Welttag der

Toleranz (16. November) folgte der Welttoilettentag (19. November) und, weil es so gut passt, gleich zwei Tage später der Weltfernsehtag. Stotterern gedenkt man am 22. Oktober, den Blinden am 4. Januar, aber weil man sie nicht diskriminieren will, nennt sich das »Welt-Braille-Tag«. Ökologen und Tierschützer schrien auf: Warum gibt es keinen Tag der Schildkröte?! Na gut, der 23. Mai war noch frei. Und die Versuchstiere? Ihrer gedenken wir am 24. Mai. Die Katzen bekamen den 8. August, die Fische den 22. August, die Hunde den 10. Oktober. Der Wald, die Sicherheit im Internet, die Feuchtgebiete, die Staudämme und die Tanzlehrer begehrten auf – und jeder bekam seinen Tag. Die Bäume wollten sich nicht mit dem Tag des Waldes (21. März) zufriedengeben, denn schließlich wachsen manche von ihnen nicht im Wald. Also bekamen sie einen eigenen Tag, den 21. März, den sie sich aber gefälligst mit der Poesie zu teilen hatten. Beide waren zufrieden.

Eigentlich hätten nun auch alle zufrieden sein können, aber zum Wesen einer Flutwelle gehört es schließlich, kurz innezuhalten und sich steil aufzurichten, bevor sie mit alles niederreißender Gewalt das Land unter sich begräbt. Nach einer kurzen Pause begehrten also die Mathematiker auf und forderten einen »Pi-Annäherungstag«. Natürlich am 22.7., denn 22/7 sind, wie wir uns vielleicht erinnern, eine Annäherung an die Kreiszahl Pi, die komplett noch niemand ausgerechnet hat, weil man sie nicht ausrechnen kann. Trotzdem finden sich immer wieder Menschen, die dafür die Zeit von irgendwelchen Supercomputern verplempern. Im Moment der Manuskriptabgabe ist Pi auf 1 241 100 000 000 (1,2 Billionen) Stellen nach dem Komma genau berechnet, eine Leistung, die einen eigenen Gedenktag verdient hätte. Inzwischen wurde der Kalender endgültig von der Gedenkmafia geplündert, die unter anderem den 26. Mai zum Tag des geistigen Eigentums machte, den 24. Januar zum Welttag der sozialen Kommunikationsmittel und den 15. Juni zum »We love Kim Il Sung«-Tag. Natürlich nur in Nordkorea, aber immerhin.

Es hat gedauert, bis ich endlich einen freien Tag im Kalender fand, aber es ist geschafft: Ich ernenne hiermit den 7. Juni zum Tag des Grauens des Alltags und hoffe, dass er auch würdig begangen wird.

Wer Vater- und Muttertag erfand

Na klar, der Vatertag ist eine weibliche Erfindung. Die Amerikanerin Sonora Smart Dodd kam 1909 auf die Idee, die Väter zu ehren, vornehmlich ihren eigenen, William Smart, einen Bürgerkriegsveteranen. Dessen Frau war bei der Geburt des sechsten Kindes gestorben, und Mr. Smart zog das Neugeborene und die anderen fünf Kinder alleine auf. In den USA wird der Vatertag am dritten Sonntag im Juni gefeiert. 1924 unterstützte der damalige Präsident Calvin Coolidge die Idee eines nationalen Vatertags, und 1966 erklärte Präsident Lyndon Johnson den dritten Sonntag im Juni offiziell zum Vatertag. Familienausflüge, Geschenke der Kinder, Gedichte und Blumen kamen den amerikanischen Männern damals zugute – noch waren es keine gemeinsamen Vaterbesäufnisse.

In Deutschland wird den Vätern an Christi Himmelfahrt gedacht, dem zweiten Donnerstag vor Pfingsten. Vor 1989 hieß er im Westen der Vatertag, in Ostdeutschland der Herrentag.

Ende des 19. Jahrhunderts verstand man darunter die

Einweihung der »Jungmänner« in die Sitten und Unsitten der Männlichkeit. Jungmänner lernten dabei, sich in den Fähigkeiten des gemeinsames Trinkens, Zigarrenrauchens und des Redens über Frauen zu üben, manchmal gehörte auch der Besuch eines Bordells dazu.

In Deutschland geht der Vatertag wohl auf die gemeinsamen Flurbegehungen zurück, bei denen die Bauern früher den Zustand ihrer Felder kontrollierten. An diesem Tag jedoch war Alkohol im Spiel, den man zunächst in einem Leiterwagen mit sich führte, um später die gehunfähigen Väter darauf nach Hause zu transportieren. Der Brauch verlangte, dass Väter kein eigenes Bier transportieren müssen. Das besorgten die Junggesellen, die ihnen an diesem Tag symbolisch diese Last abnahmen.

Alkohol ist auch heute noch im Spiel, wie die Daten des Statistischen Bundesamts beweisen: Aufgrund des erhöhten Alkoholkonsums steigt die Zahl der alkoholbedingten Verkehrsunfälle an Christi Himmelfahrt auf das Dreifache des Durchschnitts der sonstigen Tage an und erreicht sogar einen Jahreshöhepunkt.

Die Globalisierung hat sich auch den Vatertag unter den Nagel gerissen. Der »Men's World Day« wurde 2000 unter der Schirmherrschaft von Michail Gorbatschow gegründet und findet seitdem jährlich am 3. November statt. Sein Thema ist jedoch nicht der Ausflug nebst Alkoholvernichtung, sondern im Gegenteil die Beförderung des gesundheitlichen Bewusstseins von Männern. Schließlich sterben sie im Durchschnitt sieben Jahre früher als die Frauen – vielleicht eine Nach- und Nebenwirkung zu vieler gefeierter Vatertage.

Was dem Mann das Bier, ist der Frau die Blume. Kein Wunder also, dass ausgerechnet der Verband Deutscher Blumengeschäftsinhaber 1922 unter dem Slogan »Ehret die Mutter« den Tag der Blumenwünsche als »Muttertag« begründete. Die Blumenhändler konnten allerdings auf eine lange Tradition verweisen. Schon die alten Römer und Griechen widmeten den Müttern ihrer Götter Feiern und Feste. Im 13. Jahrhundert entstand in England unter Heinrich III. der »Mothering Day«, ein Familientag, an dem die Menschen in die »Mutter Kirche« gingen, um gemeinsam der Familie zu huldigen. 1806 schlug Napoleon die Einführung eines Muttertags vor, aber die Niederlage von Waterloo verhinderte, dass dieser Ehrentag umgesetzt wurde. In den USA wurde der Muttertag 1914 erstmals als nationaler Feiertag begangen. Seinen Ursprung hatte er in der Frauenbewegung in England und Amerika.

In Deutschland bekam der Muttertag nach dem Sieg der Nazis 1933 eine ganz neue Note. Ein öffentlich wirksamer Höhepunkt des nationalsozialistischen Mutterkults waren die Mutterkreuzverleihungen: Kinderreiche deutsche Mütter erhielten das »Mutterkreuz« als »sichtbares Zeichen des Dankes des Deutschen Volkes an kinderreiche Mütter«. Bronze bekamen Mütter von vier oder fünf Kindern, Silber bekamen Mütter von sechs oder sieben Kindern, und Mütter mit acht oder mehr Kindern bekamen das goldene Mutterkreuz. Arische Mütter, wohlgemerkt. Bis Ende 1941 wurden 4,7 Millionen »Mutterkreuze« für nationale Gebärfreudigkeit verliehen. Sie ähnelten übrigens auffällig dem Eisernen Kreuz,

konnten also als eine militärische Auszeichnung verstanden werden.
In der DDR galt der Muttertag als westlich-reaktionärer Nazifeiertag. Stattdessen wurde der Internationale Frauentag gefeiert.

Und wie begeht man einen Gedenktag würdig? Man macht eine Sondersendung. Davon leben bei den Sendeanstalten inzwischen Hunderte von Redakteuren, und sie sind allesamt der Meinung, dass Radiohörer und Fernsehzuschauer jedes Mal ganz begeistert die Köpfe schütteln und anerkennend murmeln: »Was denen aber auch immer einfällt, sagenhaft!« Dabei gibt es eine Kardinalanweisung für alle Gedenktagredakteure, nach der jede Sondersendung (wenn Sie mal Zeit haben und gerade keiner Gedenkfeier beiwohnen müssen, können Sie das ja nachprüfen) aufgebaut ist. Und wer das weiß, der kann ohne jede Vorbildung sofort den Platz eines Redakteurs übernehmen. Nehmen wir zum Beispiel den Weltwassertag, der am 22. März jedes Jahres gefeiert wird:

Protokoll der Redaktionssitzung
Chefredakteur: Also, mal wieder Wassertag. Jemand 'ne Idee?
Bildredakteurin: Ich hab noch schöne Aufnahmen vom Elbhochwasser. Dann Kinder im Schwimmbad, die Niagara-Wasserfälle, der Sieben-Schluchten-Staudamm ... so was alles.
Tonredakteur: Ich kann prima Atmos von einem Platzregen letzten Herbst beisteuern – dann so kleine, witzige

Zuspieler: Toilettenspülung, Gurgeln, Mitschnitte aus dem Titanicfilm. Und natürlich Händels Wassermusik.
Musikredakteurin *(spitz):* Diese Auswahl dürfen Sie gerne mir überlassen.
Reporter: Ich könnte einen Wasserballer interviewen.
Chefredakteur: Keinen Wasserballer. Ich will was Aktuelles mit historischem Bezug. Und etwas Lyrisches. Haben wir noch die Lesung von Grass? Da war doch was mit Wasser?
Redakteur: Der Untergang der Wilhelm Gustloff, ja, das passt gut.
Chefredakteur: Na eben. Und dazu ein bisschen Schnickschnack, ein paar Statements von Promis, was Politisches ... Wasser – dafür sind die Grünen doch gut ...
Bildredakteurin: ... Töpfer schwimmt durch den Rhein, Mao durch den Gelben Fluss ...
Redakteur: Uwe Barschel in der Badewanne.
Chefredakteur: Nein, nein, das soll schon niveauvoll sein. Sport?
Redakteur: Jede Menge. Wasserski, Freitauchrekord, Endausscheidung im Wasserball der Damen, Turmspringen ...
Reporter: Also doch Wasserball. Warum nicht ein Interview mit ...
Chefredakteur: Nein. Und eine Diskussionsrunde muss rein. »Wasser – unser Schicksal.« Wen nehmen wir da?
Redakteur: Unbedingt Claudia Roth, die kann weinen und ist vom Fach. Und Franzi van Almsick ... dann diesen Pater, der das Mineralwasser seines Klosters vermarktet ...
Reporter: Hagen Stamm ...
Chefredakteur: Wer ist denn das?

Reporter: Der Trainer der deutschen Wasserballnational…

Chefredakteur: Nein. Ich will so 'nen Umweltfuzzi, der überall Brunnen bohrt und gegen Staudämme demonstriert, und dann diesen Einhandweltumsegler. Sagen Sie, gibt es eigentlich keinen Wasserpapst?

Redakteur: Wasserpapst?

Chefredakteur: Na ja, irgend so eine Koryphäe eben. Gibt doch zu jedem Thema einen Papst. Reich-Ranicki ist der Literaturpapst, Reinhold Messner ist der Bergsteigerpapst, Franz Beckenbauer der Fußballpapst, und dann die Fitnesspäpste, Ernährungspäpste, Comedypäpste …

Redakteur: Nein, einen Wasserpapst gibt es meines Wissens noch nicht.

Chefredakteur: Schade. Dann müssen wir's eben wie immer machen. Musik?

Musikredakteurin: Tja, spontan denke ich an Händels Wassermusik …

Nein, werden Sie sagen, das ist bestimmt übertrieben. Das wäre ja so wahrscheinlich, als ob man die Neujahrsansprache eines Bundeskanzlers vom letzten Jahr abspielen würde. Oh, schlechtes Beispiel. Dabei war das nicht einmal böse Absicht gewesen. Manche medialen Großereignisse kann man eben kaum noch auseinanderhalten. Und das nicht ohne Grund. Redakteure googeln zu einem Thema, so wie es jeder Schüler macht, wenn er einen Hausaufsatz über Friedrich den Großen schreiben muss – und wie es jeder Redenschreiber eines Politikers vor einer Gedenkansprache macht. Die passende Musik zu den Rundfunk- oder TV-Beiträgen liefert ebenfalls der Computer, denn die alten Hasen aus den Tonarchiven (die noch zu jedem Thema ein ungewöhnliches, seltenes Musikstück fanden) sind alle in Rente. Heute tippt der zuständige Redakteur »Wasser« in sein Musiksuchprogramm ein und erhält etwa dreißigtausend Einträge. Aber er sichtet nur die ersten zwei Dutzend. Darunter finden sich solche Perlen wie »Waterloo«, »Bridge over troubled water«, »Down the Waterline«, »Warum ist es am Rhein so schön?«, »Alle meine Entchen«, »Es klappert die Mühle am rauschenden Bach«, »Smoke on the water«, »Wir lieben die Stürme«, »Das Lied der Seeräuber-Jenny« aus Brechts Dreigroschenoper, »Am Sonntag will mein Süßer mit mir segeln gehn«, »Pack die Badehose ein«, »I am sailing«, »Hamburger Veermaster«, »Junge, komm bald wieder«, »What shall we do with a drunken sailor«, »Yellow Submarine« und »Surfin' USA«.

Unter anderem deshalb sind Radio- und Fernsehprogramme so beliebig geworden und eignen sich meist nur noch als akustische Hintergrundtapete. Aber es gibt noch andere Gründe: zum einen die Vielfalt (Vielfalt ist immer gefährlich, klingt so, als wäre es das Gegenteil von Einfalt, dabei köcheln die beiden nur zu gerne in einem Topf), zum anderen das Engagement. In der Anfangszeit der elektronischen Medien waren alle Mitarbeiter hochmotivierte Pioniere, keiner wusste, »wie Rundfunk und Fernsehen geht« – sie mussten es selbst herausfinden, die Ideen selbst entwickeln. Wer sich zum Beispiel ein Gespräch (keine Talkshow wohlgemerkt) zwischen Günter Gaus und Hannah Arendt anschaute, der war Zeuge eines ernsthaften Ringens nach Gedanken und Inhalten. Der Interviewer spulte keine vorgefertigten Fragen ab, die Interviewte gab keine erwartbaren Antworten, auf die wieder die nächste passende Frage folgen konnte. Was zuerst auffällt, ist, dass heftig geraucht wurde. Das kann sich im deutschen Fernsehen heute nur noch Helmut Schmidt leisten, in den USA niemand mehr. Wird in einer Talkshow trotzdem einmal geraucht (wie einst bei den TV-Plaudertaschen Sandra Maischberger und Amelie Fried geschehen), behandeln 90 Prozent aller Anrufe diese Tatsache – mit dem Inhalt des Gesprächs setzt sich kaum jemand auseinander. Hannah Arendt jedenfalls hat gequalmt, dass sich das Bild vernebelte – und sie hat sich sogar bei der Assistentin bedankt, die ihr Weinglas (!) nachfüllte. Unglaublich. Viel unglaublicher jedoch waren ihre klaren Gedanken, die sie schwerfällig, mit sichtbaren Denk- und Arbeitspausen, entwickelte und an den Interviewpartner zurückgab. Und Günter Gaus nahm die Gedanken auf, dachte darüber nach, ließ Pausen entstehen und fragte Sachen, für die sich heute jeder Talkmaster schämen würde. Nämlich, dass er einen bestimmten Gedanken nicht ganz verstanden hatte.

Na gut, das kann man unter historischer Wehleidigkeit und Geschichtsverklärung abbuchen. Aber dass Vielfalt mörderisch sein kann, darf man nach der Einführung des Privatfernsehens als bewiesen ansehen. Robert Lembke (nein, kein »Urgestein«, denn geologische Vergleiche sind hier fehl am Platz – der jüngste Stein ist immer noch hunderttausend Jahre alt, aber um verbales Alltagsgrauen kümmert sich ja schon der Kollege Bastian Sick vom *Zwiebelfisch)*, Lembke also, ein Quizmaster der ersten Stunde, definierte die Logik des Programmgrauens so: »Beim Fernsehen war zuerst die Technik da, die Inhalte kamen erst später. Und das sieht man dem Programm noch heute an.« Trotzdem wurden ganz schöne Sendungen entwickelt, die noch keine »Formate« waren, sondern journalistische oder unterhaltsame Ideen. Das Privatfernsehen dagegen muss sich aus Werbeeinnahmen finanzieren. Und wenn sich ein Chefredakteur vom Finanzchef erklären lassen muss, welches Programm »zuschaueraffin«

ist – »Denken Sie an Sechzehn- bis Achtundzwanzigjährige, fokussieren Sie die Themen Sex, Thrill, Sport und Comedy!« –, dann ist es kein Wunder, wenn dabei so etwas herauskommt wie die typische RTL-Sat1-Pro7-Suppe. Die ist ja immerhin noch so bekömmlich wie eine handelsübliche Tütensuppe. Jenseits davon gibt es ja noch so exotische Spartensender wie 9Live.

Beim Fernsehprogramm hat sich der Gaudikapitalismus durchgesetzt: Egal, woher die Kohle kommt, Hauptsache Quote. Als ob es nur zwei Möglichkeiten gäbe, Programm zu machen – entweder das kleine Fernsehspiel mit Cellountermalung oder eine Comedyshow, in der die Frisur des Vortragenden akkurat mit der Dämlichkeit seiner altbackenen Männerwitze korrespondiert.

Das versendet sich!

Wenn etwas in die Hose gegangen ist, lautet der klassische Satz des TV- oder Hörfunkredakteurs: »Das versendet sich!« Bei Zeitungen versendet sich nichts, bei Büchern noch weniger (weil sie noch langlebiger sind, die meisten haben eine Halbwertszeit von dreißig Jahren, soll heißen, nach dieser Zeit ist noch die Hälfte aktuell, bei Sachbüchern jedenfalls, bei Romanen kann man noch die Hälfte lesen, ohne zu gähnen – von Ausnahmen abgesehen). Aber die neuen Medien – die versenden sich eben. Da lässt man schon mal einen Achsensprung stehen, was bedeutet, dass in der einen Einstellung der Förster von links oben ins Bild tritt und auf der rechten Schulter einen erlegten Hirsch trägt und er in der nächsten Einstellung mit dem Rücken zum Zuschauer auch nach links aus dem Bild geht. Noch schlimmer, wenn er den

Hirsch jetzt auf der anderen Schulter trägt oder gar einen anderen Hut aufhat. Auch das gibt es. Beim Film kümmert sich darum das Mädchen, das unter »Continuity« im Abspann genannt wird. Beim Fernsehen haut man ein Ei drüber. Das versendet sich. Früher hätte sich jede Cutterin aus dem siebten Stock der ZDF-Zentrale gestürzt, wenn ihr so was durchgegangen wäre. Heute ...

Klar, die Bilder und Töne rauschen nur so vorüber, wer will sie schon aufhalten, geschweige denn den Film zurückspulen und mit dem Oberlehrerfinger auf die Stelle deuten und in säuerlicher Besserwissermanier sagen: »Im letzten Bild hatte der Förster aber einen Hut auf und keine Mütze! Außerdem war es Winter, und der Dackel war ein Neufundländer!« Das ist extrem spießig. Wir Deutsche verstehen die lockere TV-Medienwelt halt nicht. Immer recht haben, immer alles genau wissen wollen. Es reicht doch, wenn man weiß, was gemeint war!

Und immer auf die Privatsender müssen die hochnäsigen Kulturbeutel einprügeln. Sie schauen natürlich Arte, 3sat und CNN, lesen die *Zeit*, *SZ*, *FAZ* und *NZZ* und mähen den Rasen mit einer Replika von Manufactum. Und das Olivenöl stammt vom eigenen Baum, für den man über die *taz* eine Patenschaft in Apulien übernommen hat.

Stopp! So war das gar nicht gemeint. Jetzt muss man sich schon gegen seine eigenen Vorurteile durchsetzen ...

Aber diese schlampige Art, mit Bilden und Texten umzugehen, hat einen unterschwelligen Effekt: Man kriegt gerade mal die »Atmo« mit, aber nicht die Botschaft. Besonders schlimm sind moderne Kameraleute, die »aktuell« arbeiten. Sie warten mit einem Kollegen von der Redaktion (der den Ton mitnimmt und, wenn er Glück hat, vielleicht sogar eine Frage stellen darf) im Pulk vor dem Bundestag, der Zentrale des BDI, vor Westerwelles Privatwohnung oder auf dem Hof der Schule, in der gerade eine Geiselnahme stattgefunden hat. Und während sie so warten, Merkelwitze gegen Zigaretten tauschen und die Akkus aufladen, streifen ihre Blicke über die Umgebung, auf der Suche nach einem Funshot. Schließlich muss man die zwanzig Sekunden mit der Nachricht, dass die Tarifverhandlungen zwischen GDL und DDT wieder ins Stocken geraten sind, auch einigermaßen witzig illustrieren. Der Redakteur schreibt seinen Text und schließt mit: »... ob der Kompromiss jedoch endgültig ins Wasser gefallen ist, wird die Zukunft zeigen.« Dazu nimmt der Kameramann eine Nahaufnahme von einer Pfütze mit, in die er mit der linken Hand lässig einen Stein wirft.

Hier tobt sich die filmische Kreativität hemmungslos aus, und es wundert mich schon sehr, dass für jeden Unfug ein Bambi verliehen wird (etwa für »Courage«), es jedoch für die augenzwinkernd-charmanten Einfälle eines Kameramanns nichts gibt. Es ist nämlich von geradezu beinwegreißender Komik, wenn man in Großaufnahme einen Finger sieht, der im Lift auf »Untergeschoss« drückt, während der Sprecher sagt: »Hoffen wir nur, dass die Umfragewerte nicht vollends in den Keller gehen.« Bei der Nachricht von der tiefen Talsohle, die der DAX gerade erreicht hat, ist es ein geistreicher Einfall, das Schaufenster eines Schuhgeschäfts zu zeigen. Wenn bei einer Debatte »die Luft raus« ist, filmt man einen platten Reifen, bei der Nachricht, es sei klimapolitisch »fünf vor zwölf« eine entsprechende Turmuhr, und bei »Der Angriff der kriminellen Hacker auf den BND-Computer ...« zeigt man einen Mann in Lederhose, der vor einer Almhütte Holz hackt.

Das ist so ulkig und kreativ, dass man die besten dieser kleinen Kunstwerke in einer eigenen Show bei Pro7 zeigen sollte, moderiert von der ebenso umwerfend ulkigen Moderatörin (das ist doch die weibliche Form von Tor?) Sonya Kraus, die einst sogar oben ohne im Cabrio durch eine Waschanlage fuhr.

Drücken Sie einem lustigen Kameramann der Nachrichtenredaktion Hölderlins *Hyperion* in die Hand, verfilmt er das Werk komplett mit »assoziativen Atmos«. Und am Schluss ist es sogar noch saukomisch. Man schaut wirklich nur noch bei Arte rein, weil man sich vom Lachkrampf erholen will.

Pleiten, Pech und Pannen – Der TV-Alltag

Wer erinnert sich noch an die erste Sendung von *Candid Camera*? Schwarzweiß natürlich! Erdacht und produziert in Großbritannien natürlich! Eine alte Dame kehrte den Bürgersteig in einem Londoner Vorort, und jedem Mann, und war er auch noch so gut gekleidet, gab sie einen Klaps mit dem Besen auf den Hintern. Die Männer zuckten zusammen, drehten sich um, waren konsterniert – die Lady kehrte weiter. Mehr war nicht. Ein paar komische Gesichter, nicht mal Lachen aus dem Off! Riesenspaß. Jaja, ich weiß schon: Früher war alles besser. Nein. Aber die Steigerung der kleinen Überraschungen, die das Leben bereithalten kann (und die ein intelligenter Regisseur etwas forcieren kann), hat sich heute zu gewaltigen Horrorszenarien ausgewachsen. Da werden im Nachfolgeprogramm Autos von Prominenten in die Luft gejagt, da darf man sich ungestraft vor einem Millionenpublikum an seinem Nachbarn rächen oder wird im Büro von einem Ukulele spielenden Metzger besucht.

Es gibt »Rachesendungen« und die lustigsten Kindervideos der Welt, und es gibt »Hoppalas«. Wer das »Hoppala« wirklich erfunden hat, ist schon seit Jahren ein Streit unter Mediensachverständigen. Man weiß jedoch, dass im Abspann von Filmen und vor allem von Comedysendungen ein paar Szenen aus dem vorhergehenden Film gezeigt werden, die ganz offensichtlich in die Hose gegangen sind. Ein Klassiker ist zum Beispiel der Abspann von *Toy Story,* in dem computeranimierte Spielzeugfiguren (denen nun wahrlich keine Fehler unterlaufen können) ständig ihren Text vergessen, über die eigenen Beine stolpern und sich über vermasselte Gags totlachen.

Dieses Prinzip ist anscheinend sehr tragfähig. Kein »Comedian«, der am Ende seiner Sendung nicht ein paar produzierte Hoppalas einstreut. Wenn die Leute in der letzten halben Stunde nicht gelacht haben, jetzt müssen sie! Das ist jedenfalls die Theorie. Denn in den Niederungen des TV-Humors glaubt man an den ersten Hauptsatz der Spaßdynamik: Wenn dir kein guter Gag einfällt, lass ein Kind über einen Hund stolpern! Denn Schadenfreude zündet immer. Scheint zu stimmen. Nach dieser Logik wird massenhaft billiges Lachfutter produziert, und die Aldisierung des Fernsehens findet hauptsächlich im Gaudiregal statt.

Anfangs versprach das »Hoppala-Format« das beste und gleichzeitig billigste zu werden – der Königsweg des TV-Kapitalismus, der Stein der Weisen. Man rief – nachdem Deutschland ausreichend mit Camcordern bestückt war – Privatleute auf, ihre lustigsten Hoppalas an den Sender zu schicken. Gestaffelt nach Themen wurden sie dann gesendet. Die Zuschauer zu Hause konnten sich noch einmal über den Sturz der Tochter vom Pferd (Kreuzbandriss) totlachen und stolz darauf sein, dass die ganze Nation zugesehen hatte.

Aber das Privatmaterial stellte sich schnell als zu dürftig heraus. Es ließ sich grob in fünf Rubriken einteilen:

- Kleinkinder fallen um oder vom Stuhl.
- Dicke Männer fallen ins Wasser, in den Schnee, zu Boden.
- Ein Tänzer rutscht aus und reißt seine Partnerin mit sich.
- Katzen erschrecken sich und springen meterhoch.
- Kinder lernen Fahrrad fahren und krachen in einen Zaun.

Dazu wird hysterisches Lachen aus der Konserve abgespielt und ein gereimter Kommentar – Texte von einer derart unterirdischen Schwafeligkeit, dass demgegenüber Wilhelm Busch endgültig in einer Riege mit Rilke und Hölderlin steht.

Alles Geschmacksfrage, ich weiß, aber nachdem ich keinen Widerspruch höre, scheinen wir uns einig zu sein: Das Dämlichste, was Privatsender in ihrem an Dämlichkeiten nicht gerade armen Portfolio haben, sind Hoppala-Sendungen. Dafür werden auch keine Moderatoren angestellt, das Ansagen übernehmen die Töchter und Söhne von Angestellten des Senders als Ferienjob. Die geschickte Endlosverwertung der Winzfilmchen erinnert an Hütchenspieler. Man hat jeden Film bestimmt schon zwei Dutzend Mal gesehen (wenn man denn ein Hoppala-Fan ist), in immer neuen Mischungen, in immer neuen Formaten und auf allen möglichen Sendern. Inzwischen existiert schon eine internationale Tauschbörse für solche Filme (die Hoppala-Globalisierung). Vor allem Japaner und Kanadier scheinen diese Kunstform zu lieben, denn man sieht immer öfter Kabuki-Tänzer von der Bühne stürzen und fette Holzfäller vom Motorschlitten.

Künstliche Aufgeregtheiten – Wann geht denn endlich einer?!

Herr Pofalla sagt: »Damit hat Herr Struck eine Grenze überschritten!«

Herr Struck sagt: »Die können mich mal.«

So einfach geht es natürlich auch. Aber meistens dauern verlogene Betroffenheitsduelle länger und sind dramaturgisch viel ausgefeilter aufgebaut. In speziellen Schulungen werden Politiker, Fußballtrainer und Theaterintendanten in Betroffenheitstaktik ausgebildet. Das Folgende ist eine typische Hausaufgabe für das zweite Semester Betroffenheitstaktik:

Die Vorgeschichte: Herr A und Herr B sind in zwei verschiedenen politischen Parteien. Herrn C ist ein Dachziegel auf den Kopf gefallen. Herr A bezichtigt daraufhin Herrn B, dass das auf eine unüblich starke Windentwicklung zurückzuführen ist, die wiederum mit der nachlässigen Umweltpolitik seiner Partei zusammenhängt. Darauf reagiert Herr B ganz logisch mit einem Gegenangriff. Bauen Sie eine dynamische Betroffenheitssteigerung über mindestens acht Stationen auf, die eine Pressepräsenz von zwei Wochen erzeugt.

Das Duell:

B sagt: »Das Leid von Herrn C freut Herrn A insgeheim.«

A sagt: »Das ist eine zynische Unterstellung und sagt alles aus über das Menschenbild von Herrn B und seiner Partei.«

B sagt: »Herr A instrumentalisiert das Leid von Herrn C und will nur seine eigene Unfähigkeit bemänteln.«

A sagt: »Diese Unterstellung von Herrn B lenkt nur vom eigenen Versagen in der Umweltpolitik ab.«
B sagt: »Diese völlig unsachliche Bemerkung fällt auf Herrn A zurück. Über verfehlte Umweltpolitik sollte jemand, der im Vorstand eines Energiekonzerns sitzt, lieber schweigen.«
A sagt: »B sitzt dagegen im Aufsichtsrat eines der größten deutschen Automobilkonzerne und fährt einen Wagen, dessen Abgase unmittelbar zur Erderwärmung beitragen. Politiker haben Vorbildfunktion.«
B sagt: »Damit hat dieser A den eigenen Parteiaustritt erklärt – jemand, der wie er den Erwerb von Umweltzertifikaten aus Ghana vertritt, handelt zynisch und ist für eine demokratische Volkspartei nicht tragbar.«
A sagt: »Ich frage mich bei diesen Beschuldigungen, ob die Partei des Herrn B noch auf dem Boden der demokratischen Grundordnung steht. Auch am Ende der Weimarer Republik wurde mit solchen Praktiken gearbeitet.«
B sagt: »Dieser Vergleich ist unerträglich! Wir lassen uns nicht in die Nähe der Nationalsozialisten stellen.«
A sagt: »Wer hat was von Nationalsozialisten gesagt? Das sind Ihre ureigensten Befürchtungen, und Sie befürchten das zu Recht, wenn Sie den Rand Ihrer sogenannten Mitte betrachten.«
B sagt: »Mit Kommunisten streite ich nicht über die Werte der Demokratie!«

Dieser Lehrdialog ist auf die verschiedensten Themen und aktuellen Vorfälle anwendbar, auf Jugendkriminalität ebenso wie auf Moscheenhöhe, auf Gammelfleisch, Bahnstreiks, Geschwindigkeitsbegrenzungen oder Feinstaubverordnungen. Schöne Schlagzeilen sind ebenso garantiert wie Bewegungslosigkeit in der Sache.

Beleidigungen sind immer so auszustoßen, dass man sie zur Not ein bisschen zurücknehmen kann, ohne sich ausdrücklich zu entschuldigen, oder so, dass man – der optimale Fall – mit der Beschwichtigung eine neue, noch stärkere Beleidigung verbindet.

Die besten und öffentlichkeitswirksamsten (naturgemäß auch die gefährlichsten) Vergleiche sind die mit Personen aus dem Dritten Reich, mit Stalin, Attila dem Hunnenkönig, mit ekligen Insekten oder hinterlistigen Raubtieren. Man vergleicht also angriffslüsterne politische Gegner nicht mit Tigern, sondern mit Schakalen oder Giftschlangen; wenn man einen Wirtschaftsboss mobbt, nennt man ihn Blutsauger; Streikbrecher sind die Totengräber der Tarifautonomie, und der Stromausfall während eines Bundesligaspiels ist ein Super-GAU. Vergleiche sind geadelt, wenn sie einen eigenen Namen bekommen, so wie der Goebbelsvergleich, der Historikerstreit, der Autobahnvergleich. Gehen dem mit einem besonders bösen Vergleich Beleidigten endlich die Nerven durch, kontert er üblicherweise mit einem »Totschlagargument«. Ist der Vergleich durch alle Medien gewandert, kann man ihn zurücknehmen – denn das legt noch etwas Aufmerksamkeit nach. Der schlechte Eindruck bleibt sowieso, denn jede Richtigstellung, jede Entschuldigung und jedes Sich-Distanzieren ist eine unterschwellige neue Beleidigung.

Die allgemeine mediale Aufgeregtheit ist inzwischen schon so gut entwickelt, dass man als Diskussionsteilnehmer einfach »Autobahn« sagt, wenn man den letzten Flieger noch kriegen will. Man kann sicher sein, dass politisch korrekte Talkmaster wie die Herren Kerner, Beckmann und Jauch sofort die Erlaubnis zur vorzeitigen Abreise geben. Inzwischen ist man als Gast kaum noch präsentabel, wenn man noch nie aus einer Talkshow geflogen ist. Manche Menschen (von denen man sonst gar nicht wüsste, worüber man sich mit ihnen eigentlich unterhalten sollte) werden nur deshalb in eine Talkshow eingeladen, weil sie in einer anderen rausgeflogen sind.

Die zweite – allerdings etwas erbärmliche – Methode, Talkshows vorzeitig zu verlassen, ist, empört aufzustehen und die Runde zu verlassen. Entweder weil man nie zu Wort kommt, nie ausreden darf, das Niveau zu niedrig findet oder weil man sich von einem der übrigen Talkteilnehmer brüskiert fühlt.

Nachdem Frau Herman bei Herrn Kerner gehen durfte, wollte auch Herr Bublath nicht zurückstehen und ging bei Frau Illner, dann kam Gunther von Hagens erst gar nicht zu Frau Will, Helmut Schmidt rauchte bei Frau Maischberger, Mario Barth lachte über Herrn Thierse, der Herrn Kohl gerade beleidigt hatte, während sich Senta Berger und Frau Schreinemakers noch lange stritten, wer sich nun mehr für Deutschland schämen durfte.

Die optimale Methode, Talkshows zu verlassen, ist, sie grundsätzlich zu meiden.

Die perfekte Quasselrunde – the talk of the top

Eva Herman, Dirk Bach, Sarah Kuttner, Roland Koch, Arabella Kiesbauer, Vera Int-Veen, Peter Scholl-Latour, Uschi Glas, Ferfried »Foffi« von Hohenzollern, Klaus Wowereit, Tatjana Gsell, Guido Westerwelle, Jenny Elvers-Elvershagen, Verona Feldbusch-Pooth, Wolfgang Joop und Jette, Roger Willemsen, Boris Becker, Hera Lind und Julian Nida-Rümelin.

Fachleute, Spezialisten, Sachverständige und Betroffene

Ein Freund und Kollege berichtete mir, er sei nun schon dreimal als »Fachmann für die Arktis« gebeten worden, bei einer Talkshow aufzutreten. Er ist Umweltjournalist und hat einmal eine Fahrt zum Südpol mitgemacht. Als er das dezent andeutete und darüber hinaus anmerkte, dass die Arktis bis auf den Nachnamen mit dem Südpol wenig gemein hat, winkte die Redakteurin genervt ab: »Das sind Kleinigkeiten. Sie kennen sich wenigstens mit dem ewigen Eis aus, mit den Polen und so. Also sind Sie ein Fachmann!«

So leicht wird man in den Medien zum Fachmann. Nun ist es mir selbst schon passiert, dass ich zum Psychologen »erhoben« wurde, einfach weil es einem Journalisten im Gespräch so passte, auch zum »Fachmann für das bayrische Voralpenland«, zum »Diätsachverständigen« und »Hirnforscher«. Wenn diese Tendenz anhält, könnte es zukünftig passieren, dass man einem Klinikbesucher, der leichtsinnigerweise Tennisschuhe und eine weiße Hose trägt, ein Skalpell in die Hand drückt und ihn bittet, mal eben den Blinddarm in OP3 zu übernehmen.

Als Spezialist fürs Grauen des Alltags hat man es da einfacher. Das ist kein Lehrberuf und bedarf keines Studiums, nur einer ausgeprägten Aversion gegen Dämlichkeiten aller Art. Was haben wir Ende der sechziger Jahre noch gegen Fachidiotie gewettert, dabei gab's die damals noch gar nicht in der heutigen Qualität. Der Nahostexperte Peter Scholl-Latour ist zum Beispiel eine professionelle Vorzeigenervensäge, die zeigt, dass »Fachkompetenz« gepaart mit Hybris zu den schlimmsten Geißeln der Menschheit gehört. Jemand wie er, der es immer wieder knapp versäumt hat, europäischer Außenminister zu werden, muss jedem Gesprächspartner natürlich erst mal erzählen, dass er viel öfter in Syrien-Afghanistan-Vietnam-Birma-Jemen-Iran war als jeder andere und dass er in jedem Land auch den Präsidenten und/oder Diktator duzt.

Soweit die Fachleute. Anders sieht es mit »Betroffenen« aus. Ich bekomme mindestens einmal in der Woche einen Anruf irgendeiner Zeitungs- oder TV-Redaktion, die Betroffene suchen. Es herrscht eine extreme Nachfrage nach Männern mit Orgasmusschwierigkeiten, nach Schülern mit ADS (Aufmerksamkeitsdefizit), nach gesprächsbereiten Taubstummen und einsamen Bergbäuerinnen. Und damit meine ich nicht einmal die Nachmittagssendungen, in denen aufgeregte Moderatorinnen vor dem Publikum auf und ab marschieren, während sich auf der Bühne verwegene Gestalten zu Themen wie »Wieso kein Penispiercing?«, »Ich bin ein Sozialschmarotzer« oder »Mein Sohn treibt es mit seiner Lehrerin« zerfleischen. Diese Art von Betroffenen wird aus einem großen Pool professioneller Kleindarsteller gefischt, und wenn man genau hinsieht, trifft man den Penispiercer von letzter Woche heute als Opfer eines Kampfhundangriffs wieder – und nächste Woche als überzeugten Veganer. Nein, ich meine schon die Betroffenensuche der »anständigen« Medien. Die tun sich nämlich schwerer, denn sie bestehen auf einer gewissen Restglaubwürdigkeit. Nachdem die Betroffenenhonorare jedoch ständig sinken, sieht es immer düsterer aus. Wer will sich schon für eine winzige Aufwandspauschale vor einem Millionenpublikum zum Deppen machen lassen? Da kann man gleich zum Blutspenden gehen. Also muss der Betroffene aus dem Bekanntenkreis des zuständigen Redakteurs kommen, und damit werden die Probleme nicht kleiner. Wie hoch ist die Wahrscheinlichkeit, dass *Zeit*-Redakteure mit Penispiercern verkehren? Aus diesem Grund können auch manche Telefonate zum Grauen des Alltags werden:

Alfred: Hallo, Hermann. Ich ruf aus der Redaktion an. Hast du mal 'ne Minute?
Hermann: Klar.
Alfred: Du weißt ja, ich hab das Gesellschaftsressort übernommen, vorübergehend, solange Sibylle in Mutterschaftsurlaub ist.
Hermann: Hm.
Alfred: Wir haben für nächste Woche eine große Strecke geplant: Sterben die Deutschen aus? Kinderwunsch und Wirklichkeit. So was mit »Warum keiner mehr Kinder kriegen will« und »Zu wenig Kindergartenplätze und Kinderfeindlichkeit« – der ganze Stiefel eben.
Hermann: Soso.
Alfred: Ich bräuchte noch ein paar Betroffene, also entweder totale Kindergegner oder junge Paare, die sich Kinder wünschen, aber keine kriegen ... Und da hab ich an dich gedacht.
Hermann: Alfred, du weißt, ich bin Ende fünfzig. Was soll das?
Alfred: Na, schließlich hat doch jeder zu Kindern irgendeine Meinung.
Hermann: Stimmt. Meine sind groß und liegen mir nicht mehr auf der Tasche.
Alfred: Das hilft mir nicht weiter. Ich bräuchte schon eine ... irgendwie radikalere Grundtendenz. Bist du denn für junge Mütter, sollen sie zuerst Kinder kriegen und dann studieren – oder erst im Beruf was werden und dann ... oder wie?

Hermann: Das ist mir eigentlich egal.
Alfred: Hm. Und wie ist es mit den Kindern in deiner Nachbarschaft?
Hermann: Da gibt's keine Kinder.
Alfred: Aha. Das ist doch mal ein starkes Statement. Die Kinder sterben aus! Vermisst du das, die schöne Zeit in der Großfamilie?
Hermann: Spinnst du?
Alfred *(seufzt):* Na gut, dann hab ich noch eine Umfrage zu Schönheitsoperationen – und das Thema: Finden Sie Spartensender gut, die ausschließlich Programm für sexuelle Minderheiten machen?
Hermann *(legt auf)*

Wie man im Fernsehen viel Geld verdient

Es ist verboten, im Internet zu pokern, jedenfalls wenn man in Deutschland am Computer sitzt. Wussten Sie das? Das Gesetz gegen unerlaubte Glücksspiele mag das nicht. Und dabei ist es ganz egal, dass Sie niemand dabei sehen kann, dass Ihr wahrer Name sowieso nicht auftaucht und dass der Server dieser Veranstaltung in Gibraltar steht. Es ist eben Gesetz. Man kann es nur nicht durchsetzen. Außerdem sind die Einnahmen von unerlaubten Glücksspielen steuerfrei. So viel zur juristischen Logik.

Nicht verboten ist dagegen Poker bei DSF oder bei Eurosport. Da sitzen dann neben harten Burschen aus Texas und Birmingham deutsche Studenten am Tisch, schieben ihre Karten verkehrt herum auf kleine Glasfenster, unter denen eine Kamera lauert, damit die Zuschauer die Karten sehen können. Die knappe Botschaft dieser stundenlangen (gähnend langweiligen) Spielveranstaltungen ist, dass jeder (sogar ein deutscher Student) beim Pokerspielen locker viel Geld verdienen kann. So um die 100 000 Euro sind immer drin. Ist nicht schwer, einfach eine Handvoll Regeln auswendig lernen und eine Sonnenbrille aufsetzen. Aber was steckt dahinter?

Ganz einfach, zum einen eine günstige Programmproduktion, denn mit allen Folgen, Vorausscheidungen, Achtel-, Viertel- und Halbfinalen und jeder Menge staubdoofer Interviews dazwischen kommt man leicht auf zwei Wochen Dauersendung. Aber das Wichtigste dabei ist: Es ist eine einzige große Werbesendung für das Internetpokern, eine Boombranche mit zweistelligen Zuwachsraten jährlich. Nur Chinas Wirtschaft geht es ähnlich gut. Eine Dauerwerbesendung als Programm. Perfekt.

Was früher der Hütchenspieler am Hauptbahnhof war, ist heute die Kooperation zwischen der Telekom und einem Privatsender wie 9Live. Natürlich kann man nicht von kriminellen Machenschaften sprechen, nein, das darf man nicht. Die Leute sind einfach zu doof. Es liegt zwar eine ähnliche Konstellation vor, wenn ein kreativer Mensch Urlaub auf Mallorca macht, sich eine Finca mietet, im Vorgarten das Schild »se vende« (»zu verkaufen«) aufstellt und dem schwäbischen Zahnarztehepaar eine Anzahlung von 30 000 Euro (ohne Quittung) für die Hütte abnimmt. Klar, die Leute sind einfach zu doof. Und Schwarzgeld klagt man nicht ein. Ähnliches passiert, wenn man bei Ebay einen »funkelnagelneuen Roller« für 30 Euro ersteigert hat und sich wundert, dass man nur ein Gerät geliefert bekommt, mit dem man Tesafilm abreißen kann – ja, die Leute sind einfach zu doof.

Aber unter all den doofen Leuten, die sich solche »Gewinnspiele« ansehen und eifrig anrufen, gibt es auch ganz gerissene. Wir haben nämlich 'ne Flatrate. Ha! Ich ruf einmal an, dann schalte ich auf Lautsprecher und Wahlwiederholung, und dann rattert das Ding vollautomatisch, bis ich eine Leitung treffe. Genial, was?

Von solchen Leuten gibt es ein paar, aber sie werden immer weniger. Nach ihrer nächsten Telefonrechnung hören sie nämlich damit auf. 0190er Nummern werden nicht von der Flatrate abgedeckt; ja, sorry, das stand klipp und klar im Vertrag, Absatz 65, letzte Zeile, 4 Punkt groß. Das entspricht etwa der Größe eines Fliegenbeins. Ja, die Leute sind einfach zu doof. Und sie sehen zu schlecht.

Abzockersender für Grenzdebile oder »Kennen Sie eine Automarke mit ›A‹?«

Quizsendungen sind seit Günther Jauchs *Wer wird Millionär?* zu neuen Fernsehehren gekommen. Ältere erinnern sich vielleicht noch an das *Tick-Tack-Quiz* oder Erich Helmensdorfers *Alles oder Nichts*. Diese Selbstdarstellung von wissensgesättigten Bildungsbürgern hatte allerdings noch den Anspruch, dass auf ziemlich sperrigen Spezialgebieten echte Antworten gefunden werden mussten, es gab keine Auswahl zwischen A, B, C oder D. Wobei man heute per Joker sogar noch die Möglichkeit hat, zwei Buchstaben zu eliminieren. Dann bleiben zum Beispiel bei der Frage »Wofür bekam Winston Churchill den Nobelpreis?« noch die zwei Möglichkeiten »für Chemie« oder »für Literatur« übrig. Immerhin für 50 000 Euro. Leicht verdientes Geld.

Auch in der Schule hat sich diese Fragestellung inzwischen durchgesetzt – Multiple-Choice-Aufgaben sind bei Lehrern wie Schülern beliebt, bei Ersteren, weil sich die Aufgaben blitzschnell korrigieren lassen, bei Letzteren, weil man mit etwas Knobelerfahrung ganz gut Nichtwissen kompensieren kann.

Wissen hat sich zur unverbundenen und unverbindlichen Häppchenware entwickelt, denn nicht für das Leben lernen wir, sondern für *Wer wird Millionär?* Aber es geht noch schlimmer. Das beweist Tag für Tag der Sender 9Live.

Wer das Programm dieses Senders noch nie miterlebt hat, dem mag eine akkurat mitgeschriebene Viertelstunde Aufschluss über seinen Inhalt geben.

Vor einer Wand mit einem Feld, auf dem neun Buchstaben abgebildet sind (H – N – S – A – T – A – D – N – D), steht eine junge Frau mit nacktem Oberkörper, bekleidet mit einem weißen Höschen, einem roten Band um den Hals und zwei rosa Schleifchen in den Haaren, und redet hektisch und sichtlich bar jeder TV-Ausbildung auf den Zuschauer ein. Die feine Klinge der subtilen Verführung steht ihr als körpersprachliches Ausdrucksmittel nicht zur Verfügung. Die späte Mittdreißigerin hat sich mit etwas zu viel Schminke zum Abbild einer Sexbombe mit der Sprengkraft einer Knallerbse aufgehübscht. Per Bluebox wird eine Nahaufnahme ihres Busens in den Hintergrund projiziert, die Kamera wischt hin und her, rauf und runter, also kommt auch das Höschen mal ins Bild, dann wieder eine Alpenlandschaft. Seltsam. Was haben die Alpen mit dieser Dame zu tun, die schon die Vorausscheidung zur Wahl der Miss Fürstenfeldbruck nicht überstehen würde? Aha, es ist Oktoberfestzeit, und das Geld (»300 Euro sicher, wenn ihr anruft!«) ist für einen zünftigen Bierzeltbesuch gedacht. Alpenlandschaft – rotes Halsband – nackte Brust – schlampiges Scheinbayrisch – das ist die suggestive Symbolik, mit der hier gearbeitet wird. 300 Euro sind sicher, und 1900 Euro kann man gewinnen – wenn man

Glück hat. Und wenn man die intellektuelle Leistung erbringt, aus diesen neun Buchstaben ein Wort aus dem Sport zusammenzusetzen. Bodenturnen, mehr helfe ich nicht.

Es ist bestimmt warm im Studio, das ich mir als Sechzehn-Quadratmeter-Garage vorstelle, irgendwo im Münchner Speckgürtel, dort wo sich all die »Privaten« versammelt haben; der Regisseur ist gleichzeitig der Kameramann, wahrscheinlich sogar ihr Verlobter. Einfacher und billiger lässt sich Fernsehen kaum gestalten. Oder, wie man heute sagt, »Content generieren«. Dieses Spiel dauert eine geschlagene Stunde, und es schafft keiner, aus den neun Buchstaben das Wort »Handstand« zusammenzusetzen. Klar, die Scrabble-Profis sind gerade alle bei Arte oder 3sat.

Die arme Busenschwenkerin (man schwankt ständig zwischen Abscheu und Mitleid) hilft, wo sie nur kann. Aber sie kann so wenig. Vor allem kriegt sie das Wort auch nicht raus. Das gehört zum Spiel. Sie muss doofer sein (wirken?) als der Durchschnitt der Zuschauer. Gefährliche Gratwanderung! Und nun hören Sie den O-Ton eines deutschen Fernsehprogramms, das unverschlüsselt in Ihr Wohnzimmer gelangen kann – wenn Sie es zulassen:

> »Ich drück noch mal beide Daumen ganz fest ... nur noch zehn Sekunden ... neun ... acht ... sieben ... sechs ... uaaaah! *(Die Zunge gleitet über die Lippen!)* ... fünf ... vier ... drei ... jetzt aber! Drei ... hallo! ... zwei ... und eins ... null, 1900 Euro, es beginnt mit einem ›H‹ ... ich weiß es ja immer noch nicht, es ist jetzt nach 12 Uhr, was machen wir denn ... können wir das Spiel nicht endlich abbrechen ... *(Die ganze Zeit über sorgen wild flackernde Inserts für höchste Dramatik, die Telefonnummern leuchten auf, Kirmessirenen jaulen, und Buttons*

blinken. Dafür, dass nichts passiert, ist jede Menge los.) Ich unterhalt mich gerne noch mit Ihnen ... können wir nicht bald ein anderes Spiel spielen ... dieses unlösbare Spiel ... dieses Wort, das ich von Ihnen suche, beginnt mit einem ›H‹ ... mehr kann ich dazu leider nicht sagen, weil ich es nicht weiß ... weil das Wort nämlich sehr, sehr schwierig ist heute Abend ... und für meine Begriffe unlösbar, wer es raushat, wählt sich trotzdem ein und kassiert 1900 Euro ... ich dreh gleich durch! Ich dreh gleich komplett durch ... es weiß keiner, es weiß definitiv keiner, also das war das letzte Mal, dass ich das Spiel gespielt hab ... Entschuldigung, wenn Sie das auch hören da draußen, aber das kann nicht wahr sein, aber jetzt müssen wir es gleich abbrechen. Nein, das ist kein Scherz mehr hier ... was passiert jetzt hier? Es ist noch nichts passiert. Ich möchte dieses Spiel nicht mehr spielen, ist das jetzt klar?! Ich kann doch nicht komplett vor der Kamera hier ausflippen, das kann doch nicht wahr sein, ihr lasst mich ja richtig verrecken hier draußen, dieses bescheuerte Spiel weiterzuspielen ... Das kann doch nicht euer Ernst sein, gleich ist die Sendung aus, ich möchte doch wenigstens noch 'ne Chance haben, einen Gewinner zu haben, aber mit diesem bescheuerten Wort hab ich definitiv keine Chance, also, jetzt reicht es mir wirklich gleich, hallo, hört ihr mir wenigstens zu .... das kann nicht wahr sein ... ich geh gleich raus, ich hab echt keinen Bock mehr, ich mach mich extra nett zurecht und dann krieg ich so ein scheißblödes Wort vorgesetzt ... *(sie trinkt ein bisschen Wasser)* ... kann ja wohl nicht angehen, ich krieg auch noch 'ne Leitung dazu, neun Leitungen haben wir jetzt, liebe Zuschauer, neun Leitungen sind offen ... ich frag mich schon wieder, für diejenigen, die es nicht raushaben, die können natürlich nicht anrufen, ist ja ganz klar, wahrscheinlich sind die neun Leitungen umsonst offen, nutzt es aber trotzdem aus, wer es raushat, neun Leitungen, neunfache Gewinnchance, ist natürlich hammergeil, wer es raushat, bitte gerne, beginnt mit ›H‹, holt euch die Kohle, natürlich wer das Wort raushat, natürlich muss man das Wort raushaben, ich hab's immer noch nicht raus, beginnt mit einem ›H‹, wie auch immer, ich kann nur sagen: holt euch die Kohle, aber für mich unlösbar, ich hab's immer noch nicht raus ... trefft die richtige Leitung im richtigen Moment, aber das war wirklich das letzte Mal, dass ich dieses Spiel gespielt habe, es tut mir auch wirklich leid, dass es so schwierig ist, ich hätte gerne was anderes gespielt, ich hab alles Mögliche versucht, aber es scheint heute so nicht mein Tag zu sein oder der Tag des Redakteurs, der dieses Wort ausgesucht hat, man kann nur hoffen, dass die Sendung bald vorbei ist hier, super, das macht richtig ... bitte brich es doch schnell noch ab, wir könnten doch noch schnell ein kleines anderes Spiel machen ... Hallo, wenn es einer weiß, bitte ruft doch schnell an, ich will das Spiel ganz schnell beenden, neunfache Gewinnchance, also ihr habt die wahnsinnig geile Gewinnchance *(aus dem Off:* ›Es hat etwas mit Sport zu tun!‹) ... also mit Sport, aha, aber das hilft ja auch nichts, ich krieg es nicht raus, eine unlösbare Frage, beginnt mit ›H‹, bitte ruft jetzt gleich an ....«

Nein, das hätte sich kein Drehbuchautor ausdenken können. Nicht mal auf Koks. Und wenn Sie glauben, da hätte ein Autor mal wieder elegant zwei Seiten geschunden, vergessen Sie's: Selten hatte ich eine schlimmere Recherche zu überstehen.

Als ich beim Frühstück am nächsten Morgen von dieser Tortur berichtete und laut darüber nachdachte, wer sich einen solchen unglaublichen Scheiß überhaupt ansehen würde, meldete sich mein Jüngster (immerhin siebzehn Jahre alt) und bekannte sich völlig schamlos dazu.

»Schauen sich alle an. Ist doch voll witzig.«

»Und? Ruft ihr etwa auch an?«

»Klar nicht. Weiß doch jeder, dass das nur Fake ist. Also, du bist vielleicht naiv ...«

»Aber irgendwer muss doch anrufen.«

»Gibt doch jede Menge Deppen. Gestern haben sie eine Automarke mit ›A‹ gesucht. Ging fast zwei Stunden lang. Das muss man erst mal durchhalten.«

Aus seiner Stimme glaubte ich eine Art von seltsamer Bewunderung herauszuhören.

»Zuerst rief einer an, der Audi sagte. Und dann ... zwei Stunden lang nix mehr. Ist doch irre! Einer hat angerufen und Ford gesagt. Da hat sie ewig nachgedacht, wo das ›A‹ steckt. Totale Comedy!«

»Es ist doch schauderhaft, was da stundenlang ...«

»Voll witzig. Wir liegen auf dem Boden vor Lachen. Und man muss ja nicht immer hinsehen. Man kann super nebenbei quatschen.«

»Also lasst ihr das als Hintergrundprogramm laufen?«

»Kann man so sagen.«

»Aber ihr wisst schon, dass die damit viel Geld verdienen.«

»Klar. Das teilen sie sich mit der Telekom. Eigentlich eine super Idee.«

Super Idee. Klar. Auch der Verkauf von verbotenen Narkotika ist eine super Idee oder die monatliche Geldforderung an einen Bundestagsabgeordneten, weil man im Besitz eines

Fotos ist, das ihn in einer schlüpfrigen Situation zeigt. Wahrscheinlich hat der Businessplan dieser super Idee so ausgesehen: ein Zimmer, eine Kamera, ein Mann dahinter, der gleichzeitig Kameramann, Redakteur, Regisseur und auch noch Sendeleiter ist, irgendwer vor der Kamera, ein Callcenter in Polen, eine automatisierte Buchhaltung, die die Telefongebühren unter dem Sender und der Telekom aufteilt. Mir schleierhaft, warum all die Telefonanbieter noch keine eigenen Sender aufgemacht haben, etwa solche, die man nur mit einem D1-Handy anrufen kann. Wär doch 'ne super Idee!

Dass mein siebzehnjähriger Sohn zynisch mit den Medien umgeht, wundert mich nicht, aber es hat mich schon etwas schockiert, als meine Mutter zum selben Thema nur lässig abwinkte. »Wer debiler ist – die Programmmacher oder die Zuschauer? Wenn's keiner sehen will, macht doch auch keiner so ein Programm.«

»Aha«, sagte ich, »wieder mal die alte Sache mit der Henne und dem Ei! Was war denn zuerst da: Das schlechte Programm oder der debile Zuschauer?«

Meine Mutter lächelte milde. »Das hat doch schon Robert Lembke gesagt: Zuerst hat man das Fernsehen erfunden, aber das war nur die Technik – Sender und Empfangsgeräte. Das Programm kam erst viel später. Und das sieht man ihm immer noch an.«

Sie kann sich solche Aphorismen leider sehr gut merken.

»Und was ist mit dem Bildungsauftrag?«, fragte ich, weil ich mich automatisch ereifern muss, wenn sie so locker bleibt. »Schließlich haben die Medien einen Auftrag in der Demokratie. In der Diktatur müssen sie die Menschen verdummen, aber bei uns ...«

Meine Mutter winkte ab. »Die Menschen werden nicht dümmer, man sieht jetzt nur mehr von denen, die man früher nie getroffen hätte. Stell dir vor, gestern lief eine Reportage, bei der ein Journalist Leuten in der Fußgängerzone zehn Fotografien gezeigt hat. Ein paar Wissenschaftler, Politiker, Schauspieler und diesen Eisbären Knut. Die Wissenschaftler hat keiner gekannt, Steinbrück und Pofalla auch nicht, den Beck ein paar, viele die Schauspieler – aber alle, wirklich alle Knut. Na?«

Nachtprogramm

Mein Großvater hat die Entwicklung des Fernsehens hierzulande von Anfang an miterlebt. Er hatte zuerst einen kleinen Schwarzweißfernseher, vor dem sich drei Generationen der Familie pünktlich um 20 Uhr einfanden. Akzeptierte Hinderungsgründe waren Bettlägerigkeit, Urlaubsreise oder Tod. Nach der *Tagesschau* lief die Kiste nicht unbedingt weiter, nur »wenn es etwas gab«. Dieses Etwas eruierte man zu Beginn jeder Woche aus der Programmzeitschrift. Die Sendung wurde mit Rotstift angestrichen, und man wusste schon am Montag, dass es am Donnerstag um 21.15 Uhr 77 *Sunset Strip* gab. Nein, ich will keineswegs auf die Romantisierung der grauen Vorzeit hinaus, ich stelle mir etwas ganz anderes vor, wenn mich mein längst verstorbener Großvater zur Geisterstunde besucht. Als er das zum ersten Mal tat, entspann sich folgender Dialog:

»Noch auf?«, fragt er. »Um Mitternacht läuft der Fernseher noch?«

»Klar«, sage ich, »da hat sich viel geändert seit … deiner Zeit. Ähem.«

»So. Lass mal sehen. Wahrscheinlich mehr Programme als früher.«

Mein Großvater hat Phantasie und kann sich durchaus vorstellen, dass es außer ARD und ZDF noch ein paar Anbieter mehr gibt. Besonders begeistert ist er, dass man BBC empfangen kann.

»Und das Testbild?«

»Was?«

»Na, das Bild, das kommt, wenn das Programm vorbei ist. Man muss doch wissen, welcher Sender eingeschaltet ist, wenn nichts im Fernsehen kommt. Pausenzeichen oder Senderzeichen oder wie ihr das heutzutage nennt. So stellen die Fernsehmechaniker die Sender ein.«

»Es gibt kein Pausenbild. Ich kenne jedenfalls keines.«

»Und was sieht man, wenn nichts mehr läuft?«

»Es läuft immer was.«

»Ach komm!«

Ich beweise es ihm. Auf jedem Programm ist was los.

»Und um eins?«

»Läuft auch was.«

»Um zwei?«

»Auch.«

»Und mitten in der Nacht, um halb vier zum Beispiel?«

»Wiederholungen vom Tag. Es läuft *immer* was. Rund um die Uhr.«

»Schade. Ich fand das immer sehr schön. Zuerst kam das Deutschlandlied, dann fing das Bild an zu rauschen – und wenn man vor dem Fernseher mal eingeschlafen war, wachte man von dem Geräusch auf und ging ins Bett.«

»Nein, das ist vorbei. Wahrscheinlich wirkt das heutzutage zu deprimierend, wenn nichts mehr los ist. Und wenn das Bild rauscht, glauben alle, der Fernseher sei kaputt.«

Wir plaudern noch und erinnern uns an die alten Serien, an *Mit Schirm, Charme und Melone* und an *Hätten Sie's ge-*

wusst?, und um halb zwei, kurz bevor er wieder losmuss, schalte ich das dritte Programm Bayern ein. Wir starren in die endlose Weite des Universums. Langsam dreht sich die internationale Raumstation ISS ins Bild.

»Nein, das ist nicht *Raumpatrouille Orion*, das ist *Space Night*. Da können alle, die noch nicht müde sind, sich ansehen, wie's im Weltraum zugeht.«

Und auf einem anderen Sender fährt die Kamera stundenlang im Führerstand des IC Nürnberg mit, auf dem Weg von München nach Hamburg. Dann gibt es noch eine Fahrt mit dem Lkw von Kassel nach Palermo und einen zähen Endlosschwenk vom Gipfel der Zugspitze über die Landschaft mit eingeblendeten Wettervorhersagen.

»Du siehst, es ist immer was los heutzutage«, sage ich mit ausgesuchter Munterkeit, aber ich fühle mich ziemlich dämlich dabei. Mein Großvater schüttelt deprimiert den Kopf und löst sich langsam in Rauch auf.

Vielleicht werden in nicht so ferner Zukunft die Überwachungskameras von Parkhäusern auf einen speziellen »Spartensender« geschaltet, jeden Tag in einer anderen Stadt. Und die Leute können unter dem Format *Deck U3 – Die Parkshow* gemütlich zusehen, wie andere ihr Auto in eine enge Parklücke zwängen, während sie selbst die Füße auf den Tisch legen. Oder man kann Beamte beim Arbeiten beobachten, Postler am Schalter, Bauern beim Traktorfahren … Nachdem es schon das Format »Wie mache ich aus einer geschmacklosen Wohnung eine grauenhafte« gibt und »Wie finde ich ganz bestimmt mal gar keinen Partner« – nach dem Muster von DSDS wird es auch das einmal geben.

DSDS ist die Weiterentwicklung der in den sechziger Jahren aufgekommenen Amateurabende, an denen in Varietés und Jazzclubs besonders Mutige (oder sehr Betrunkene) auf die Bühne kamen und begleitet von einer professionellen Combo ihre Lieblingshits trällerten. Das Publikum fand es super, und der Getränkeumsatz war an solchen Abenden besonders hoch. Der Sieger bekam eine Flasche deutschen Sekt und durfte das nächste Mal wiederkommen. Und natürlich gewann immer der Schlechteste. Das erste Mal, dass dieses »Format« (so nennen Medienprofis den Hauch einer Idee) ins Fernsehen kam, war 1981 mit dieser Jury: Paul Kuhn, Karl Dall, Elisabeth Volkmann und Carlo von Tiedemann. Man nannte das die *Gong-Show,* weil jeder der Juroren die Vortragenden mit einem Gongschlag zum Teufel schicken konnte, wenn er es nicht mehr aushielt. Die Show war ein Flop und wurde nach der vierten Folge abgesetzt. Trotzdem war sie um einiges lustiger (und die Jury bedeutend besser besetzt) als das Remake fünfundzwanzig Jahre später.

Bei *Deutschland sucht den Superstar* (im Abkürzungswahn nur noch als *DSDS* bekannt, die jungen Leute haben keine Zeit mehr, so lange Formulierungen auszusprechen) treten ausschließlich Menschen auf, die man 1981 schon weggegongt hätte, bevor auch nur einer den Mund aufgemacht hätte. Die Teilnehmer sind entweder irre, sehen irre aus oder singen irre schlecht. Dabei amüsieren sich die Zuschauer irre, vor allem, wenn der Sonnenbankkönig Dieter B. irre Bemerkungen macht. Ein Mensch, der selber keine Ahnung von Musik hat, aber damit immerhin zum Millionär wurde, erklärt anderen, dass sie noch viel weniger Ahnung haben. Das läuft inoffiziell unter Selbstverarsche des Fernsehens. Man will nämlich kein echtes Talent finden, sondern nur Hybris und schlechten Geschmack – und die Jury beantwortet jede Peinlichkeit mit entsprechender Grausamkeit.

Aber wahrscheinlich ist es gar nicht das Ziel der Kandidaten, zu gewinnen, sondern mal bei Bohlen gewesen zu sein, sich einen besonders blöden Spruch abzuholen und den Ausschnitt anschließend bei YouTube einzustellen. Wenn dann gar die Kommission für Jugendmedienschutz aufjault und das tags darauf fett in der *Bild* steht, steigen die Quoten noch mehr. Ein sich selbst nährendes System ist entstanden, ein geniales Mediennetzwerk, gegen das jede Verschwörungstheorie über die Weltherrschaft der Logen, der CIA oder Scientology ärmlich wirkt. Alles, was so selbstgestrickt und spontan erscheint, ist penibel durchkalkuliert, und jeder Effekt sitzt perfekt zur Werbepause.

Die Tendenz zum Selbermachen, auch – und vor allem – wenn man es nicht kann, steigt gewaltig an. Karaoke ist ein Beispiel dafür, Comedians, die Kabarettisten nachäffen, ein anderes, Talkshows, die ernsthafte Gespräche simulieren, ein drittes. Es gäbe noch andere. Aber es wird noch viel schlimmere TV-Formate geben, da können Sie sicher sein. Denn alles, was ein krankes Hirn sich erdenken kann, wird es irgendwann einmal auch geben. Das ist der fünfte Hauptsatz der Thermodynamik. Vielleicht ist es sogar die große Vereinheitlichungsformel, nach der die Physiker so lange schon auf der Suche sind. Nicht ins All starren, Herrschaften! Mehr in die Glotze gucken!

Die Leute wollen es ja so!

Warum entschuldigt sich eigentlich jeder Sender für einen kurzfristigen Sendeausfall, nie jedoch für sein Programm? Um eine Grundsatzdiskussion gleich ein für alle Mal zu beenden: Die Leute wollen es *nicht* so! Aus! Basta!

Die alte Schlacht gegenseitiger Niveauvorwürfe ist in Wahrheit ein Scheinkonflikt: Private und inzwischen auch öffentlich-rechtliche Sender (die eigentlich eine kulturelle und informelle Grundversorgung der Bürger zur Aufgabe haben) kennen als Klassenziel nur noch die Quote. Wie man sie auch immer festsetzt, man muss sie erreichen. In einer Schulklasse geht das so: Sinkt der Notendurchschnitt plötzlich in allen Fächern deutlich ab, hilft es wenig zu sagen »Sind halt alle doof!« und das Programm, sorry: den Unterricht einfach weiter so durchzuziehen. Dann würden am Schuljahresende alle durchfallen. Das könnte der Schule zwar egal sein, aber wenn das Virus auf alle Schulen übergriffe und es irgendwann keinen einzigen Abiturienten mehr gäbe, wäre das volkswirtschaftlich bedenklich. Man reguliert also nach, senkt die Anforderungen und erhöht die Motivation, entwickelt neue pädagogische Konzepte ... Sie wissen schon. Jedenfalls muss die Quote wieder erreicht werden, und wenn man sie nur ändert. Etwa so wie die berüchtigten Fünfjahrespläne in der DDR.

Beim Fernsehen funktioniert das ähnlich. Wer die Quote nicht bringt, fliegt. Nur sitzen hier Schüler und Lehrer beide im Sender – die Zuschauer sind eine völlig unbeteiligte Größe, sie können weder eingreifen noch werden sie ernst genommen. Wenn man das Bild weiter bemühen will, ist die werbetreibende Industrie das Kultusministerium.

Sie glauben, das Bild ist schief? Die Zuschauer wären im Gegenteil der Souverän, so wie bei den Bundestagswahlen? Aber nein! Glauben Sie das doch nicht. Zuschauer haben nur zwei Möglichkeiten: hinschauen oder wegschauen. Sie können ihre Fernseher verkaufen oder sich unter all dem Unsinn den Unsinn ansehen, der ihnen noch am erträglichsten erscheint. Ich weiß, es gibt Arte, 3sat und Co., aber es gibt auch Ökoaktien und Menschen, die nur zum Ferienmachen nach Liechtenstein fahren. Halten Sie mich und sich doch nicht mit Ausnahmen auf. Man kann zum Zyniker werden und sich »gerade mit Fleiß« das Allerschlimmste ansehen, nur um ständig den Kopf zu schütteln und sich kulturell höherstehend zu fühlen, oder man kann Fernsehen als Überlebenstraining verstehen. So wie der Survivalexperte Rüdiger Nehberg einst Managern beibrachte, wie man sich von Brackwasser und Maden ernährt. Ziemlich passender Vergleich übrigens. Aber eine wahre Freude ist beides nicht. Vor allem wird es immer fragwürdiger, wofür man Gebühren zahlt, wenn man höchstens die *Tagesschau* erträgt.

(Übrigens, GEZ: Wer ist eigentlich wirklich hinter den Schwarzhörern und -sehern her? Das wurde doch auch schon längst outgesourct an eine Drückerkolonne! Ständig kommen Briefe an, die mich darauf hinweisen, dass ich sofort, gefälligst, aber wirklich, sonst aber ... zu antworten habe, ob ich etwa heimlich ... oder auch im Auto ... in der Ferienwohnung ... sogar in Liechtenstein ... und sonst, sonst sähen sie sich gezwungen, ganz andere Töne ... also, jetzt aber flott! Und für so eine dummdreiste Anfrage soll ich gar noch das Porto zahlen, denn der Antwortbrief ist ja nicht mal freigemacht. Wer da antwortet, hat entweder nicht alle Tassen im Schrank oder ist wirklich Schwarzseher. Na, wenigstens hat die GEZ auch mal einen Big Brother Award bekommen.)

Aber es ging ja darum, dass wir – also der Souverän – am Niveau des Fernsehprogramms selber schuld sein sollen. Schließlich werden wir ständig getestet, befragt und vermessen, und deshalb weiß man, was wir wollen. Beweis: Sinkt die Quote, fliegt die Sendung. Manchmal schon nach der ersten Folge, obwohl gar keiner gemerkt hat, dass da etwas Neues gelaufen ist. Na also, wenn das nicht logisch ist!

Nein, ist es nicht. Denn etwas ganz anderes ist schuld: die neue Klasse der Manager, stromlinienförmige Menschen, die von sich sagen, dass sie alles verkaufen können, und die auch in die Medien eingebrochen sind. Margarine, Autos, Bücher oder Fernsehsender – ist doch alles eins. Bei den Privaten jedenfalls sitzen keine Chefs mehr, die »auf Fernsehen gelernt haben«, die sich entweder zwanzig Jahre durch die Unterhaltungsabteilung nach oben quälen mussten oder mal die Hauptstadtbüros in Italien und dann in den USA leiteten, keine Journalisten, die sich im Sender bis zum Chefredakteur hochgestrampelt haben – sondern Medienkaufleute. Wenn's hochkommt.

Wer heute einen Privatsender leitet, stellt »ein Produkt« her und hat ein »Portfolio«, und er ist auch ganz stolz darauf, dass er diese Wörter benutzt. Denn er weiß, dass seine Werbekunden das gerne hören. Zusammen mit den Agenturen gestaltet das Management der Privatsender das Programm, und da treffen sich zwei Familien von Zynikern. Egal, ob Werbeleute Push-up-BHs verkaufen oder Fitnessmüslis, sie haben alle die gleichen Texte drauf: »Das muss die Muttis voll zwischen die Augen treffen!« – »Du musst sie fangen, aber sie dürfen den Haken nicht spüren.« – »Sag nie, dass die Wäsche sauber wird – sie muss rein sein!«

Grundsätzlich ist eine Einstellung zu erkennen, die darauf hindeutet, dass man das Publikum für dämlich, einfältig und manipulierbar hält. Warum Qualität, wenn sie sie doch nicht zu würdigen wissen? Nur wissen die Medienyuppies gar nicht, was Qualität ist. Interessiert sie auch nicht.

Denn das Problem ist nicht, ob der Film gut ist, das Problem ist vielmehr, dass der Zuschauer wenigstens bis zur Werbepause dranbleibt. Aber dann kommt die nächste kritische Phase: Channelhopping droht! Scheiß-Fernbedienungen! Das Schlimmste, was einem Privaten jetzt blühen kann, ist die reihenweise Abwanderung der Zuschauer in der

Milka-Diebels-Audi-always-ultra-Pause. Wenn das die Werbekunden spitzkriegen, kann zweierlei passieren: Sie sind der Meinung, dass die Sekundenpreise zu hoch sind (und der Sender senkt sie auch sofort), oder sie wandern in ein anderes Umfeld ab. Das kann ein späterer Termin sein oder auch ein anderer Sender. Man sieht, Privatsender reiten ständig auf der Rasierklinge. Sie können sich überhaupt nicht um ein gutes Programm kümmern, weil sie sich ständig um ihre Werbekunden kümmern müssen.

Aber wenn sie schon kein gutes Programm entwickeln, sind sie trotzdem irgendwie kreativ. Sie entwickeln neue Techniken, zum Beispiel den »Cliffhanger«. Kennen Sie nicht? Das ist doch das Wichtigste bei einem Film, der auf einem Privatsender läuft. Also, ein Cliffhanger geht so: Hat man einen Spielfilm, schneidet man die Werbepause genau in dem Moment rein, in dem der Held von der Klippe stürzt, die Sexbombe sich bückt und der Rock am Hintern reißt oder sich der Löwe hinterrücks auf die Gazelle stürzt – und Schnitt! Jetzt steht ruhig auf und geht pinkeln oder holt euch ein Bier. Aber der Kanal wird nicht gewechselt! Die Spannung muss so groß sein, dass der Daumen gelähmt wird und keinen Unsinn auf der Fernbedienung anrichten kann. Bei Talkshows, Realitysoaps oder ähnlichem Unsinn erklärt man dem Zuschauer, dass nach der Werbepause der absolute Hammer kommt, gleich im Anschluss, also bloß nicht verpassen, nicht rumschalten, hallo! Kein Wunder, dass die Aufreißer vor den Geisterbahnen, Doppelloopings und Sexkneipen so lasch geworden sind – die besten sind als Berater zu den Privatsendern abgewandert. »Hereinspaziert, Damen und Herren, hier sehen Sie das Außergewöhnliche, das Nie-Dagewesene, den Skandal, die Frau ohne Unterleib und den Mann mit Ganzkörperbehaarung!« Das war einmal. Heute machen sie Cliffhanger!

Das Programm wird also passend zur Werbepause gestaltet. Man könnte auch sagen: Der Film fügt sich nahtlos in das Werbegerüst ein oder, um den alten Designerspruch zu zitieren: »Form follows function.«

Man kann sich über die Privaten lustig machen, sich ärgern oder sie bemitleiden – aber man sollte nicht vergessen, dass die Öffentlich-Rechtlichen noch viel schlimmer sind. Sie haben sich inzwischen auch der Quote unterworfen, obwohl sie das weder müssten noch dürfen, und rutschen gemächlich in denselben Dulliöh-Brei ab, in dem die Privaten schwimmen. Ich sage nur: Volksmusik. *Das Winterfest der Volksmusik* und was kreativen TV-Redakteuren noch so alles einfällt:

> *Der Herbstsalon der Volksmusik – Der Musikantenstadl – Der Super-GAU der Volksmusik – Ein bunter Blumenstrauß der Volksmusik – Das Oktoberfest der Volksmusik – Die Hitparade der Volksmusik – Der goldene Herbst der Volksmusik – Das Ende der Volksmusik – Märzmelodie – Servus, Hansi Hinterseer – Schlagerfest der Volksmusik – Hit auf Hit in den Alpen – Jodelfest der Volksmusik – Grüß Gott, Musikanten – Der bunte Reigen der Melodien, ein Frühlingsstrauß der Musik …*

Schreckliche Stimmen, schreckliche Menschen

Ach ja, es gibt ja auch noch Radio, das gute alte flimmerfreie Schunkelmedium. Inzwischen voll digital und im schlimmsten Fall nicht nur privat, sondern sogar hausgemacht. Die Podcasttechnologie erlaubt es jedem (leider meist den falschen), seine Töne in die Welt hinauszuschicken, seine Meinungen, seine Vorlieben, seine Lieblingsmusik.

Mit dem Radio bin ich schnell fertig. Die öffentlich-rechtlichen Sender sind zu Endlagerstätten für im Funk gegerbte Alt-Achtundsechziger-Radikaljournalisten (bewohnen die zweiten Programme) geworden, zu Wärmestuben für verschnarchte Radiobeamte (bevölkern die ersten Programme) und für Dauergrinser (belabern die dritten Programme, die Verkehrssender), die bei Hit-Radio, Charivari, Radio Energy, Power up, Planet Radio, Radio Galaxy, Sky-Radio, Sunshine, Ostseewelle und Antenne XXL rausgeflogen sind, weil sie Sätze mit attributiven Nebensätzen gebildet haben.

Der Rest ist privat und hat nur ein Programmschema: die Morgenshow.

Guten-Morgen-und-gut-drauf-Moderatoren

Am empfänglichsten sind Menschen für Infiltrationen am Morgen, wenn ihre psychischen Abwehrkräfte noch nicht erstarkt sind und sie schlaftrunken an der Kaffeemaschine herumhantieren. Wenn sie dabei aus Versehen an den Einschaltknopf eines Radios kommen, das vielleicht gar auf einen Privatsender eingestellt ist – ja, dann kann man schon von einem GAU sprechen.

Um zu verstehen, warum Privatsender so dermaßen dusslig daherkommen, muss man sich nur den ersten Satz der Definition bei Google (ja, auch Kulturkritiker wissen sich modern zu informieren!) auf der Zunge zergehen lassen: »Privatradios sind in der Regel zu 100 Prozent werbefinanzierte Anbieter von Hörfunkprogrammen und arbeiten gewinnorientiert auf unternehmerischer Basis.«

Damit ist das Programmschema schon ausführlich erklärt, und eigentlich bräuchte es gar keine Redakteure oder Programmgestalter – eine einfache Umfrage, was die meisten denn gerne hören möchten, würde völlig ausreichen. Sie werden sich wundern: Genauso läuft es auch. Das meiste Geld geht bei den Privaten für Meinungsforschung drauf. Jede Woche werden sogenannte Call-out-Tests durchgeführt, in denen man ermittelt, »was die Leute hören möchten«. Zwei Leitfragen bestimmen folglich die Qualität eines Privatsenders: Hörerreichweite und Zielgruppe.

In aller Frühe schon gute Laune, das hält eigentlich kein normaler Mensch aus. Man kann den Unterschied zwischen öffentlich-rechtlichem und privatem Rundfunk zwar (noch) ganz leicht bemerken – aber die GEZ-Sender holen schnell auf. Die Privatradios erkennt man an der ungebremsten guten Laune, die sich in Songs im Sechzehnteltakt bemerkbar macht und in einer geradezu menschenverachtenden Euphorie der Moderatoren. Würden diese Happy-Hippos auch die Nachrichten verlesen, würden sie die Meldung über einen Tsunami bestimmt mit ein paar Witzen würzen, etwa dem: »Was hilft gegen Tsunami? Eine Diät – Abnahmi!« Und dazu Lieder der Neuen Deutschen Welle.

Ich frage mich, warum nicht schon längst ein Sender die 70 Prozent der Bevölkerung als Zielgruppe erfasst hat, die morgens ganz langsam, leise und unfreundlich angesprochen werden wollen. Auf keinen Fall gute Laune, kein Quietschen, kein Duzen, keine Witze, über die der Erzähler selber am lautesten lacht. Es wäre ein Segen und eine Goldgrube obendrein. Ich gebe hiermit gerne eine Bewerbung als Moderator ab, aber die Sendung darf nicht vor zehn Uhr beginnen.

Morgensendungen sind das geeignete Biotop für Gutdrauf-Moderatoren, entweder weil sie sich an ihren Zuhörern dafür rächen wollen, dass sie selbst so früh aufstehen müssen (dieser These hänge ich an), oder weil sie natürliche

Frühaufsteher mit blitzschnell einsetzender guter Laune sind. Ich misstraue allen Menschen, die ständig gute Laune haben, aber am meisten solchen, die es schon vor dem Zähneputzen herauskichern müssen. Das kann ja nur ein genetischer Defekt oder tiefste Verunsicherung sein. Die sollten zum Analytiker gehen, alle miteinander, dann würden sie schon sehen, wie lange die dünne Tünche der guten Laune hält.

15. Distanzzonen *oder* »Wozu, glauben Sie, haben wir die gelben Striche auf den Boden gemalt?!«

Die Einführung der Distanzzonen hat die ehemalige DDR-Führung zu verantworten. Neben viel hanebüchenem Unsinn und schrecklicher Unterdrückung natürlich, um politisch korrekt zu bleiben. Zur Staatssicherheit gehört unbedingt Distanz. Nähe hat in einem autoritären Staat nichts verloren, höchstens in Gemeinschaftszellen, da ist Nähe sogar erwünscht. Obwohl die Betroffenen es eher Enge nennen würden. Aber das ist Ansichtssache und nicht unser Thema.

Es war im Juli 1972, als ich meine erste offizielle Distanzzone kennenlernte, am Grenzübergang Hirschberg/Rudolphstein. Wir, zwei lässige Vertreter des kapitalistischen Klassenfeinds, Anfang zwanzig, mit provokativem »Outfit« (das damals allerdings noch »Klamotten« hieß) und der obligatorischen *Spiegel*-Ausgabe (die immer konfisziert wurde, und zwar mit sichtlichem Genuss) in der Heckablage eines grünen Fiat Sport, wir steuerten also im Schritttempo – drei Konsonanten hintereinander, der Horror! Aber dieses Grauen des Alltags wollen wir in diesem Buch milde ignorieren. Mein Verlag besteht auf der neuen Rechtschreibung, und ich will ihn nicht unnötig gegen mich aufbringen – auf die Vopos zu. Vor uns ein Westberliner, cooler Typ in einem verbeulten Mercedes. Wir blieben dicht hinter ihm, ruckelten gemächlich durch die Abfertigungsstraße, und als endlich die Wand mit dem Schiebefenster in Sicht kam, durch das man seine Pässe reichen musste, kamen zwei der staubgrauen, schwerbewaffneten Herren auf uns zu. Der eine klopfte herrisch auf den linken Kotflügel, der andere deutete auf den feuchten Asphalt und stellte drei Fragen mit dramatisch ansteigender Lautstärke: »Sind Ihnen möglicherweise diese Markierungen aufgefallen? Wozu, glauben Sie, haben wir die gelben Striche auf den Boden gemalt? Zum Spaßvergnügen?!«

Ja, er sagte es natürlich in diesem Dialekt, der jedem Zuhörer außerhalb Sachsens sofort ein Grinsen ins Gesicht meißelt, aber das muss man hier nicht nachmachen. Vielleicht war das (natürlich ist das nur ein nachdenklicher Nebenschauplatz) ein grundsätzliches Problem der DDR: Die meisten ZK-Mitglieder, Vopos und Volkssoldaten sprachen diese komische Art Deutsch. Und für uns Wessis, die damals allerdings noch »Westler« hießen, verband sich das breiige Sächsisch mit all den Klischees des sozialistischen Einheitsstaats: mit dem immer ausverkauften *Eulenspiegel*, mit Zetti-Knusperflocken, der Tangermünder Nährstange und den Gurken aus dem Spreewald.

Wer das erste Mal die DDR-Grenze überquerte, glaubte also, hier lebten lauter lustige Leute. Eine gefährliche Täuschung, denn die Jungs, die wie Kabarettisten sprachen, waren keine Komiker, sondern nervöse Grenzer, und die Kugeln aus ihren sowjetischen Kalaschnikows waren keine Gummigeschosse. So viel zur Abschweifung. Muss auch mal sein.

Wir erfuhren, dass man als kurzfristig einreisender Transit-Westdeutscher immer zwei dieser gelben Linien vor sich sehen musste, eine war zu wenig. Das war die Distanzzone. Wir wollten einen lahmen Scherz über Distanzzonengrenze machen, aber der Herr, der auf die Karosserie geklopft hatte, sah so aus, als würde er auf so was nur warten.

Zeitsprung. Kaum ist die Mauer gefallen, taucht dieser Distanzzonenwahn bei uns auf. In den distanzlosen alten

Bundesländern. Nein, er taucht nicht auf, er überschwemmt vom Osten her das wiedervereinte Deutschland. Er infiltriert Polizeiwachen, Großbanken und die Post. Dabei hatte man doch immer gedacht, bis auf das Ampelmännchen, Rotkäppchensekt und runde Tische wäre nichts von der DDR übriggeblieben. Großer Fehler. Das Allerschlimmste haben die sozialistischen Reichsverweser gerade noch eingeschleust – die Distanz. Es fragt sich nun, ob es sicherheitspolitisch besser oder schlechter ist, wenn man Menschen auf Distanz hält. Die alte Oma, der ein böser Räuber früher über die Schulter linste, sich ihre Geheimzahl merkte, ihr die Karte aus der Hand riss und wegrannte, hat heute zwei Optionen: Entweder der Bösewicht verfolgt sie bis zu einer dunklen Ecke, hält ihr ein Messer an den Hals und fragt sie eindringlich nach der Geheimzahl – oder er entreißt ihr die Handtasche mit dem Geld. Beides keine wirklichen Verbesserungen.

Sicherheitstrainer haben mir glaubhaft versichert, dass die meisten Sicherheitsvorkehrungen mehr Gefahren schaffen, als sie verhindern. Zum Beispiel sind die neuesten, hochgerüsteten Autos für den klassischen Autodieb uneinnehmbare Festungen – aber gibt er es deshalb auf, Autos zu stehlen? Nein. Er behilft sich anders. Er wartet, bis der Besitzer sein Safetycar aufsperrt, tritt dann hinzu und bittet nachdrücklich um den Schlüssel. Im Notfall nimmt er den Fahrer als Geisel, bei solchen Superkarossen lohnt sich das, und schon ist aus dem schlichten Diebstahlsdelikt eine Geiselnahme geworden. Profis raten zu dezenten Sicherheitsvorkehrungen und kommen zu dem Schluss: weniger Sicherheit – weniger Vandalismus.

Distanzzonen tun so, als ob sie Sicherheit schaffen, dabei diffamieren sie nur Menschen. Früher war es doch jedem schnurz, wie nahe der Nächste in der Warteschlange hinter ihm stand, Hauptsache, er roch nicht übertrieben nach Schweiß oder hustete einem nicht in den Nacken. Heute wird durch Absperrketten, Bodenbemalung und Warnschilder ständig eine lauernde Gefahr beschworen – bis wir wirklich glauben, dass man anderen Menschen grundsätzlich nicht vertrauen kann. Verschwörungstheorie? Eine Idee aus Schäubles Verfolgungswahnlabor? Kaum. Wenn die richtige Distanz bei Menschen über Bodenmarkierungen reguliert wird, werden sie das subtile Gespür für den richtigen Abstand schnell verlieren.

Ein paar Grundvoraussetzungen muss man in dieser Gesellschaft schon gelernt haben, bevor man den Text »Halten Sie Abstand!« überhaupt lesen kann, und dafür sind Eltern zuständig. Je mehr man Hinweisschildern überlässt, umso weniger können sich Menschen ohne Anweisungen menschlich verhalten. Als mathematische Kurzformel zusammengefasst: Sicherheit erhöht die Unsicherheit, und Distanzzonen erhöhen die Distanzlosigkeit.

In Wartezimmern von Allgemeinmedizinern, vor allem zur Grippezeit, wären Distanzzonen jedoch angebracht. Aber da sitzt man eng nebeneinander, hustet vergnügt in die Gegend – es reicht ja, wenn man an der Empfangstheke die Krankenkassenkarte so hält, dass keiner mitkriegt, bei welcher Ersatzkasse man ist.

Bei der Post hat man Distanzzonen deshalb eingeführt, weil das so hübsch aussieht und prima zu dem neuen, modernen Outfit der Post passt. Zu den verwegenen UFO-Lampen, die über den Köpfen der Postdienstleiter hängen, passend zum farblich durchkomponierten Gesamtbild, für das wahrscheinlich dieselbe Agentur verantwortlich ist, die schon die FDP durchgestylt hat. Die Postler (auch wenn sie inzwischen futuristische Stewardessen-Uniformen tragen, bleiben sie doch die alten Postler) durften Vorschläge zum Redesign, beziehungsweise Relaunch der Post machen, und da kamen sie (nach neuen Espressoautomaten im Ruheraum) auf Distanzzonen. Weil es nämlich früher für einen Postler nichts Schlimmeres gab als eine Schlange. War mehr als ein Schalter geöffnet, brach die Postlerpanik aus (im *Pschyrembel* als »P-Psychose« geführt), das heißt, der mit der längsten Schlange schloss sofort seinen Schalter, weil er die psychische Belastung nicht ertragen konnte: »Alle auf mich! Wieso denn?«

Es war allerdings auch möglich, dass der mit der kürzesten Schlange den Schalter schloss, weil er es emotional nicht verkraften konnte, dass ausgerechnet bei ihm die wenigsten Leute standen. »Bin ich nicht gut genug für euch? Bin ich hässlich? Hab ich Mundgeruch?«

Man kann schon verstehen, warum die Post Distanzzonen einführen musste. Jetzt steht eine einheitliche Schlange (deren Schwanz gewöhnlich bis auf die Straße hinausreicht, wobei immer ein Wartender – der, der gerade auf der Demarkationslinie zwischen Post und Nichtpost steht – ständig von der Automatiktür eingeklemmt wird) vor den Schaltern und löst sich nach dem Vorbild des Eincheckens am Flughafen von selbst auf.

Bei allen Gelegenheiten, die etwas Diskretion verlangen, wurde in Deutschland eine Distanzzone eingerichtet. Bei der Bank (versteht sich, schließlich gibt es kaum etwas Intimeres als den Geldverkehr), bei Post und Bahn (was geht es meinen Hintermann an, ob ich nach Rostock oder Lenggries fahre!), bei Apotheken (das ist einsichtig, schließlich wirkt es rufschädigend, wenn man erfährt, dass ich gerade eine ansteckende Geschlechtskrankheit auskuriere!) und auf der Autobahn. Nein, das gab es ja schon länger, da heißt es Sicherheitsabstand.

Aber soll es damit schon getan sein? Ich fordere Distanzzonen vor der Wursttheke, denn ich mag die hämischen Blicke meiner Mitwartenden nicht, wenn ich nur 100 Gramm Mailänder Salami bestelle. Sie folgern daraus nämlich ganz zu Recht, dass mich meine Lebensabschnittsgefährtin gerade verlassen hat. Und ich will auch nicht, dass man mir bei der Kasse zu nahe auf den Leib rückt. Geht doch keinen was an, wenn ich Tofu, Magerquark und alkoholfreies Bier kaufe. Ja, ich mache gerade Diät! Ja, ich weiß, dass ich es nötig habe! Ich hasse diese Distanzlosigkeit!!!

Meine Mutter übertritt natürlich die gelben Distanzlinien regelmäßig. Sie tut das mit großer Nonchalance, sei es vor dem Geldautomaten, bei der Post oder am Fahrkartenschalter. Dabei schaut sie so unbekümmert, dass es kein Schalterbeamter, der auch nur ein Quentchen Menschenkenntnis hat, wagt, sie auf diese Übertretung hinzuweisen. Aber es gibt ja auch solche ohne Menschenkenntnis, vorzugsweise Azubis unter zwanzig.

»Bitte treten Sie hinter die Markierung zurück.«

Meine Mutter lächelt ihn freundlich an.

»Diese Markierung hier«, sagt der Schalterazubi und deutet auf das gelbe Klebeband auf dem Boden hinter meiner Mutter. »Bitte dahinterbleiben.«

»Warum denn?«

»Das ist die Distanzzone.«

Meine Mutter fragt die Frau vor ihr, die gerade ihre Fahrkarte nach Köln bezahlt: »Stört es Sie, wenn ich hier stehe?«

»Überhaupt nicht. Bleiben Sie nur da stehen.«

Meine Mutter freut sich.

Der junge Mann kriegt ein Autoritätsproblem. »Bitte zurücktreten! Lesen Sie den Hinweis auf dem Ständer – das ist eine Distanzzone.«

In den Augen des aufgeregten Schalterbeamten kann meine Mutter lesen, dass er am liebsten sagen würde: Können Sie nicht lesen? Zurück – marsch, marsch!

Sie freut sich noch mehr und bleibt stehen. Meine Mutter beginnt ein Gespräch mit der Frau und erzählt ihr, dass ihr Jüngster (mein Bruder, damit der endlich auch mal vorkommt) auch in Köln wohnt und zur Karnevalszeit immer die Stadt verlässt, weil er den Trubel nicht aushält.

»Jaja«, sagt die Frau, »da gibt es nur zwei Möglichkeiten – abhauen oder mitmachen. Karneval ist eine Naturgewalt!«

»Distanzzonen gibt es da keine.«

»Da haben Sie recht«, lacht die Frau, verabschiedet sich freundlich und geht.

Meine Mutter geht auch. Zum nächsten Schalter. Im Krieg hat sie sich oft genug diesen Befehlston von unreifen kleinen und größeren Jungs anhören müssen. Sie hat ihn schon damals nicht ernst genommen. Sie findet, dass die größte Distanzlosigkeit bei denen liegt, die glauben, die Distanz anderer bestimmen zu müssen.

16. Humor – Wie man wirklich ausgelassen wird *oder* Heiterkeit ohne Alkohol ist nur gekünstelt

Es gibt hierzulande eine geheime Humorentwicklungszentrale, bei der wahrscheinlich all die Gagschreiber unterkommen, die bei *Schmidt & Pocher* wegen Comedy-Burnout entlassen wurden oder den hohen Anforderungen des Spaßfaktors der Privatsender nicht gerecht werden konnten. Ich stelle mir vor, dass etwa ein Dutzend Herren mittleren Alters (Frauen haben ja angeblich keinen Humor und haben sie doch einen – siehe Hella von Sinnen oder Gabi Köster –, sind sie eigentlich Männer), allesamt saumäßig lustig gekleidet – also mit der Gaudisymbolik, die bei RTL-Zuschauern spontan zu Kreischanfällen führt: lustige T-Shirts mit lustigen Sprüchen wie »Abwaschzwang« oder »Selber Sau!« oder Pullunder mit beige-braunem Rautenmuster, ausgeleierte Pullover und Jeanslatzhose, Ringelhemd und Lederkappe, ach, stellen Sie sich einfach einen Schwenk durch den Zuschauerraum bei *Mainz bleibt Mainz, wie es singt und lacht* vor –, in einem Großraumbüro sitzen, an den Wänden Beispiele ihrer aktuellen Spaßkollektion, viele lustige Poster und Zertifikate deutscher Clownschulen und Witzseminare.

Es ist hoffentlich allgemein bekannt, dass Humorentwicklung zu den sensibelsten und schwierigsten Disziplinen gehört, im Fernsehen wie in der Wirklichkeit. Ein guter Spaßmacher trägt seine Clownsmaske innerlich, das macht den Charme von Loriot ebenso aus wie den von Woody Allen,

Mr. Bean und den Monty Pythons. Das hat Charlie Chaplin, Peter Sellers und Jacques Tati geadelt.

Humor findet aber nicht nur im Fernsehen statt. Er ist ein »Eyecatcher« und »Humanizer« (Ausdrücke haben die Werbeleute!), und er schafft Kaufinteresse, jedenfalls am POS. Vor allem bei den sogenannten Fun Outlets wie Geschenkboutiquen und Tankstellen, denn da gibt es Humor auf Rabatt. Der Humorbedarf eines tankenden Kunden (vor allem angesichts heutiger Spritpreise) ist denkbar groß und muss daher am POS blitzschnell und nachhaltig befriedigt werden. Nachhaltigkeit auch beim Humorbedarf! Da greift kein sensibler Kleinspaß, kein Augenzwinkern, kein Schmunzeln und kein Understatement – da müssen Kracher her. Aschenbecher in Form geringelter Hundekacke, Kuhtaschen, Glibberskorpione und Gummischlangen und Magnetschildchen mit dem Konterfei eines kotzenden Babys (Bildunterschrift: »Ich glaub, die Milch war sauer!«) und Aufkleber. Natürlich, jede Menge Aufkleber mit einer homerischen Sprachgewalt. Etwa: »Schlüpfer aus! Anschnallen! Schnauze halten!«

Ist doch irre.

Lustige Accessoires – Farbkleckse und Arme im Kofferraum

Die deutschen Autofahrer sind die lustigsten der Welt. Das mag einen Fremden vielleicht verwundern, der deutsche Autofahrer zum ersten Mal in ihrem Revier kennenlernt – auf grimmiger Parkplatzpirsch, beim schneidigen Lichthupenangriff auf der linken Spur einer schneidigen deutschen Autobahn (die alle nur aus linken Spuren bestehen) oder beim Ampelblitzstart. Aber es ist dennoch wahr: Deutsche Autofahrer sind die lustigsten der Welt.

Und es ist auch beweisbar. Statistisch. Der deutsche Autofahrer gibt jährlich mehr für lustige Autoaccessoires aus als der thailändische Autofahrer für Benzin. In jedem Supermarkt gibt es eigene Ecken für lustige Autofahrer, wo man bedächtige Herren beobachten kann, wie sie versonnen rosa Unterarme aus Kunststoff betasten, die man in der Kofferraumklappe einklemmt, um hinterherfahrende lustige deutsche Autofahrer zu amüsieren. Oder Fremde zu Tode zu erschrecken. Und es gibt nette Hunde aus Plastik, denen man als Sitzplatz die Hutablage im Fond zuweist und die bedächtig bei jeder Bodenwelle mit dem Kopf wackeln. Das Missing Link zwischen ihnen und dem Hut, für den der Platz unter der Heckscheibe ja einmal vorgesehen war, ist die gehäkelte Klorolle – ein urzeitlicher Gag der früheren lustigen deutschen Autofahrer. Aber so seppelplatt lustig ist der deutsche Autofahrer schon lange nicht mehr.

Er hat Geschmack am Humor gefunden, weil der Humor geschmackvoll geworden ist. Unzählige Aufkleber mit Sinnsprüchen, Zoten und koboldhaften Beschimpfungen findet man in der Humorecke, Tiere, die wie gigantische gentechnische Unfälle aussehen und die man mit Saugnäpfen innen an den Autoscheiben anpappt, und Farbkleckse.

Und da hört für mich der Spaß auf.

Ich weiß noch genau, wie ich meinen ersten Klecks traf. Es war in den späten Nachmittagsstunden auf einem Parkplatz vor einem Münchner Biergarten. Ein silbergrauer BMW der 3er-Reihe blitzte tadellos in der Sonne, und auf der Kühlerhaube prangte ein grellrosa Klecks. So groß wie eine Paellapfanne.

Es war ein Schock. Ich hatte sofort den Verdacht, dass da wohl ein rotzfrecher Giesinger Lausbub (es sind immer die Giesinger!) von einer Autobahnbrücke einen Farbbeutel sehr plaziert auf die unter ihm vorbeischnurrende Luxuslimousine geschmissen hatte.

Bei genauerer Untersuchung jedoch stellte sich heraus, dass dieser Vandalismus in Wirklichkeit nur ein weiterer Streich eines lustigen deutschen Autofahrers war: Der Farbklecks bestand nicht aus angetrockneter Ölfarbe, sondern aus einer Kunststofffolie, säuberlich in dynamischster Klecksmanier ausgestanzt, die nun als Gaudi auf der Motorhaube prangte.

Noch nie hat mich ein Wagen der Bayerischen Motorenwerke so entsetzt, verwirrt und an den lustigen Autofahrern zweifeln lassen. Aber in der Folgezeit tauchten die Kleckse im Rahmen einer Humorepidemie überall in unseren Straßen auf und wahrscheinlich überall in Deutschland. Aber das wollte ich gar nicht recherchieren, mir reichte schon die farbverbeutelte nähere Umgebung.

Was denkt sich der lustige deutsche Autofahrer eigentlich, wenn er solches treibt? Hört doch bei Rostflecken, Kratzern und Farbspuren, die die glatte Ebenmäßigkeit einer sorgfältig erwogenen Sonderlackierung aus dem Gleichgewicht bringen, bekanntlich jeder Spaß auf. Treiben die lustigen Autofahrer jetzt mit dem Entsetzen Spott? Wollen sie etwa augenzwinkernd andeuten, dass sie ihren Status als Hochglanzpoliteure, Dauerwagenwäscher und Rostumwandler so souverän besetzt haben, dass sie sich sogar darüber lustig machen können? Selbstironie? Sind diese Farbklecksfolien moderne Abwehrzauber, Amulette und Talismane, die den Lack vor wirklichen und unvorstellbar grässlichen Verunreinigungen schützen sollen? Ist der pinkfarbene Spritzer als

Ersatzhandlung zu sehen, die für den weitaus aufwendigeren Ankauf eines roten Cabrios nebst Fremdgang mit einer passenden Rothaarigen stehen soll? Sind unsere lustigen Autofahrer jetzt restlos blöde geworden? Oder gar tiefsinnig?

Ach was, ein kleiner Giesinger rückte mein Weltbild wieder zurecht. Ich beobachtete ihn, als er interessiert einen (diesmal neongrünen) Klecksaufkleber genauestens untersuchte, mit dem Fingernagel die Konturen nachzog und ganz zart versuchte, den Rand ein wenig zu lüpfen.

»PRATZNWEGDUHUNDSBUA«, schrie keine zwanzig Meter entfernt ein Mann mit geschwollenen Schläfenvenen und kam schnell näher. »Wenn du mir an Kratzer in meinen Klecks machst, kriagst a solche Mordstrumm Watschn …«

Endlich war mein Weltbild wieder in Ordnung.

17. Das Glossar des Grauens

Abmahnvereine
Ein spätkapitalistischer Auswuchs, bei dem sich kleinkrimi… (hoppla, das könnte eine Abmahnung geben, also nehme ich es gleich wieder zurück!), arbeitslose Rechtsanwälte zusammentun, um täglich Zeitungen und Magazine auszuwerten und alle Formulierungen, die nicht den EU-Normen entsprechen, mit Abmahnungen und Kostennoten zu ahnden. So darf man seinen Wagen nicht verkaufen, wenn man nur die PS (und nicht auch die kW) angibt, und kein Diätrezept veröffentlichen, in dem nur von Kalorien (und nicht von Joule) die Rede ist. Ich bin gespannt, ob mein Verlag diesen Eintrag stehenlässt!

Arschgeweihe, reale und fiktive
Ingeborg Bachmann sagte einmal: Jede Jugend ist die dümmste. Dieser sehr schlaue Satz hat wahrscheinlich schon immer gestimmt – ob er heute noch stimmt, wage ich zu bezweifeln. Und zwar nicht wegen Zahnbrillis, tiefsitzender Hosen, Dauerkäppiträgern, Nasenpflöcken und Penispiercing. Alles geschenkt, das hätte auch Frau Bachmann ganz nett gefunden (und ein Gedicht darüber gemacht) – aber Arschgeweihe, das geht ja gar nicht! Für alle *Zeit*-Leser, die mit dem Begriff intellektuell überfordert sind: Ein Arschgeweih ist eine Tätowierung über dem Steißbein, ausnahmslos bei Frauen zu finden, meist in Form eines alten Indianersymbols (siehe *Tribal Tattoos*), das einladend auf die Arschfalte hinweist. Wer sich nicht mit Nadeln stechen lassen will, kann auch einen String

(extrem stoffarme Unterhose) so hochziehen, dass sie aus der Hose rutscht. Der Effekt ist ungefähr derselbe. Also, sorry, Ingeborg, diese Jugend ist die dümmste.

Autos, alberne
Früher haben sich Neureiche und Geschmackslabile mit Vorliebe Oldtimer gekauft und damit auf der »Rallye rund um Elba« mitgemacht, danach wurden Traktoren gekauft und mit laufendem Motor am Wiener Naschmarkt geparkt, während man sich eine Burenwurst reinzog, dann kamen die Ferrari- und Lamborghini-Zeiten – und jetzt ist es ganz schlimm geworden: SUVs oder »Softroader« schwirren über Landstraßen und durch Innenstädte. »SUV« steht nicht etwa für »Schwerwiegende Umwelt-Verschandelung«, sondern für »Sport Utility Vehicle«, ein geländegängiges Spaßmobil, das nicht einmal in allen Varianten über Allradantrieb verfügt, weil die Besitzer damit eh nur über die Promenaden tuckern. Warum SUVs zum Grauen des Alltags gehören, ist leicht zu erklären: Sie haben enormen Luftwiderstand, sind sauschwer und verbrauchen massig Sprit. Aber besonders schlimm sind SUVs, weil sie so sicher sind – für die Insassen. Der gemeine Fußgänger sollte sich mit einem SUV lieber nicht anlegen. Wenn Sie solche Autos und ihre Fahrer beschimpfen wollen, sollten Sie sie weder »affig«, »abartig« noch »armselig« nennen, wirklich schmerzhaft ist nämlich nur die Wahrheit: Sie sind einfach albern.

PS: Kinder von SUV-Fahrern haben Buggys, die zusammengelegt nur auf einen Anhänger passen, zur Entfaltung ein Ingenieurstudium voraussetzen und geschoben den Effekt einer Pistenraupe entfalten – vorzugsweise in einer überfüllten Einkaufsstraße.

PPS: Arnold Schwarzenegger, Gouverneur von Kalifornien,

fährt als Kampfwagen keinen SUV, sondern gleich einen ehrlichen Öko-Hummer mit null Emissionen. Dazu meine Mutter: »Hummer? Wie blöd kann man sein, ein Auto ausgerechnet nach einem Kriechtier zu benennen, das auch noch unter Wasser lebt!« Wo sie recht hat, hat sie recht.

Backshop
Obwohl man sich hierzulande bemüht international gibt, findet man kaum Ausländer in einem »Backshop«. Es ist ja auch kein Anreiz, ein Geschäft zu betreten, das damit lockt, dass sich »hinten« (engl.: *back)* noch ein Laden befindet. Und niemand, der des Englischen mächtig ist, vermutet, hier gar Brot oder Gebäck zu finden.

Begrüßungsbildschirme
Der Service lässt auch im Hotel nach. Der Begrüßungsbildschirm soll den Zimmerservice ersetzen und uns dafür entschädigen, dass die Minibar verschwunden ist. Denn schließlich wird man dafür mit seinem Namen begrüßt und kann per Fernbedienung die Kommandozentrale des »Entertainment-Centers« bedienen. Bildschirme, auf denen sich in Endlosschleifen Langeweile abspult, sind die neue Pest, in Hotels wie in Baumärkten und S-Bahn-Stationen.

Betriebstemperatur
Früher verfügten nur Motoren über diesen Zustand, inzwischen wird damit auch Zwischenmenschliches definiert. Ist die Betriebstemperatur im Büro zu niedrig, fühlen sich die Mitarbeiter unmotiviert und frustriert. Die Leistung fällt deutlich ab, ganz so wie bei einem kalten Motor. Womit sich der Kreis wieder schließt. Vielleicht sind wir doch nur mutierte Turbodiesel.

Billigflieger
Wieso man für 19 Euro von München nach Rom fliegen kann, erschließt sich mir immer noch nicht. Zum einen spielt ein Flugzeug voller Billigflieger nicht einmal die Benzinkosten ein, zum anderen fühle ich mich bei einer solchen Reise gleich als doppelter Umweltschädling. Allerdings wird man (um das Gewissen zu beruhigen?) auch angemessen behandelt. Es gibt eine Speisekarte mit der Auswahl: *Happy Snack, Happy Sandwich* und *Happy Coffee*. Alle drei zusammen kosten (natürlich gibt es bei den Happy Airlines nichts gratis) so viel wie der ganze Flug. Irgendwann wird man auch selber Stühle mitbringen müssen.

Bisinessmen
Russisch für »erfolgreiche Oligarchen«, nein, stopp, das ist ja eine Tautologie. In Russland nennt man die neue Oberklasse so, weil Russen Humor haben und insgeheim wissen, dass ungebremster Kapitalismus zwangsläufig in die Kriminalität führt. Sprachpflege im Geschäftsleben zahlt sich eben aus, auch wenn man mit waffenfähigem Plutonium oder altem Schrott der Roten Armee handelt.

Body Bag
Sollte man seiner Freundin nicht schenken, jedenfalls nicht, solange sie noch lebt. Auch wenn manche Boutiquen stolz solche Sackkleider im Angebot haben: Ein *Body Bag* meint einen Leichensack, einen, in dem man tote Soldaten oder Opfer von Gewaltverbrechen abtransportiert.

Die *Baggy* dagegen (die Bubenhose, die von Ewigjungen bis zur Rente getragen wird) beschreibt eine Hose, deren Arsch bis zu den Knien hängt.

Botox
Was hinten das Arschgeweih, ist vorne der Lippenspoiler. Das Unterspritzen der Unterlippe mit dem Gift Botox (niemals die Oberlippe, das sieht angeblich »unsexy« aus!) führt zu einer prallen Schwellung, quasi der weiblichen Dauererektion, gleichzeitig jedoch auch zu einem Gefühl der Taubheit in der betreffenden Körperregion. Derart aufgespritzte Mädels bevölkern Nachmittagstalkshows, Vorabendserien und D-Promicontests wie das Dschungelcamp *(Ich bin ein Star – holt mich hier raus!)* oder *Das perfekte Promi-Dinner,* wo sie sich mit schlafwandlerischer Sicherheit zum Affen machen. Und wenn man eine derart aufgespritzte Schönheit nach Frau Bachmann fragt, wird diese bestimmt sagen: »Kenn ich nicht, aber wenn man schon Ingeborg heißt!«

Bürosprüche
»Wir wissen nicht, wohin es geht, aber wir werden als Erste da sein.« Dieser und ähnliche Bürosprüche, die früher per Fax von Büro zu Büro gingen, werden heute per E-Mail übermittelt. Die Sprüche sind schneller, aber nicht besser geworden. Lichtenberg hätte sich sehr gewundert über die Rückentwicklung der Aphorismen.

BSE
Nein, ich meine nicht die Rinderseuche – »BSE« steht inzwischen für eine globale Grausamkeit, für »Bad Simple English« nämlich. Dieses hohle, oft auch falsche Englisch gilt inzwischen in Wachstumsbranchen wie elektronischen Medien und Kommunikationsmitteln als Kompetenzbeweis.

Content
»Wir brauchen noch Content!« So rufen alle, die im Medien-

business ihr Geld verdienen. Dabei ist es ganz leicht mit dem Content. Das, was Sie gerade lesen, ist Content. In jeder Dose Katzenfutter ist Content. Sogar in manchen Regierungserklärungen steckt Content. Inhalt ist also nicht das Problem – denn nur im Vakuum gibt es keinen Content. Bloß, wie soll man damit umgehen? Auch das ist inzwischen gelöst. Dafür gibt es Content-Management-Systeme.

Corporate Identity
Niveacreme hat man schon immer an ihrer blauen Dose erkannt, lange bevor man wusste, dass das eigentlich die »Corporate Identity« von Nivea ist. Und wenn man es anständig übersetzt, soll es nichts anderes bedeuten als die spezielle Unternehmenskultur.

Emoticons
Diese Zeichen, von denen es inzwischen über hundert gibt (mit vier Tapsern auf der Computertastatur kann man sogar einen pfeiferauchenden schlechtgelaunten Mann abbilden, wie hilfreich!), gehören zu den schrecklichsten Auswüchsen der Internetkultur und beweisen nur eines: Das Medium ist nicht nur virenanfällig, sondern vor allem kitschanfällig! Das erste Emoticon war das Smiley, dargestellt durch die Folge :-), aus der moderne Tastaturen automatisch ein grinsendes Mondgesicht machen. Meine Antwort: ☹

Ergebnisoffen
So fangen die meisten Kriege und Fußballspiele an, obwohl man es selten so ausdrückt. Nur die typischen Quatschtüten bei Gewerkschaften und Arbeitgebern begeben sich so in Verhandlungen.

Erlebnisbäder
Ein echtes Erlebnis: Schleudertrauma wegen zu starkem Gefälle in der Erlebnisrutsche.

Event
Jeder Scheißdreck ist heutzutage schon ein Event – man feiert keinen Geburtstag mehr, sondern ein »annual birth event«. Ein »good-bye forever event« mag vielleicht für manche Ohren angenehmer klingen als Beerdigung, und das »school's over event« ist eine Trostveranstaltung für durchgefallene Schüler. Aber dass inzwischen sogar Kochen zum Event geworden ist, tut wirklich weh. Der Geschmack ist davon jedenfalls nicht besser geworden. Die Ausbildung zum Eventmanager berechtigt übrigens nicht zum Bespielen großer Bühnen, höchstens für Wahlveranstaltungen der FDP.

Freiheit, die
Die nehm ich mir – dank meiner Flatrate! Früher hat man es sich genau überlegt, wen man wann angerufen hat, um ihm was zu erzählen. Heute kostet es nichts, ständig Leute zu stören, um ihnen zu erzählen, dass man gerade auf die Straßenbahn wartet und dass es regnet. »So, bei dir auch?« Früher konnte man wenigstens noch sagen: »Es wird zu teuer, lass uns Schluss machen.« Die Zeiten sind vorbei. Und das nennt sich »connecting people«!

Functional Food
Gentechnisch aufgepeppter Joghurt als Entleerungshilfe für unten und oben. Schmeckt auch so.

Gammelfleisch
Verdorbenes Fleisch wird verkauft, weil es einen Markt dafür gibt. Aber Gammelfleisch gibt es auch bei Krediten, zum Beispiel die faulen US-Immobilienkredite, mit denen die Banken auf Risiko spielten – die wurden mit ein paar sicheren Krediten gemischt, den Ratingagenturen als Paket gezeigt, nachdem sie als AAA bewertet wurden, wieder auseinandergestückelt und den Banken als sichere Anlage angedreht. Schließlich sind Banken ja leicht zu überreden, einen faulen Kredit zu übernehmen – nur nicht bei Ihnen, auch wenn Sie nur etwas Fünfstelliges wollen und dafür Ihre ganze Firma als Sicherheit angeben.

Gefühle
Gefühle waren gestern, heute sind es »Emotions«. Und ganz schlimm ist es, wenn jemand »emotional involviert« ist. Das fühlt sich irgendwie klebrig an, und man will mit ihm lieber nichts zu tun haben. Rein emotional.

Gefühlte Temperatur
Das erste Mal kam ich in Hamburg mit der »gefühlten Temperatur« in Berührung. »Minus 3 Grad, gefühlte Temperatur: minus 11 Grad.« Ich dachte, das wäre ein Witz des privaten Radiosenders gewesen. Vielleicht war es auch so, aber gleich darauf wurde der Quatsch deutschlandweit übernommen. Und plötzlich gab es noch viel mehr an gefühlten Zuständen, die Fühligkeit grassierte. Größen sind messbar, Gefühle nicht – aber das muss man den Leuten doch sagen! Man muss sie schon darauf hinweisen, dass sich Wissenschaftler schon vor Jahrhunderten einen abgebrochen haben, um international vergleichbare Standards zu entwickeln, die jedem Menschen auf der Welt zeigen, wie kalt, hoch, nass

oder windig es ist. Aber mit der neuen »Fühlkultur« regredieren wir zum Steinzeitmenschen, der die Temperatur nur als »brrr« oder »brrbrr-schudder«, respektive »puhhh« oder »schwitz« formulieren kann. Die Inflation der Gefühle (die gefühlte jedenfalls) sieht dann so aus: spür nix oder doppelnix.

Global Player

Wollen alle heutzutage sein. Die Post etwa möchte kein deutsches Unternehmen mehr sein, sondern auch weltweit eine Rolle spielen. Deshalb hat die Postzentrale beschlossen, sich nur noch der offiziellen Welthandels- und Verkehrssprache zu bedienen. Irrtümlich nehmen wir alle an, das wäre Englisch. David Crystal, der Mitverfasser der *Cambridge Encyclopedia of the English Language,* bringt es auf den Punkt: »Die Weltsprache ist nicht Englisch, sondern schlechtes Englisch.« So wird Globalisierung zu einer Art Kolonialisierung, der sich ideologisch getrimmte Mitarbeiter freiwillig unterwerfen, die nur noch zu »Meetings« gehen und nicht mehr zu »Besprechungen«.

Globale Trends

Vor zweitausend Jahren war das Christentum ein wirklich guter Trend mit globalem Potential. Heute rennt jede Dummnummer in Windeseile um die Welt: Europäer schnitzen aus Kürbissen Laternen und feiern Halloween, Übergewichtige nehmen mit der Ramadan-Diät ab, Chinesen kaufen Fichtenbäumchen und hängen Glückskekse daran, Amerikaner lassen sich aus »hygienischen Gründen« beschneiden – und Russen werfen leider keine Wodkagläser mehr an die Wand.

Heizpilze für Raucher
Es gibt Nikotinabhängige, die sich nicht zu blöde sind, im Winter vor einem Restaurant unter einem Heizstrahler zu stehen und zu rauchen. Haben die überhaupt keine Ehre mehr im Leib?

Insidertipp: Erstens raucht man auf dem Klo, wenn es schon sein muss. Zweitens raucht man auch in Nichtraucherbereichen, wenn die Gegnerschaft überschaubar ist. Drittens nimmt man sich ein Taxi zu einem Raucherclub, qualmt eine (Taxi wartet) und fährt wieder zurück. Das hat Stil!

Interviews mit Fußballern nach einem Spiel
Inzwischen haben auch Profifußballer die Dusseligkeit des Medien-Abcs durchschaut, und man kann man in ihren Gesichtern wunderbar ablesen, für wie bescheuert sie die lebenden Mikrofonständer halten, die immer dieselben drei Fragen stellen: »Waren Sie mit Ihrer Leistung heute zufrieden? – »Woran lag es Ihrer Meinung nach, dass die Mannschaft verloren/gewonnen hat?« – »Welche Konsequenzen wird die Mannschaft aus diesem Ergebnis ziehen?« Wissen die Journalisten eigentlich nicht, dass der Spieler, der ihnen am Spielfeldrand ins Mikrofon spricht, per Losentscheid gewählt wird? Es ist immer der Verlierer (engl.: *loser)*.

Schlimmer sind eigentlich nur die Analytikergespräche (unschlagbar das Trio Johannes Baptist Kerner, Renate Künast und Lothar Matthäus), die nur noch von greisen Dreisternegenerälen bei der Interpretation von Sandkastenschlachten getoppt werden. Aber das ist eben ausgleichende Gerechtigkeit: Nach einem tollen Spiel hört man langweiliges Gesülze – und nach einem langweiligen Spiel hört man aufgeregte Nichtigkeiten.

Kaisers neue Kleider, des

Eine Mischung aus Internationalität und plumper Anbiederei, beispielsweise der Spruch einer deutschen Stadtsparkasse für ein Jugendkonto: »Styling für dich oder deine Finanzen«. Während der Junge sich mit »innovativen Finanzprodukten« stylt, trägt Mutti etwa »Anti-Aging-Creme«, das klingt nicht so eklig nach alternder Haut. Tchibo verkauft in seinen »Shops« keine Handtücher, sondern »towels«. Dadurch werden sie zwar nicht besser, aber man bekommt angeblich dieses New-York-Feeling, wenn man sich damit abtrocknet.

Kitschtoaster

Kitschtoaster sind Toaster, die Smileys, I♥you oder Sternchen auf eine Scheibe Weißbrot brennen. Da, wo man's erkennen kann, ist der Toast verbrannt, der Rest ist labbrig geblieben. Wie muss man seinen One-Night-Stand hassen, wenn man ihm ein solches Frühstück serviert?

Kundenfreundlich

Klingt ein wenig nach behindertenfreundlich – und ist auch ebenso zynisch gemeint.

Leben, das

Wer denkt heute schon über das Leben nach, außer Peter Sloterdijk? Das Leben ist zum Pausenfüller geworden.

Light

Das 21. Jahrhundert ist das richtige Klima für die Light-Generation. Alles Tiefsinnige wird ein bisschen lighter, der Regenwald kriegt einen Kohlefilter, die US-Soldaten im Irak schießen mit Hartgummikugeln, und George Walker (»Johnny Walker« wäre schöner) Bush hat glatt acht Jahre lang ein

Light-Lächeln dazu verströmt. Obwohl man ja von ihm weiß, dass er früher ganz gerne in die Vollen ging, trinkt er heute nur noch Cola light – die mit der einen Kalorie im Hektoliter. Und die erwischt garantiert immer ein anderer. Der ehemalige US-Präsident ist ein gutes Light-Beispiel, betrachtet man einmal seine Syntax und den Sinn seiner Reden.

Das wunderbare und leider viel zu früh verstorbene Schweizer Magazin *Aha!* hat sich einen netten Gag geleistet, der allerdings fast zu einem Staatsaufstand geführt hätte. Die eidgenössischen Satirepäpste druckten eine Meldung, nach der der Süßstoff Assugrin – bekanntlich schon immer mit null Kalorien behaftet – in einer neuen Variante erhältlich sei: Assugrin light. Dieses revolutionäre Produkt enthalte den Wirkstoff Kalomin, einen der Kamille verwandten brasilianischen Blütenextrakt, der die Eigenschaft habe, Kalorien zu vernichten. Je mehr Zuckerersatz, desto weniger Speck!

Tatsächlich liefen die Telefone in der Redaktion wochenlang heiß, und die Aufklärung, hierbei handele es sich um Satire, sogar um eigentlich leicht erkennbare, beruhigte die Anrufer nicht. Die Enttäuschung war groß – die Beschimpfungen für Schweizer Maßstäbe radikal.

Light heißt fressen und saufen ohne schlechtes Gewissen, sündigen mit eingebauter Absolution. Es gibt Light-Zigaretten, die die Lungenflügel nur zart küssen, Light-Biere, die so treuherzig dreinschauen, dass ihnen jede Leber glaubt, dass sie außer Schaum und angedeutetem Biergeschmack nichts Schädliches mit sich führen, Light-Butter, die so fettfrei wie jungfräuliches Klopapier ist, und Light-Schokoriegel, die so light sind, dass sie sogar in Milch schwimmen! Dabei weiß doch jeder Volksschüler, dass sogar die drei Holzschiffe, mit denen Kolumbus Light-Amerika entdeckt hat, in Milch geschwommen wären. Richtig, Niña, Pinta und Santa Maria, aber das war ja gar nicht die Frage. Sogar US-Flugzeugträger würden in Milch schwimmen!

Es gibt Light-Kalbsleberwurst und Erdbeereis light, die Bibel in der Light-Ausgabe und bald wohl auch *Zettels Traum* auf zwei Seiten. Auch der Sex wird light.

Das heißt, wir echauffieren uns nicht mehr so, wir transpirieren nicht mehr so, wir erigieren nicht mehr ... und Knutschflecke, die man früher noch aufwendig mittels anhaltendem Saugen herstellen musste, gibt es heute schon als Abziehbilder!

Namen

Zu DDR-Zeiten wurden Neugeborene Jeannette, Jacques oder Angela genannt (natürlich nicht getauft!), weil das die einzige Fluchtmöglichkeit war, heute nennen Frisöre ihre Salons »Haareszeit« und Floristen ihre Blumenläden »flora et labora«. Und Schnellbäcker entblöden sich nicht, unter Namen wie »Leckerback«, »Spitzenback« oder »Backtraum« zu firmieren. Warum nicht »Back schlägt sich, Back verträgt sich«?

Parfüms von Prominenten

Promi-Parfüms sind immer noch der Renner, obwohl natürlich jeder weiß, dass keiner der Promis »seinen« Duft selber komponiert hat. Wie sehr müssen aber die professionellen Parfümeure ihre Klientel hassen, dass sie ihr solche Düfte zuammenstellen? Britney Spears' »Curious« stinkt nach einem Moschusochsen, der sich am Vanillestrauch geschubbert hat, der *Sex-in-the-City*-Kleiderständer Sarah Jessica Parker hat mit der Lavendel-Apfelschorle namens »Lovely« bewiesen, dass sie Sex nur aus dem Drehbuch kennt, Kate Moss' »Kate« müffelt wie ein Blumenladen, der einen Monat lang nicht gelüftet wurde, die Beckhams haben für ihr Parfüm einfach die Geruchssymphonie ihrer Bettlaken in Flaschen abgezogen, Michael Schumachers Parfüm »World Champion« erinnert an einen Lkw-Parkplatz in Südtirol, und Dieter Bohlen hat gar einen Duft namens »Provocation« kreieren lassen, den höchstens schwule Schreiner toll finden.

Parkhilfen
Piepen zwar beim Rückwärtsfahren, übersehen aber leider jeden Betonpfeiler, auch vollbesetzte Kinderwägen oder geparkte Rollstühle.

Pfefferstreuer
Vornehmlich in schlechten italienischen Restaurants werden solche überdimensionalen Holzreiben angeboten, sogenannte Rubirosas. Namensgeber ist der inzwischen verstorbene Playboy Porfirio Rubirosa, dessen Penisgröße angeblich als Vorlage für diese Scheußlichkeiten diente.

POS
»Point of Sale«, soll heißen: da, wo das Zeug verkauft wird, also eine typische modern-leere Worthülse: Die Theke im Tante-Emma-Laden ist ebenso ein POS wie die Tankstelle, das Kaufhaus und der Straßenhändler.

Profis
Irgendwann übernehmen alles die Profis und richten es zugrunde, selbst so wunderbare Ideen wie Flohmärkte (Ebay: Drei, zwei, eins, meins – nur Schnäppchen war das keins!), Biodiesel (dafür wird der Regenwald nun endgültig abrasiert) und Lichterketten (von der Friedensbewegung zum Weihnachtsschmuck).

Rezepte, unleserliche
Zugegeben, es geht den niedergelassenen Ärzten nicht besonders. Um einigermaßen über die Runden zu kommen, müssen sie mehr Patienten dran nehmen als früher. Sie müssen schneller arbeiten und haben für jeden einzelnen nicht mehr viel Zeit – aber daran kann es nicht liegen, dass ihre Rezepte unleserlich sind. Schon vor hundertfünfzig Jahren notierte Gustave Flaubert: »Ein ärztliches Rezept ist nur wirksam, wenn es unleserlich ist«, und daran hat sich bis heute nichts geändert. Profis unterschreiben möglichst so, dass man ihren Namen auf keinen Fall entziffern kann – das hat einerseits den Vorteil, dass man immer abstreiten kann, etwas unterschrieben zu haben, andererseits erweckt man den Eindruck, jeden Tag einen gigantischen Schriftverkehr bewältigen zu müssen.

Schlaue Geräte
Der Trend geht weg vom teuren Gerät, hin zum teuren Unterhalt. Handys gibt es für 1 Euro, dafür mit Knebelvertrag. Drucker sind umsonst, die Tinte kostet mehr als ein 89er Brunello. Die Espressomaschine ist ein Schnäppchen, aber sie funktioniert nur mit unverschämt teuren Kaffeekapseln. Die Idee zieht immer weitere Kreise: In Bars werden kostenlose Drinks spendiert, dafür teure Strohhalme, und Vattenfall könnte einen Toaster verkaufen, der nur 1 Euro kostet, in der Stunde aber 20 Kilowatt verbraucht.

Schönheitsoperationen
Inzwischen hierzulande schon völlig normal, vor allem bei Mädchen von zwölf bis zweiundachtzig. Die Schönheit nimmt rasant zu, das ist die gute Nachricht – man merkt nur nichts davon, das ist die schlechte. Vor ein paar Jahren war Fettabsaugen auf dem besten Weg, »normal« zu werden, so

wie man einmal im Jahr zum Zahnarzt geht. Inzwischen geht man lieber gleich zum plastischen Chirurgen, der kann neben dem Fettschneiden noch die Brüste heben und die Nase geradebiegen. Und weil man so oft im Körper umräumen muss, um optisch up to date zu bleiben, lässt man sich (natürlich in die Brustfalte, da sieht es keiner) gleich einen Reißverschluss einarbeiten. Passend zum optischen Styling muss auch der Name angeglichen werden, denn es hilft nichts, wenn man wie Paris Hilton aussieht, aber wie Castrop-Rauxel heißt.

Service Point
Das ist die eigenwillige Übersetzung der guten alten »Auskunft«, nur ist es leider völlig falsch. Richtig wäre »Information«, denn so heißt es auch in allen englischsprachigen Ländern. Aber Post und Bahn wissen schließlich, dass Engländer, Amerikaner und Australier auf Reisen durch Deutschland leidgeprüft sind und es schon verstehen werden.

Servicepaket
Heutzutage verkauft man keine Einzelteile mehr, man verkauft »Fullservice vom Erstkontakt bis zur Endverwertung«. Sie werden zukünftig nie wieder nur eine Sicherung kaufen können, ohne damit automatisch ein Handbuch für den Elektrotechniker, einen Antrag für einen Wechsel zu einem neuen Stromanbieter, eine Kabeltrommel und 20 verblisterte Sparglühbirnen zu erwerben.

Simplify Your Life
Erfolgreiche Lebenshilfeserie mit hunderttausend Tipps und Tricks, das Leben zu vereinfachen und in den Griff zu kriegen, böse Kollegen zu ertragen, wieder frischen Wind in

müde Beziehungen zu bringen, nie mehr zu spät zu kommen, den Chef erfolgreich um Gehaltserhöhung zu bitten, keine Schulden mehr zu haben, immer zu lächeln und keinen Krebs zu kriegen. Gut, dass ich niemanden kenne, der sein Leben nach diesem Masterplan gestaltet.

Sixpack
Egal, ob man es unter dem Arm trägt oder über dem Nabel, es ist immer ein Graus.

Slogans
»Bleib so, wie du bist!« Ausgerechnet Lätta, die Halbfett-Gesundheitsmargarine, die sich die Magerlust auf die Fahnen geschrieben hat, verspricht, dass all die Dickwänste kein einziges Gramm verlieren. Und was macht dann bitte Butter?

Smileys
Siehe *Emoticons*.

Soft Skills
Weiche Fähigkeiten gab es gar nicht, bevor dieser Begriff erfunden worden war. »Hard Skills« sind zum Beispiel die Fähigkeiten, eine Schraube einzudrehen, einen Ast abzusägen oder eine Hecke zu stutzen. »Soft Skills« bedeutet dagegen, vorher zu der Schraube, der Säge oder der Heckenschere eine emotionale Beziehung aufzubauen.

Ticket
Früher hieß es »Fahrkarte« und wurde an Schaltern von verschnarchten Bahnbeamten verkauft; heute zieht man ein »Ticket« aus einem Automaten. Früher werkelte der Schalterbeamte so lange rum, bis der Zug weggefahren war; heute

weigert sich der Automat so lange, den immer wieder glattgestrichenen 10-Euro-Schein anzunehmen, bis der Zug abgefahren ist. Aber andererseits ist Bahnfahren sicherer geworden. Damit man nicht auf die Schienen fällt, warnt uns ein Schild: »Watch the Gap!« Alle sehen nach oben, ob da nicht ein Gap vorbeifliegt, und dabei fallen die meisten auf die Schienen.

Tribal Tattoos
Ein Gutes hat die Globalisierung: Die schönen alten Indianer-Aborigines-Maori-Kelten-Symbole werden nicht vergessen. Sie erfahren sogar weltweite Aufmerksamkeit, jedenfalls in Tattoo-Studios. Dort werden sie jungen Menschen auf Oberarme, Steißbeine und um die Schamlippen herumgestochen. Auch wenn die meisten nicht verstehen, was sie da auf dem Körper tragen, muss man doch sagen, es hat etwas Tröstliches.

Verbalhusten, schlimmer
»Verdichten« nennt sich im Fachjargon das Aufhübschen (auch »pimpen«, vom amerikanischen *to pimp*, der *pimp* ist der Aufhübscher = Zuhälter) von Nachrichten oder Zusammenhängen, weil dramatische Aussagen besser klingen als harmlose. Balzen und große Heißluftballons aufblasen ist der Job von Leuten, die in der Werbung, im Marketing und in der Public Relations arbeiten. Das ist ihr Geschäft – aber das heißt nicht, dass jeder Bankangestellte oder Postler so reden muss, denn dann wird's peinlich. Das Sich-interessant-Machen, das Verbalprotzen und das Pfauenradschlagen mittels eines ebenso hohlen wie prätentiösen Vokabulars hat sich aber schon in den zwischenmenschlichen Umgangston eingeschlichen. Ob es eine gute Idee ist, seiner Liebsten zu

schreiben, man sei »emotional stark involviert«? Wenn sie allerdings mit dem Klassiker antwortet: »Vom Feeling her hab ich ein gutes Gefühl«, dann haben sich die zwei Richtigen gefunden.

Zusammenfassung: Erst denken sie nicht, und dann drücken sie's auch noch schlecht aus.

Verblistern
Diese Verpackungstechnik der unaufreißbaren Plastikummantelung gehört neben Volksmusik und Telefonverkäufern zu den Gipfeln des Alltagsgrauens: Zum Bespiel benötigt man (ohne Hilfsmittel) zum Auspacken einer verblisterten CD zwei bis drei Minuten, extrem scharfe Fingernägel und die innere Ruhe eines Zen-Buddhisten. Der Dalai-Lama schafft es vielleicht ohne Flüche und Anstieg des Blutdrucks, aber was machen wir?

Warenkorb, der
Es gibt Menschen, die glauben, das Leben werde teurer. Unsinn. Um das Gegenteil zu beweisen, hat das Statistische Bundesamt den »Warenkorb« erfunden. Darin ist eine nette Sammlung von Gütern des täglichen Gebrauchs, und wenn man alles statistisch hochrechnet, wird man schnell sehen, dass das Leben in Wirklichkeit billiger wird. Lassen wir so unerhebliche Positionen wie Lebensmittel, Gas, Wasser, Strom, Heizung, Benzin und Miete einmal beiseite, kann man den staatlichen Rechenkünstlern nur beipflichten. Computer, Farbfernseher, Camcorder, Spielkonsolen, Pay-TV, Laserdrucker und Mietwagen sind tatsächlich billiger geworden, sogar Tennisschläger. Ein deutlicher Sieg der Statistik über die »gefühlte« Preisentwicklung.

Wasserhähne in öffentlichen Toiletten
Man kann sehr lange vor einem dieser grifflosen Wasserhähne herumhampeln und sich zum Deppen machen, bis man endlich kapiert, dass das Scheißding kaputt ist.

Wörter, dämliche deutsche
Soft Skills, Edit Values, Customer Relationship Management, innovativ, kreativ, »den Kunden abholen, wo er steht«, involvieren, Digital Immigrants, Super-A-Blogger, Entrepreneurship-Workshops, attaque de prétension, Shareholder Value, Servicewüste Deutschland, Business Reengineering, Benchmarking …

Nachwort: Die Formel des Grauens

277 Seiten Grauen des Alltags – Sie tun mir wirklich Leid. Ich tue mir auch Leid. Zum einen, weil ich jahrelang dieses Grauen gesucht und gefunden habe – zum anderen, weil ich nach der neuen Rechtschreibung in diesem Zusammenhang Leid nicht mehr kleinschreiben kann. Auch das ist ein Grauen.

Welchen Teilbereich des menschlichen Lebens man auch untersucht, man trifft das Grauen des Alltags immer und überall. Aber wenn das Grauen schon so allgegenwärtig ist, kann man vielleicht auch eine Formel dafür finden, seine Zusammensetzung analysieren. Und tatsächlich drängt sich am Ende dieser Sammlung etwas Versöhnliches auf: Die Arbeit war nicht vergebens und hat zum Schluss vielleicht sogar einen Sinn bekommen, der über die reine Erheiterung und Anregungen zum Kopfschütteln hinausgeht. Wir haben schließlich das Genom des Grauens entschlüsselt. Und das ist seine Formel:

hL
/ \
D – G
\ /
sG

Man muss kein Biochemiker sein, um sie zu verstehen. Die Zusammensetzung ist: heiße Luft – Dummheit – Gier – schlechter Geschmack.

1. Fangen wir mit der *heißen Luft* an: Das moderne Grauen setzt mehr auf schicke Formulierungen denn auf Inhalte. »Functional Food« etwa verspricht uns darmpflegende Joghurts, hilfreiche Bakterien und gute Fettsäuren, die sich je nach Bedarf nach links oder rechts drehen, uns schön, schlank und intelligent machen. Modernisiert wird meist nur der Ausdruck, nicht der Inhalt. Sogar die Bundeswehr wird ständig modernisiert. So berichtete mir ein Zeitsoldat aus Murnau, dass die Essensverteiler an den Gulaschkanonen inzwischen modernisiert wurden. Sie besorgen nun das »Catering«. Na schön, wenn der moderne Soldat dadurch das Gefühl bekommt, dass seine Einheit so besser gerüstet ist für moderne Kriegsführung, soll mir das recht sein. Dumm nur, dass mit der Einführung des neuen Namens auch eine neue Art der Dienstleistung eingeführt wurde. Essensverteilung heißt jetzt »Service« und geht so: »Wir geben heute Mittag parallel zum Mittagessen gleich das Abendessen aus, weil abends das Catering nicht verfügbar ist.« Oh? Bei der Bahn (»Ich serviere Ihnen zur Gulaschsuppe gleich den Espresso mit, weil ich später keine Zeit mehr habe!«) oder in einer Großkantine (»Durchgehend warme Küche – von 11.45 bis 12.30 Uhr«) mag man solche Servicewüsten inzwischen normal und angemessen finden, aber bei unserer Landesverteidigung? Wenn das auf die Motivation und Kampfkraft der Truppe abfärbt! »Wir haben die Panzer lieber gleich zu Hause gelassen, weil der Treibstoffnachschub sowieso nie klappt.« Oder: »Wir brauchen keine Nachtsichtgeräte, weil die Mannschaft ab 19.00 Uhr stramm in den Betten liegt.«
Die heiße Luft lässt riesige Ballone aufsteigen, die ganz schnell ganz klein werden (wenn sie in dünnere Luftschichten kommen) oder platzen. Auch kein Schaden, war

ja nur ein Ballon. Inzwischen bedeutet Freiheit »Flatrate«, inzwischen hören wir auf das »Bauchgefühl«, wir starten »Exzellenzinitiativen« und suchen den nächsten »Hotspot« auf, wenn wir »News« brauchen. Und natürlich versagt unser Deodorant nie mehr.

2. Anders sieht es mit der *Dummheit* aus. Sie ist im Genom des Grauens anders definiert als bei Wikipedia (»Dummheit ist der allgemein- und umgangssprachliche Begriff für einen deutlichen Mangel an geistiger Befähigung und wird am häufigsten als Intelligenzmangel definiert«), nämlich als eine allgemeine Verkindlichung. Eine Gesellschaft, die nicht erwachsen werden will, hat der amerikanische Lyriker und Kulturkritiker Robert Bly schon Ende der neunziger Jahre beschrieben. Jetzt ist die neue Dummheit auch bei uns angekommen, denn wir importieren unseren Way of Life immer noch aus den USA. Man könnte die moderne Dummheit auch mit Hedonismus umschreiben, als die Sucht nämlich, für schnellen Erfolg, viel Geld, Spaß und Unterhaltung etwas aufzugeben, das uns früher wichtig war: politisches Bewusstsein etwa, soziales Engagement und die Auseinandersetzung mit den eigenen kulturellen Wurzeln.
   Ersatzrealitäten wie Second Life, Familiensoaps, die Comedyschwemme und die zwanghafte Sucht, immer jung zu bleiben (oder, was noch komischer wirkt, immer jung auszusehen und auch so gekleidet zu sein), spiegeln die Abscheu und die Angst davor, erwachsen zu werden. Immer mehr Menschen verlängern ihre Jugend bis ins Rentenalter. Körperkult, Narzissmus und egoistische Selbstverwirklichung bilden ein neues Massenphänomen.

3. Die *Gier* ist die dritte Sequenz des Grauens und ein schwerwiegendes Phänomen, alt zwar, doch bis vor wenigen Jahren noch einigermaßen gebändigt. Turbokapitalismus, Globalisierung und die grenzenlose Freiheit, einfach alles zu Geld machen zu können, fördern die Gier immer mehr. Der moderne Kapitalismus verwandelt alles in Profit: Liebe, Luft, Wasser, Schönheit. Die Geldgier der namenlosen Shareholder nimmt uns alle als Geiseln. Es reicht der Gier nicht, neue Märkte zu erobern – sie will uns selbst besitzen, unsere Gedanken, unsere Lust und unser Gewissen. Die moderne Gier will uns keinen Kaffee verkaufen, sondern »Erfahrungen, das Aroma des Alten Europa« (Starbucks), sie will uns keine Pullover verkaufen, sondern Philosophie »Werde, was du bist« (Lacoste) und keine Hosen, sondern »Freiheit« (Levi's).
Seitdem man Finanzströme im Sekundentakt um den Globus dirigieren kann, seitdem man sich gesunde Firmen unter den Nagel reißen kann, um sie zu filetieren, auszulutschen und die Haut mitsamt der arbeitslosen Belegschaft auszuspucken, hat die Gier des kapitalistischen Raubtiers sprunghaft zugenommen. Die Politik steht daneben und schüttelt den Kopf. Sie kann ja nichts machen. Sie zuckt mit den Schultern und findet es schade. Es gibt schließlich keine Grenzen und keine Strafen mehr. Aber wer kann so dumm sein, an grenzenloses und ewiges Wachstum zu glauben? Hedgefonds und Heuschrecken tun es, weil sie die Erfahrung gemacht haben, dass es geht. Wenn ein wirklich großes Geschäft danebengeht, springt der Staat ein. Er knirscht zwar mit den Zähnen, aber eigentlich hat er den Grundsatz »Profite werden personalisiert – Verluste sozialisiert« schon verinnerlicht. Und das Schlimmste an der Gier ist, dass ausgerechnet die Eliten unser Sozial-

wesen zum Einsturz bringen werden. Die Moral hat gegen die Gier keine Chance, ebenso wenig wie das Angebot an einen hungrigen Tiger, im Tausch für eine köstliche Gemüsepfanne ein Lamm zu verschonen. Moral und nachhaltiges Handeln leisten sich höchstens Manager, die Kinder haben oder wenigstens etwas Familiensinn. Die modernen Heuschrecken bezeichnen ihre Geschäftsmodelle als kreativ und innovativ, dabei sind sie schlicht kriminell. Am Beispiel Liechtenstein kann man sehen, wie der Gedankengang funktioniert: Wenn es in diesem Land erlaubt ist, muss wohl mit dem Land etwas nicht ganz in Ordnung sein, in dem es verboten ist.

4. Der *Geschmack*. Über den lässt sich bekanntlich nicht streiten. Nein, über schlechten Geschmack muss man auch nicht streiten. Aber wenn der Mehrheitsgeschmack bedient wird, stirbt alles Gute und Individuelle. Der persönliche Geschmack heißt inzwischen Trend, Design, Hip und Trash, alles geht angeblich – aber nur, wenn es von einer Firma angeboten wird. Scheinindividualistische Modeaccessoires zur Profilierung der eigenen Persönlichkeit sind Tattoos, Brandings, Fußkettchen, Meinungsbuttons, Arschgeweihe, Daumenringe, iPods, iPhones und Pannenshows im Fernsehen. Der Plasmabildschirm war auch nicht gerade die beste Antwort auf die Tendenz des TV-Programms zur immer weiteren Verflachung. Und der neue Feminismus hat sich unter der Ökokiste, dem Nagellack für Kleinkinder und dem Babyparfüm schlafen gelegt.

Hoffentlich ist Ihnen das jetzt nicht zu ernsthaft geworden, schließlich sollte dieses Buch ja unterhalten. Aber, frei nach Shakespeare: Mitten im größten Spaß steckt auch etwas von tiefer Trauer. Und wenn Sie ein Alltagsgrauen kennen, das in diesem Buch nicht erwähnt wurde, lassen Sie es mich wissen. Vielleicht wird das der Startschuss zum zweiten Band.

Meldungen bitte auf:

www.grauen-des-alltags.de

Danke!

Robert Griesbeck

Jürgen Sprenzinger

Sehr geehrter Herr Hornbach! Um ein Haar hätte ich mich bei Ihnen beworben

Absagen auf unverlangte Stellenangebote

Warum nicht mal nach dem Motto verfahren: »Hiermit schicke ich Ihnen Ihre Stellenanzeige zu meiner Entlastung zurück ...«?
Jürgen Sprenzingers verrückte Absagen auf unverlangte Stellenangebote stellen die Welt auf den Kopf – hier ist der kleine Mann nicht Bittsteller, sondern Entscheider, und wie er es locker mit großen und kleinen Firmen aufnimmt und deren Umgang mit Bewerbern parodiert, das ist eine großartige Eulenspiegelei! Das neue Briefe-Buch vom Virtuosen des schrägen Humors – ein einzigartiger Lesespaß.

»Sprenzingers Stärke ist, dass durch die parodistische Umkehrung der eigentlichen Machtverhältnisse die Wirtschaft – wenigstens einmal, wenigstens zum Schein – mit ihren eigenen Waffen geschlagen wird.« *Süddeutsche Zeitung*

Knaur Taschenbuch Verlag